İSLAMOFOBİ VE SOSYAL MEDYADA NEFRET SÖYLEMİ

Batı'da Aşırı Sağın Ana Akım Siyasete Tahakkümü

Ahmet Faruk ÇEÇEN

İslamofobi ve Sosyal Medyada Nefret Söylemi
© academia LITERATÜRK 358
İnceleme-Araştırma 336

Bu kitap ve kitabın özgün özellikleri tamamen Nüve Kültür Merkezi'ne aittir. Hiçbir şekilde taklit edilemez. Yayınevinin izni olmadan kısmen ya da tamamen kopyalanamaz, çoğaltılamaz.
Nüve Kültür Merkezi hukukî sorumluluk ve takibat hakkını saklı tutar.

Aralık 2021

Yayınevi Editörleri: **Salih TİRYAKİ - Emre Vadi BALCI**
Genel Yayın Yönetmeni: **İsmail ÇALIŞKAN**

ISBN 978-625-7606-38-7

T.C.
Kültür ve Turizm Bakanlığı
Yayıncı Sertifika No: **16195**

Kapak Tasarım:
Baskı Öncesi Hazırlık: **Mehmet ATEŞ**
meh_ates@hotmail.com

Baskı & Cilt: **Bulut Dijital Matbaa San. Tic. Ltd. Şti.**
Musalla Bağları Mh. İnciköy Sk. No. 1/A Selçuklu/KONYA
KTB S. No: **48120** - Basım Tarihi: **ARALIK 2021**

KÜTÜPHANE BİLGİ KARTI
- Cataloging in Publication Data (CIP) -

ÇEÇEN, Ahmet Faruk
İslamofobi ve Sosyal Medyada Nefret Söylemi

ANAHTAR KAVRAMLAR
Aşırı Sağ, Batı İçindeki Medeniyetler Çatışması, Doğu-Batı Çatışması, İslamofobi, Sosyal Medya
KEY CONCEPTS
East-West Conflict, Far-right, Islamophobia, Social Media,
The Clash of Civilization within Western Borders

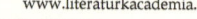

", **Nüve Kültür Merkezi kuruluşudur.**
www.literaturkacademia.com

 / Nkmliteraturk

M. Muzaffer Cad. Rampalı Çarşı Alt Kat No: 35-36-41
Meram / KONYA Tel: 0.332.352 23 03 Fax: 0.332.342 42 96

Ул. М. Музаффер, рынок Рампалы, нижний этаж № 35-36-41
Мерам, КОНЬЯ, тел.: +90 332 352 23 03,
факс: +90 332 342 42 96

Dağıtım: **EMEK KİTAP**
Akçaburgaz Mah. 3137. Sk. Ali Rıza Güvener İş Merkezi No: 28
Esenyurt / İSTANBUL
www.emekkitap.com - Telefaks +90 212 671 68 10
Дистрибьютор: **EMEK KİTAP**
Район Акчабургаз, ул. Али Рыза 3137, бизнес центр «Гювенер» № 28,
Эсеньюрт / СТАМБУЛ
www.emekkitap.com – Телефакс: +90 212 671 68 10

ORTA ASYA TEMSİLCİLİĞİ:
Mikrareyon Kok Jar/23 Bishkek / KYRGYZSTAN
Tel: +996 700 13 50 00   -   Telefaks: + 996 552 13 50 00
ОФИС В ЦЕНТРАЛЬНОЙ АЗИИ:
Микрорайон Кок Жар/23 Бишкек / КЫРГЫЗСТАН
Тел.: +996 700 13 50 00 – Телефакс: +996 552 13 50 00

İSLAMOFOBİ VE SOSYAL MEDYADA NEFRET SÖYLEMİ
Batı'da Aşırı Sağın Ana Akım Siyasete Tahakkümü

Ahmet Faruk ÇEÇEN

Ahmet Faruk ÇEÇEN
Marmara Üniversitesi İletişim Fakültesi'nden 2012 yılında mezun oldu. "Amerikan Medyasının Dış Haberlerinde Medya-Politika İlişkisi Bağlamında Bir Değerlendirme: New York Times Gazetesi Örnekleminde 2013 Mısır Askeri Müdahalesi Haber Kapsamının Analizi" adlı yüksek lisans tezinde Amerikan medyasında Mısır darbesi ile ilgili haberleri inceledi. Robert Entman'ın Aktivasyonu Basamaklandırma Modeli'ni eleştirdiği "Aktivasyonu Basamaklandırma Modeli'ni Yeniden Değerlendirmek" adlı çalışması CIM 2015 Sempozyumu'nda en iyi çalışma olarak değerlendirildi. "Medeniyetler Çatışması Bağlamında Yeni Medya Ortamında Siyasi Parti ve İdeolojik Medyanın Söylem Analizi" adlı çalışmasıyla doktor unvanını aldı. Yedi yıl boyunca İstanbul Üniversite İletişim Fakültesi'nin gazetesi İletim ve haber ajansı Ajans Üniversite'de editör olarak görev yaparak genç gazeteci adaylarına yol gösterdi. Ondokuz Mayıs Üniversitesi İletişim Fakültesi Gazetecilik Bölümü'nde Dr. Öğr. Üyesi olarak görev yaptı. İnternet özgürlüğü, online siyasal iletişim, İslamofobi vb. konularda editörlüklü çeviri kitapları ve akademik yayınları vardır. Üniversite bağı sürse de hâlihazırda İletişim Başkanlığında Basın ve Yayın Dairesi'nde Basın ve Yayın Kurulu üyesi olarak görev yapmaktadır.

ÖNSÖZ

Batı genellikle değişimin öncü kıtası olarak bilinir. Her ne kadar medeniyetin beşiği olarak bilinen bir coğrafyada yaşasak da Batı'nın özellikle son yüzyıllardaki değiştirici ve dönüştürücü gücünü görmezden gelmek mümkün değildir. Ekonomi, politika, sosyal değişim ve teknolojik değişimler açısından bunların hangisinin birbirini tetiklediğini sorgulamak herhâlde sadece bu kitap için değil yazılan herhangi bir eser için imkânsıza yakın bir hedef olurdu. Batı'nın değişim ve dönüşüm hikâyesi de tüm bu parametrelerin karmaşık bir biçimde iç içe girdiği bir tabloyu bize sunar. Bununla beraber bu parametrelerin bazılarının diğerlerinden farklarının olduğunu söylemek bize düşer. Teknoloji diğer tüm parametrelerden etkilenmekle beraber onları etkilemek açısından daha güçlü bir pozisyonda durmaktadır. Aynı zamanda teknolojik açıdan geriye dönmek pek akıl sır erdirilebilecek bir durum değildir. Örneğin elektriğin icadı ve kitlesel olarak yayılmasından sonra tekrar gaz lambasının kitlesel şekilde kullanılması görülmemiş ve pek de beklenmeyen bir durumdur. Ancak sosyal değişimler teknoloji gibi hareket etmeyebilir. Batı'da Müslümanların durumunu inceleyen bu çalışma, şu an Batı'da muteber vatandaş olarak görülen Yahudilerin on yıllar önceki ayrıksı ve "Öteki" konuma artık Müslümanların layık görüldüğünü ortaya koymaktadır. Bir anlamda bu durum diyalektik mantıkla örtüşmeyen ve tarihin farklı aktörler üzerinden kendini yenileyebileceğini gösteren önemli bir göstergedir. Medeniyetler Çatışması Bağlamında Yeni Medya

Ortamında Siyasi Parti ve İdeolojik Medyanın Söylem Analizi adlı doktora tezinin genişletilmiş ve geliştirilmiş versiyonu olan bu kitap bütünsel bir bakış açısıyla yeni medya etkisiyle (teknoloji), Batı'daki Müslümanların (sosyal yapı) nasıl aşırı sağ ve ana akım (politika) politik yapılar tarafından bir politik malzemeye dönüştüğünü sergileme çabasındadır. Elinizdeki kitabın Batı'daki İslamofobiyi tüm yönleriyle anlama açısından önemli bir kaynak ve alandaki literatür adına bir kazanç olduğu aşikârdır.

Prof. Dr. Ali Murat Vural
İstanbul Üniversitesi İletişim Fakültesi

TEŞEKKÜR

Medeniyetler Çatışması Bağlamında Yeni Medya Ortamında Siyasi Parti ve İdeolojik Medyanın Söylem Analizi adlı doktora tezinin genişletilmiş ve geliştirilmiş versiyonu olan kitapta birkaç değerli isme teşekkür etme ihtiyacı hissediyorum. Öncelikle değerli hocam ve tez danışmanım Prof. Dr. Ali Murat Vural'a teşekkürü borç bilirim. Bu eserle ilgili tespitlerinden faydalandığım ve geçirdiğim zor günlerde beni hiç yalnız bırakmayan kıymetli hocam Prof. Dr. Murat Özgen ve eserin bilimsel açıdan doğru şekilde ilerlemesine ciddi katkıda bulunan değerli hocam Prof. Dr. Emel Karayel Bilbil'e içtenlikle teşekkür ederim. Bu esere değerli eleştirilerle katkıda bulunan Prof. Dr. Burak Özçetin ve her zaman beni pozitif şekilde motive eden Prof. Dr. Aslı Yapar Gönenç'e teşekkürü borç bilirim.

Hayatımın en zorlu dönemlerinde koşulsuz yanımda olan, bu günlere gelmemde bana yol arkadaşlığı yapan ve beni desteklemek için her türlü fedakârlığı yapan değerli eşim Fulya Çeçen'e bu eseri ithaf etmek isterim. Benim bu günlere gelmemde emeği ve bana olan inancı ile inanılmaz destek olan ve bu desteğe koşulsuz devam eden canım annem Nazlı Çeçen'e ve ailemin diğer bireylerine şükran borçluyum.

İstanbul Üniversitesi İletişim Fakültesi'nde çok mutlu bir oda arkadaşlığını paylaştığımız ve hayat boyu devam edecek bir dostluğumuzun olduğu Dr. Öğr. Üyesi. Nil Çokluk, Dr. Öğr. Üyesi Yıldıray Kesgin ve pek çok dert, sıkıntı ve güzelliği beraber paylaştığımız Doç Dr. Serkan Bulut'a içtenlikle teşekkür ederim. Değerli öğrencim Tuğçe Ayçin'e esere katkılarından ötürü şükran borçluyum. İstanbul Üniversitesi İletişim Fakültesi'nden İletişim Başkanlığı'na bir dostluğu ve yol arkadaşlığını sürdürdüğümüz Doç. Dr. Oğuz Göksu ve Dr. Yunus Emre Ökmen'e müteşekkirim. Ondokuz Mayıs Üniversitesi İletişim Fakültesi'nden bölüm başkanım Prof. Dr. Onur Bekiroğlu'na hem kitap hem de genel desteği için teşekkürü borç bilirim. Kitabın okuyucuyla buluşmasındaki katkılarından ötürü Literatürk Academia ve İsmail Çalışkan'a teşekkürlerimi sunarım.

İÇİNDEKİLER

ÖNSÖZ 5
TEŞEKKÜR 7
İÇİNDEKİLER 9
TABLOLAR LİSTESİ 13
ŞEKİLLER LİSTESİ 15
GİRİŞ 17

BİRİNCİ BÖLÜM
DOĞU-BATI ÇATIŞMASI BAĞLAMINDA BATI'NIN KENDİ İÇİNDEKİ MEDENİYETLER ÇATIŞMASI TARTIŞMALARI

Doğu Batı Çatışması 22
    Kültür, Kimlik ve Medeniyet İlişkisi 26
    Doğu ve Batı'da Medeniyet Anlayışı 29
    Kimliğin Oluşumunda "Öteki"nin Etkisi 32
    Birbirinin Öteki"si Olarak Doğu ve Batı 37
Batı'nın İçindeki Medeniyetler Çatışması İddiaları 49
    Medeniyetler Çatışması ve Kültürel Irkçılık 50
    Oryantalizmin İslamofobiye Dönüştüğü İddiaları 57
    Çok Kültürcülük ve Müslümanların Entegrasyon
    Problemlerine Yönelik Eleştiriler 64

İKİNCİ BÖLÜM
BATI'DA ANA AKIM VE AŞIRI SAĞ SİYASET ARASINDAKİ GERİLİMLER

Aşırı Sağ Siyasetin İdeolojik Kökenleri 70
Birleşik Krallık ve Amerika'da Siyasal Tablo ve Aşırı Sağ 74

Aşırı Sağın Evrenselleşmesi..80

ÜÇÜNCÜ BÖLÜM
YENİ MEDYA ORTAMININ YARATTIĞI İMKÂNLARLA DEĞİŞEN SİYASAL İLETİŞİM

Yeni Medya Ortamının Tarihsel Zemini.....................................84
   Yeni Medya Ortamını Hazırlayan Bir Fenomen Olarak
   Yöndeşme...87
   Kuşatıcı Bir Kavram Olarak Enformasyon................................89
Yeni Medya Ortamı..93
   Yeni Medya Ortamının Özellikleri..97
Sosyal Medya..104
   Sosyal Medyanın Özellikleri..107
   Facebook'un Doğası...111
Facebook Sayfa Mantığı...113
Yeni Medya Ortamında Siyasal İletişim....................................114
   Yeni Medyaya Yönelik Tekno-optimist ve Tekno-pesimist
   Görüşler..118
   Yeni Medyada Siyasal İletişimi Anlamak: Vana Metaforu....123
      Platformlar..138
      Algoritmalar...139
      Dijital Analitik...141
      İdeolojik Medya..142
      Haydut Aktörler..146
   Facebook ve Politik Partiler..156
   Facebook ve Aşırı Sağ Partiler..160

DÖRDÜNCÜ BÖLÜM
İSLAMOFOBİYE DAİR SÖYLEMSEL PRATİKLERİ İNCELEMEK

Araştırmanın Problemleri..165
Araştırmanın Yöntemi..167
Evren, Örneklem ve Sınırlılıklar..174
Bulgular..176

TARTIŞMA 197
SONUÇ 221
ÖNERİLER 229
KAYNAKLAR 231
EKLER 245
Ek Tablo 1 Facebook Sayfalarında İslamofobi Bağlamında
İncelenen Paylaşımların Pozitif ve Negatif
Olanlarının Kodlanmasında Kullanılan Kodlama
Cetveli (1) 245
Ek Tablo 2 Sayfalarda, İncelenen Diğer Aktörlerle İlgili Pozitif
ve Negatif Kodlanmanın Yapılmasında Kullanılan
Kodlama Cetveli (2) 247

TABLOLAR LİSTESİ

Tablo 1 İlk ve İkinci Medya Çağı Arasındaki Tarihsel Farklılık............94
Tablo 2 Yöndeşmenin temeli olarak dijitalleşme, geniş bant aralığı
ve multimedya (imaj, ses ve metni birleştirme yetisi)............99
Tablo 3 Bilgi Ağı............128
Tablo 4 Ağ Aktivasyonunu Basamaklandırmak............136
Tablo 5 Orijinal Aktivasyonu Basamaklandırma Modeli............137
Tablo 6 Gözden Geçirilmiş Basamak Modeli............149
Tablo 7 Politikacılar ve politik partiler tarafından paylaşılan
Facebook içeriklerinin fonksiyonları............158
Tablo 8 Donald J. Trump Facebook Sayfasının İslamofobi
Bağlamında Çerçeveleri............177
Tablo 9 Donald J. Trump Facebook Sayfasının Paylaştığı Link
ve Videoların Kaynağı............178
Tablo 10 Donald J. Trump Facebook Sayfasının İncelenen
Diğer Aktörlerle İlgili Çerçeveleri............179
Tablo 11 Tea Party Facebook Sayfasının İslamofobi
Bağlamında Çerçeveleri............180
Tablo 12 Tea Party Facebook Sayfasının Paylaştığı Link ve
Videoların Kaynağı............182
Tablo 13 Tea Party Facebook Sayfasının İncelenen Diğer
Aktörlerle İlgili Çerçeveleri............183
Tablo 14 Breitbart Facebook Sayfasının İslamofobi
Bağlamında Çerçeveleri............184
Tablo 15 Breitbart Facebook Sayfasının Paylaştığı Link ve
Videoların Kaynağı............185
Tablo 16 Breitbart Facebook Sayfasının İncelenen Diğer
Aktörlerle İlgili Çerçeveleri............186

Tablo 17 Theresa May Facebook Sayfasının İslamofobi
Bağlamında Çerçeveleri 188
Tablo 18 Theresa May Facebook Sayfasının İncelenen
Diğer Aktörlerle İlgili Çerçeveleri 189
Tablo 19 UKIP Facebook Sayfasının İslamofobi
Bağlamında Çerçeveleri 191
Tablo 20 UKIP Facebook Sayfasının Paylaştığı Link ve
Videoların Kaynağı 192
Tablo 21 UKIP Facebook Sayfasının İncelenen Diğer
Aktörlerle İlgili Çerçeveleri 193
Tablo 22 Britain First Facebook Sayfasının İslamofobi
Bağlamında Çerçeveleri 194
Tablo 23 Britain First Facebook Sayfasının İncelenen Diğer
Aktörlerle İlgili Çerçeveleri 196

ŞEKİLLER LİSTESİ

Şekil 1 Politik Yelpaze..71

GİRİŞ

Volkmerci anlamda kişilerin kendi ağlarını ve kitlelerini oluşturabildikleri, en otoriter ülkelerde bile internetin teknik imkânları sayesinde tam politik ve ticari kontrolden kaçınabildikleri günümüzde, enformasyonun giderek kuşatıcı bir hal alması pozitif bir fenomen olarak ele alınmıştır. Bununla beraber bu fenomene yönelik pozitif görüşlerin yanı sıra negatif görüşler de bulunmaktadır. Aşırı enformasyon yoğunluğu, enformasyon bombardımanına dönüşerek hangi bilginin anlamlı, gerçek ya da topluma faydalı olduğunun anlaşılamayacak dereceye gelmesine neden olabilir. Teknoloji şirketlerinin elinde kişilerin bir veri haline dönüşüp pazarlandığına dair iddialar Cambridge Analytica skandalında doğrulanmıştır. Bu skandalda görüldüğü gibi dijital profilleme gibi teknolojiler sayesinde kişilerin ve kitlelerin hassasiyetleri üzerinden dijital kampanyalar yapılabilmektedir. Bu teknolojiye ek olarak troller ve botlar vasıtasıyla algoritmaların manipüle edilmesi ile sahte bir kamuoyu da yaratılabilir. Herhangi bir politik amaçla bir çalışma yapılmasa bile platformların kendisi filtre balonları yaratmaya ve böylece toplumun giderek tektipleşmesine ya da kutuplaşmasına neden olmaktadır. Tüm bunlara ek olarak daha önce de belirtildiği gibi internetin kontrol edilmesi güçtür ve hız internetin doğası gereği olmazsa olmazdır. Bunların hepsi düşünüldüğünde yalanın gerçeği boğduğu bir gerçek sonrası dönemin yaşandığı ileri sürülebilir. Tüm bu sürecin hangi ülkede olduğu fark etmeksizin aşırıcı görüşlerin ön plana çıkması ve eskiden normal olmayan söylemlerin artık normalmiş gibi algılanmasına neden olabileceği düşünülebilir. Bu sürecin en önemli tehlikesi farklı topluluklarla birlikte yaşama pratiğini; demokrasi, basın ve ifade özgüllüğü ve pozitif hukuk gibi liberal değerlerle edinen Batılı ülkelerde bu değerlerin güvencesi olan ana akım siyasetin yıpranması ve dolayısıyla bu değerlerin aşınmasıdır. Batı'nın içindeki medeniyetler çatışması ya da İslamofobi olarak ifade edilen fenomeni inceleme gayretindeki bu çalışmanın iddiasına göre Batı'da İslam ve Müslümanlar aşırı sağ ve ana akım partiler adına bir politik fırsatçılık malzemesine dönüşmüştür.

Yukarıda bahsedilen politik fırsatçılık temelde 3 ana başlık üzerinden ele alınmaktadır. Bunlardan ilki özellikle IŞİD'in terör saldırıları üzerinde yoğunlaşan bir şekilde politik şiddet, ikincisi mülteci krizi (bu başlık özellikle geleceği de kapsayan ekonomik, insani, demografik ve kültürel açılardan farklı tartışma alanlarını açar) ve son olarak hâlihazırda Batı'da yaşayan Müslümanların kültürel uyumsuzluk iddialarıdır (bu konunun entegrasyon, çok kültürlülük ve işbirlikçi elitler gibi farklı salınımları vardır). Tüm bu tartışma konularının bir getirisi olarak da Müslümanların Batı'daki varlığının aşırı sağı güçlendirdiği ve dolaylı olarak tüm politik ortamın değiştiğine yönelik tespitler yapılmaktadır. Yukarıdaki tartışmaların yapıldığı ve kamuoyunu etkileme gücü sayesinde aynı zamanda bu tartışmaların şekillenmesine yardımcı olan bir faktör olarak medya alanının internet ve sosyal medya ile dönüşümü ve aşırıcı figürleri güçlendirecek biçimde gelişimi bu çalışmada onu çok önemli bir noktaya taşır.

Çalışmanın ilk bölümünde Doğu-Batı çatışması iddialarının ele alınabilmesi adına kimlik, kültür ve medeniyet kavramları incelenecek ve Medeniyetler Çatışması ve Oryantalizm kavramları ele alınacaktır. Bu bölümde son olarak Batı'nın içindeki medeniyet çatışması ve İslamofobi iddialarını anlayabilmek adına kültürel ırkçılık, çok kültürcülük ve entegrasyon kavramları ele alınacaktır.

Kitabın ikinci bölümünde Müslümanların Batı'daki varlığının ana akım siyaset ve aşırı sağa nasıl bir etkisi olduğu anlaşılmak istenmektedir. Bunun için aşırı sağ siyasetin ideolojik kökenlerini anlama çabasıyla beraber popülizm ve faşizm gibi kavramlar irdelenecektir. Buna ek olarak örneklem olarak ele alınan Birleşik Krallık ve Amerika'da genel siyasal tablo anlaşılmaya çalışılacaktır.

Üçüncü bölümde çalışma adına önem arz eden yeni medya ortamı incelecektir. Yeni medya ortamının tarihsel zemini, özellikleri ve incelemenin yapılacağı Facebook ortamı aktarıldıktan sonra yeni medya ortamında siyasal iletişimin nasıl gerçekleştiği aktarılmaya çalışılacaktır. Bu noktada yeni medyada siyasal iletişimi anlamak için en iyi yöntemlerden biri bir olan Vana Metaforu aktarılacak ve bu metaforun aktarılmasında yardımcı olan aktörler ve işlevler (platformlar, algoritmalar, dijital analitik, ideolojik medya ve haydut aktörler) ele alınacaktır.

Çalışmanın son bölümü olan dördüncü bölümünde araştırma kısmı yer almaktadır. Araştırma kısmında temel amaç, aşırı sağ parti ve aktörlerin, Facebook sayfalarındaki söylemleri ile ana akım parti (iktidar) ve elitlerin söylemlerini karşılaştırmalı olarak analiz ederek bu aktörler arasındaki söylemsel ilişkinin durumunu ortaya koymaktır. Bu analiz önceki bölümlerde incelenen literatür sayesinde oluşturulan kodlama cetvelleri vasıtasıyla ortaya konmuştur.

Bu çalışma en temelinde aşırı sağ, ana akım siyaset ve sosyal medya gibi parametreleri ele alarak Batı'da İslamofobinin Müslümanofobiye dönüşüp dönüşmediğini anlama çabasındadır.

BİRİNCİ BÖLÜM
DOĞU-BATI ÇATIŞMASI BAĞLAMINDA BATI'NIN KENDİ İÇİNDEKİ MEDENİYETLER ÇATIŞMASI TARTIŞMALARI

Medeniyetler Çatışması, literatürde Doğu-Batı, Hristiyan-Müslüman ve Haç-Hilal çatışması gibi çeşitli adlandırmalarla ortaya konulmuştur. Bazı akademisyenlerin seküler- spiritüel (Hassan, 2018) karşıtlığına dikkat çektiği, Modernleşme Kuramı (Lerner, 1958) yaklaşımının birinin (Batı kültürünün) yararına, diğerinin (Doğu ya da Müslüman kültürünün) ortadan kalkacağını öngördüğü, tarihsel süreçte emperyalizm, kültürel emperyalizm ve sömürgecilik gibi fenomenlerle, bugün ise şiddet (politik ve yapısal), askeri müdahalecilik, ekonomi, göç, mülteci sorunu, çok kültürlülük ve kültürel uyumsuzluk gibi fenomenlerle ilişkilendirilen bu çatışma elinizdeki kitapta Batı'nın içindeki medeniyetler çatışması iddiaları üzerinden ele alınacaktır. Bu çatışma literatürde pek çok açıdan tartışılmaktadır. Örneğin mülteci krizi, kültürel uyumsuzluk iddiaları ve terör saldırıları gibi pek çok güncel fenomenin etkisi ile Batı'daki Müslümanların durumunun giderek politize olduğu ortaya konulmuştur (Kumar, 2012). Müslümanlar ile aşırı sağın seçim başarısı arasında anlamlı bir ilişki olduğu (Coffe vd, 2007) ve ana akım partilerin aşırı sağın bu başarısından da etkilenerek onların politikalarını takip ettikleri ileri sürülmüştür. Bu durumu Ellinas (2010) "milliyetçi kartı oynamak" Wodak ve KhosraviNik (2013) "Avrupa'nın Haiderleşmesi" olarak adlandırmıştır.

Tüm bu tartışmaların temelinin anlamlandırılabilmesi adına Doğu-Batı çatışması tarihsel bir fenomen olarak ele alınarak "Doğu ve Batı nedir" sorusu sorulmuştur. Doğu ve Batı'da medeniyet kavramına yönelik yaklaşımlar üzerinden kimlik açısından "Doğulu ya da Batılı olmak nedir" sorusu anlaşılmaya çalışılmış ve çalışmanın en temel sınırlılıklarından olan Batı içindeki medeniyetler çatışması kavramının anlaşılabilmesi adına kültürel ırkçılık; çok kültürlülüğe yönelik eleştiriler ve Müslümanların entegrasyon problemleri ile ilgili iddialarla beraber ele alınmıştır.

Doğu Batı Çatışması

Burada Doğu ve Batı ile kastedilen durum coğrafi sınırların oldukça ötesine geçmektedir. Batı içindeki medeniyetler çatışmasını söylem üzerinden araştırma iddiasında olan bir çalışmanın coğrafi sınırlardan ziyade kimliksel, kültürel, toplumsal ve tarihsel bütünlükler ve ayrışmaları tartışması daha doğru bir yaklaşım olacaktır.

Belirli bir çatışmadan bahsedebilmek adına çatıştığı düşünülen tarafların belirli bir sınırının çizilmesi gerekmektedir. Bu çalışmanın sınırları içinde Doğu fenomenini Müslüman dünyası, kimliği ve kültürü oluşturmaktadır. Bu tip bir konumlandırma yapan bir çalışmanın Said'in aşağıdaki eleştirisine maruz kalması mümkündür:

> "İslam ile Hristiyanlığın karşı karşıya getirilmesi yerine, karşılaştırılan, İslam ile Batı olmaktadır. Söz konusu literatürde dar anlamda bir coğrafyaya, daha geniş anlamda ise belli bir değerler sistemine işaret eden 'Batı', bir din olan İslam'ın karşısında konumlandırılmaktadır.

Edward Said (2008), bu durumu Batı algılayışının bir uzantısı olarak görmekte ve bu algılayışın bakış açısından durumunu şu şekilde açıklamaktadır:

> "Batı, Hristiyanlığı aşarak Hristiyanlıktan daha büyük bir şey olmuş, ancak İslam dünyası, din, ilkellik ve gerilik çamuruna saplanıp kalmıştır."

Said'in görüşlerine benzer şekilde Doğu'nun sadece Müslüman kimliğinden oluştuğunu söylemek oldukça yersiz ve somut gerçekleri görmezden gelen bir yaklaşım olarak değerlendirilebilir. Bununla beraber çalışmada belirli bir sınırlılık ortaya konabilmesi için Doğu ve Batı adına belirli sınırlar çizilmesi gerekmektedir. Bu noktada bu çalışma Doğu-Batı çatışmasının nedenlerine ve çözüm yollarına yönelik bir felsefe ya da sosyolojik yaklaşımdan ziyade verili durumu siyasal iletişim ve söylem üzerinden inceleyen bir iletişim yaklaşımı ile ilerleme çabasındadır. Bununla beraber verili durum hakkında eş deyişle Doğu'nun neden Batı'nın "Öteki"si ve neden İslam'ın Doğu'yla eş anlamlı olarak kullanıldığını anlamak gerekmektedir.

Foucault'un bir tarihsel dönemden bir başka tarihsel döneme geçişte olguların artık aynı tarzda algılanmaması, betimlenmemesi ve sınıflandırılmamasına (Çavuş, 2017: 128) işaret ettiği tarihsel süreksizlik kavramı, Batı'nın karşısında neden İslam'ın konumlandırıldığının ve çok daha kapsamlı olan Doğu'nun neden İslam üzerinden tanımlandığının açıklamasına yardımcı olabilir.

Doğu en temelinde inşa edilen bir fenomen olarak Batı'nın ötekisidir. Tarihte Doğu'nun görevini yapan farklı topluluklar ve inançlar olmuştur. Bir örnek vermek gerekirse, Komünizmin Kızıl Korku olarak konumlandırıldığı Soğuk Savaş döneminde, şu an Batı'nın "Öteki"si olarak gösterilen Müslümanlar, Komünist rejimlerin kontrolü altında, dini inançlarını yaşayamayan ve savaşmaları için yardım edilmesi gereken topluluklarken, Komünizm tehlikesinin geçmesi ve Batı'da Müslümanların giderek görünürlük kazanması ile beraber Yeşil Korku'yu yaratan "Öteki"lere dönüşmüştür. Çalışmanın sınırlılıkları açısından bu konuya bir örnek vermek gerekirse şu an Batı içinde oldukça uyumlu olarak görülen Yahudiler, zamanında şu an Müslüman azınlıkların olduğu duruma benzer biçimde sorun olarak görülmüştür. Hristiyanlık ve Yahudilik temelleri üzerine seküler bir dünya inşa eden, 2. Dünya Savaşı sonrası dünya düzeninin oluşmasına ön ayak olan, Komünizm ile mücadele sonrasında genel ideolojileri olan liberalizmin rakipsiz kaldığı ileri sürülen ve ekonomik gelişmişlik nedeniyle içlerinde Müslüman azınlıklar barındıran ülkeler Batı'yı temsil etmektedir.

Bu noktada Hristiyan dünyası ile Doğu ya da İslam çatışmasının seçilmemiş olmasının nedeni ise Oksidentalist bakış açısına uygun olarak Batı'nın salt Hristiyan yönüyle değil sömürgeci, kültürel sömürgeci, askerî müdahaleci ve kendi sistemini ihraç anlamında liberal ve seküler boyutları ile de ele alınmasıdır. İslam-Batı çatışması kullanımının tercih edilmemesinin nedeni Oryantalist bakış açısının bir bütün olarak Doğu'yu Batı'nın zıddı olarak konumlandırması, bir anlamda meleklere karşı şeytanlar kavramlaştırmasında melek Batı'ya göre Doğu'nun şeytan rolünü üstlenmesidir. Yukarıda da belirtildiği gibi Batı'nın karşıtı olan şey adı ister Doğu (İslam) ister Komünizm ya da ister Yahudilik olsun bir "Öteki" olarak konjonktüre göre değişim gösterebilmektedir.

Bu noktada Batı olarak adlandırılan şeyin de farklı bağlam, bakış açısı ve konjonktüre göre değişim gösterebileceği aşikardır. Eş deyişle nasıl Doğu pek çok düşünür tarafından farklı şekillerde ele alınan ve farklı kriterlere göre değişen bir fenomen olarak anlaşılmaktaysa benzer biçimde Batı fenomenine de bu şekilde yaklaşılabilir. Ortaylı (1985) 'Batı nedir' sorusuna cevap olarak Avrupa diye cevap verenlerin yanında, Amerika'yı, dahası Japonya'yı da Batı uygarlığına alanlar olduğunu söylerken işe sanayi imparatorluklarının bilançolarıyla bakıldığında Japonya'nın, Parlamentarizm diye bakıldığında, Şark'ın prototipi diye gözlenen Hindistan'ın Batı'ya girdiğini söylemektedir. Çalışmada incelenen Batı fenomenine Japonya'nın dâhil edilmemesinin nedeni olarak her ne kadar Japonların, Batılı pek çok ülke kadar seküler ya da modern olduğu göz önünde bulundurulsa da Japonların tarihsel süreçte Müslüman çoğunluklu ülkelerle ciddi bir çatışma içinde olmaması ya da bu ülkelerde sömürgeci ya da kültürel sömürgeci bir etkisinin olmaması ortaya konabilir. Bu anlamda, Batı ile kastedilen fenomen ise seküler olmakla beraber Hristiyan-Yahudi geleneğine dayanan ve liberal değerlerle birbirine bağlı olan bir kimliktir.

Monolitik bakış açısıyla tüm Müslümanları bir gibi görüp aralarında ne mezhepsel ne de şiddete yönelip yönelmeme açısından bir ayrım gözetilmemesinin Batı açısından karşılığı da genel olarak tüm Hristiyanları, Yahudileri ya da Batı'daki güçlü seküler toplumu aynı şekilde bir kamp şeklinde "Öteki" olarak görmektir. Teorik düzlemde aynı Doğu ya da İslam'ın tek bir kamp gibi kategorize edilmesi ne kadar zorsa aynı şekilde yukarıda bahsedildiği gibi farklı motivasyonları, inanç ya da inançsızlıkları, değişik politik duruşları, etnik, ırksal, kültürel, dinsel ve mezhepsel farklılıkları olan kitleleri tek bir potada eritmek de o kadar zor ve belki de anlamsızdır. Bu şekilde bir monolitik bakış açısı peşinde olmayan bu çalışma mutlak bir kamplaşma ve kampların mutlak homojenliği iddiasını asla içermemekle beraber varsayımsal olarak ortaya konabilecek bir gerilimi politik, sosyal ve söylemsel düzeylerde anlama çabasındadır.

Buna ek olarak, yapılan çalışma ayrımcı söyleme destek vererek kültür, kimlik ya da medeniyet olarak adlandırılan yapıları monolitik olarak gösterme çabası içinde değildir. Farklılıklarından dolayı iki uzak medeniyet olarak adlandırılan Doğu ve Batı fenomenlerinin kendi içinde yeknesak bir görüntüde olmadığı bir varsayım olarak ele alınabilir. Çok basit bir bakış açısına sahip ve bilimsel olarak yetersiz olmakla suçlansa da Medeniyetler Çatışması tezinin başarılı bir politik mite dönüşebileceği yani kendi kendini gerçekleştiren bir kehanet olabileceği ileri sürülmüştür (Bottici ve Challand, 2006). Eş deyişle bir tezin ayrımcı ya da kötücül olarak görülmesi onun ciddiye alınmaması gerektiğini göstermez. Bu bakımdan söylemsel, politik ve toplumsal düzeylerde yukarıda tarif edilen şekilde bir ayrıma yönelik bir çatışma olduğunu söylemek ayrımı körükleyici tezler üretmedikçe onu desteklemek anlamına gelmez.

Kültür, Kimlik ve Medeniyet İlişkisi

Başlıktaki üç kavramın da literatürde pek çok tanımı olmakla beraber pek çok düşünür tarafından bunların tanımlanmalarının oldukça zor olduğu belirtilmiştir. Her ne kadar her birinin ayrı ayrı yüzlerce farklı tanımı olsa da bu kavramlar aynı zamanda birbiriyle girift bir ilişki içinde bulunmaktadır. Tarihsel süreçte anlam değiştiren, farklı bağlamlarda değişik şekillerde kullanılan ya da anlam genişlemesi yaşayan bu kavramların birbiri yerine de kullanıldığı olmuştur. Örneğin 19. yüzyılda kültür, Batı medeniyetinin bir eş anlamlısı olarak kullanılmıştır. Darwin'in biyolojik evrim teorisinden etkilenen Sir Edward B. Tylor ilkel kültürlerin modern kültürlere evirileceğini ortaya atmıştır. Burada kastedilen modern kültür Batı kültürüydü. Çalışmada incelenecek olan kültürel ırkçılık kavramının temeli de işte tam olarak Batı kültürünü diğer kültürlerden üstün gören bu bakış açısına dayanır. Tylor'ın tanımına göre kültür, "bilgiyi, inancı, sanatı, ahlakı, yasaları, gelenekleri ve toplumun bir üyesi olarak birinin edinebileceği diğer meleke ve adetleri kapsayan karmaşık bütün" olarak ele alınabilir. Öte yandan onun çağdaşı Arnold'a göre kültür: "Bizi en çok ilgilendiren konularda, dünyada en iyi şekilde düşünülmüş ve söylenmiş sözleri öğrenmek aracılığıyla tam mükemmeliyetin peşine düşmektir (Appiah, 2016)."

Arnold'ın tanımından anlaşılacağı üzere kültür bir idealdir ve ulaşmak için çaba göstermek gerekir. Bu açıdan kültürsüz sıfatı bir kişi ya da topluluk için kullanılabilir. Ancak Tylor'ın tanımına göre kültürler arasında bir üstünlük hiyerarşisi kurulabilmekle beraber kültürsüz olmak mümkün değildir. Aristoteles'in 'Zoon Politikon' eş deyişle 'siyasal hayvan olarak insan' şeklindeki benzetmesine uygun şekilde insanların toplumun yaşayış biçimini edinmemesi mümkün değildir. Çünkü kişiler bir toplumun üyesidir ve her toplumun kendine ait bir kültürü vardır (Soydaş, 2010).

Kimlik; Latince "idem" (aynı) ve "identitas" (aynı olma, özdeş olma) sözcüklerinin kökeninden türetilen bir kelimedir. Etimolojik olarak aynı olma durumuna işaret eden kimliğin aynı zamanda birilerinden farklı olma durumunu da beraberinde getirdiği ileri sürülebilir. Derrida'nın öne sürdüğü şekilde, kimlikler ancak kendi farklılıklarıyla var olabilir ve bir anlamda her kimlik "Öteki"dir (Borradori, 2003). Kimlik bir anlamda belli bir kültürü paylaşan bir topluluğun (ister bir azınlık grup ister bir ulus devlet ya da milletler arası topluluk olsun) ne olduğuna dair zihinlerde oluşan bir imaj olarak tanımlanabilir. Bu imajı besleyen temel unsurlardan biri de ulus devletlerdir. İmparatorluklar ya da feodal devletlerden farklı olarak ulus devletler eğitim ve medya gibi ideolojik aygıtlarla Anderson'ın (2006) tabiriyle toplumdaki bireyleri hayali bir cemaatin üyesi haline getirmiş ve ulus ülküsü üzerinden dönüştürmüştür. Tarihsel açıdan bakıldığında oldukça doğal bir fenomen olarak konumlandırılabilecek göçün, ulus devletler ile beraber tamamen kontrol altına alınmış bir sürece dönüşmesinin nedeni ulus devlet içinde devletin ideolojik aygıtları ve medya ile belirli bir kimliği edinmiş olan kitlelerin diğerlerini kendine tehdit olarak algılamasıdır. Billig'e (2003) göre özellikle de geleneksel olarak "Batı" diye tabir edilen şeyin parçası olarak görülen ulus devletlerde kimlik sürekli işaret edilen ve hatırlatılan bir süreçtir. Aslında Fransa, ABD, Birleşik Krallık ya da Yeni Zelanda gibi tipik olarak 'milliyetçi' diye adlandırılmayan bu ülkelerde "millet olma" kavramı politik söylemler için, kültürel ürünler için ve hatta gazetelerin biçimlendirilmesi için sürekli bir zemin oluşturur. Her ne kadar Billig kendi tanımında yer vermese de dini ritüellerin tekrarlanmasına benzer şekilde millet olma durumu da sürekli hatırlatılan bir şeydir ve bu durum o kadar aşina olunan ve o kadar sürekli olan bir şeydir ki artık içselleştirilmiştir ve fark edilmez. Banal milliyetçilik olarak tanımlanan bu kavramın mecazi imgesi, bilinçli olarak, ateşli bir tutkuyla sallanan bir bayrak değil, kamu binasının önünde fark edilmeden dalgalanan bayraktır. Bilinçaltına işleyen bu milliyetçilik tipinde kişi kendini milliyetçi olarak tanımlamasa da aslında milliyetçidir. Billig bunu şu örnekle anlatır: "İnsanlar bugün gündelik yaşantılarını 'milli kimlik' denilen psikolojik bir mekanizma taşıyarak sürdürmekteler. Bir cep telefonu gibi, bu psikolojik donanım zamanın çoğunda sessiz bir şekilde yatar. Sonra birden kriz ortaya çıkar; başkan aramaktadır; zil çalar; vatandaş cevap verir ve vatansever kimlik hattadır (2003)."

Medeniyet kavramını, kendisiyle ilişkili olan kültür ve kimlik gibi kavramlarda olduğu gibi tanımlamak zordur. Bununla beraber, bir milletin maddî, manevî varlığına ait üstün değerlerden, fikir ve sanat hayatındaki çalışmalardan, ilim, teknik, sanayi, ticaret vb. alanlardaki gelişmelerden yararlanarak ulaştığı refah, rahatlık ve güvenlik içindeki hayat tarzı, yaşama biçimi şeklinde (Koçak, 2016: 52) genel bir tanım yapmak çalışmanın ilerleyişi açısından faydalı olacaktır. Bu tanım üzerinden hareket edilirse medeni olma durumunun bir "Öteki"si olduğu fikrine ulaşılabilir. Bu görüşe göre medeni insan (insanlık olarak bakıldığında topluluk, toplum ya da tüm insan medeniyeti) medeni olmayan versiyonunu ötekileştirmeli ve onun ne özelliği varsa onu değiştirmek amacıyla değişmeli, dönüşmeli, evrimleşmeli ve gelişmelidir. Bu açıdan bakıldığında, Batı ya da Doğu ayrımı gözetmeksizin medeniyet kavramı bir anlamda toplumun kendisiyle bir yüzleşmesi, çatışması ve yanlış olan yönlerini törpülemesi olarak görülebilir. Diyalektik ya da evrimsel bir bakış açısı olarak bakılabilen bu süreç bireyin değil toplumun evrimidir. Tabii Freud'un (2011) görüşlerinden yola çıkarsak insan evrimi ile toplumun evrimi arasında bir iç içe olma durumunun varlığı göz ardı edilmemelidir.

Kelimenin etimolojik kökenine bakıldığında hem Batı hem İslam dünyasında şehirli ve görgülü olma durumu vardır:

"Batı dillerinde 'medeniyet'i ifade eden 'civilisation' sözcüğü Fransızca civilis (vatandaşlık) ve cité (şehir), İngilizce civic (şehre ait) ve civit (nazik, kibar) kelimeleriyle akrabalık taşıyan city kelimesinden gelmekte ve

kelime anlamı olarak edep-erkân, öğrenme, zariflenme gibi özellikleri içermektedir" (Yılmaz vd., 2016).

"Medeniyet' kelimesi, bir Medine'de yani kentte oturanların hayat düzeylerini ve yaşama biçimlerini anlatan bir sözcüktür. Göçebe demek olan bedevilerin yaşayışlarına 'bedeviyet', kırsal kesimde yaşayanlarınkine 'hazariyet' ve kent hayatına da, yukarıda da belirttiğimiz gibi 'medeniyet' deniliyordu" (Koç, 2011).

Gökalp (2015) hars olarak adlandırdığı kültür ile medeniyet arasındaki ayrım açısından kültürü milli bir kavram olarak konumlandırırken medeniyeti milletlerarası bir kavram olarak görür. Mesela, Avrupa milletleri arasında ortak bir Batı medeniyeti vardır. Bu medeniyetin içinde birbirinden ayrı ve bağımsız olmak üzere bir İngiliz kültürü, bir Fransız kültürü, bir Alman kültürü vd. barınmaktadır. Bu konumlandırma bile başlı başına bir ayrım içerir. Bir sonraki kısımda Doğu ve Batı'da Medeniyet anlayışı incelenerek verili ayrımın boyutları ele alınacaktır.

Doğu ve Batı'da Medeniyet Anlayışı

Gökalp yukarıda yaptığı kültür - medeniyet ayrımında ayrı ayrı Alman ve Fransız kültürleri olmakla beraber Avrupa milletleri arasında ortak bir Batı medeniyeti olduğunu ileri sürmüştür. Örneğin bu medeniyetin Hristiyanlıkla olan ilişkisini, zamanın Avrupa Komisyonu başkanı Jacques Delors vurgulamıştır. Başka düşünürler de Müslüman olarak tanımlanan ülkeler arasında ortak bir medeniyet olduğunu düşünürler. İslam öncesi Arap toplumlarının bir cahiliye devri yaşadığı ve İslam ile beraber sadece Araplar arasında değil Farslılar, Türkler vb. milletler arasında bir İslam medeniyeti oluşturulduğu tezi pek çok düşünür tarafından ortaya konulmuştur. Bu tezden yola çıkıldığında Batı medeniyetinde olduğu gibi İslam medeniyetinde de farklı kültürlerden oluşan bir milletlerarasılık durumunun söz konusu olduğunu ileri süren düşünürler vardır. Örneğin İslami perspektifiyle bilinen Karakoç'a göre medeniyet temelde tektir ve bu meşale ilk insandan bugüne kadar elden ele taşınarak gelmiştir. Karakoç vahiy temelli bu anlayışın hepsine birden "Hakikat medeniyeti" adını verir. Karakoç, yazılarında "hakikat medeniyeti", "İslâm medeniyeti" ya da "insanlığın medeniyeti" gibi kavramları ilk insandan başlayarak son peygambere kadar takip eden silsilede oluşan medeniyeti ifade etmek üzere kullanır (Koçak, 2016: 51).

Öte yandan yukarıdaki tezlere katılmayan düşünürler de vardır. Ortaylı (1985) İslâm medeniyeti kavramının bir 19. yy. icadı olduğu düşüncesindedir. Bu kavramın 19. yy'da Araplar arasında kullanıldığını ve Müslümanlardan biraz önce Hristiyan Arap aydınların pek sevdiği, İslam'a olan hayranlıktan çok Araplığa olan bağlılıkla ortaya çıkan ve ismin tersine oldukça laik içerikli bir kavram olduğunu ileri sürmektedir. Ortaylı, 11. yy'ın düşünürlerinden Kadı Ahmed el-Endülüsî'ye referans yaparak Arapların medeniyet yaratan kavimleri Araplar, Hintliler, İranlılar, Keldanîler, İbranîler, Yunanlılar, Mısırlılar, Romalılar (Eski Roma ve Bizans) olarak gördüğünü ve Türkler ve Çinlilerin bu çerçevede ele alınmadığını belirtir. Ortaylı (1985) bu tabloya bakınca dine ve dile önem vermediğini belirterek Endülüslü Ahmed'in uygarlığın niteliğini ve coğrafi sınırlarını belirleyişinin Herodot'tan ve Strabon'dan neredeyse farksız olduğunu söyler (1985). Bu açıdan bakıldığında, medeniyet kavramının da moderniteye tepki olarak ortaya çıkan muhafazakârlık gibi tepkisel bir boyutunun olduğu ileri sürülebilir. Ortaylı'nın İslam Medeniyeti kavramının 18. yy. Oryantalizminin Doğu'yu dışlamasına bir tepki olarak Ortadoğulu aydınlar tarafından biçimlendiğini ileri sürmesinin nedeni de budur.

Ortaylı'nın belirttiği şekilde Batı'nın ya da Oryantalistlerin Doğu'yu dışlamasının nedeni Batı'nın medeniyetin tek kaynağı olduğuna, daha açık bir ifadeyle gelişimin de özgürlüğün de kaynağı olduğuna ve dolayısıyla üstün olduğuna dair inançtır. Bu noktada bir örnek vermek gerekirse Max Weber gibi düşünürler Batı'nın üstünlüğünü doğrudan kabul edip sadece bu üstünlüğün nedenine dair araştırmalar yapmıştır. Weber bunu din temelli (Protestan ahlakı) olarak kültüre bağlamıştır. Weber'in bakış açısının kuramsal yansıması noktasında Altun (2017) On dokuzuncu yüzyıl klasik ilerleme kuramlarında Batı dışı dünyanın fiilî sömürü alanı olduğunu ve bu dünyanın insanlarının varoluşsal düzlemde dahi ilkel kabul edildiğini ileri sürer. Batı medeniyetinin üstün olduğuna dair bu ön kabul hem sömürgecilik gibi efendi köle ilişkilerine hem "Öteki"lerle karşılaştıkça ırkçılık gibi ayrımcı pratiklere hem de antropoloji bilimiyle etnonun yani "Öteki"nin derinlikli araştırmasıyla beraber güçsüz ve kendini idame ettiremeyen bu toplulukların "Batı ne ise Doğu da o olacak" mottosuyla dönüştürülmesini dikte eden evrenselci modernleşme anlayışına (kuramına) dönüşmüştür.

Bu hususta bakıldığında bir medeniyetin üstün görülmesinden kaynaklı onu evrenselleştirme çabası bir çatışma unsuru olarak konumlandırılabilir. Tabii çatışmanın ya da gerilimin ekonomi gibi önemli unsurları da göz ardı edilmemelidir. Ancak temelinde Hristiyanlığın Haçlı seferlerinden, Müslümanlığın cihat anlayışına ve Batılı liberal sistemin küreselleşmesine bakıldığında medeniyetlerin evrensellik iddiasının çatışmaları beraberinde getirdiği ileri sürülebilir. Hem Batı'nın üstün olduğuna dair görüşler hem de medeniyetlerin evrensellik iddiasına yönelik yansımalar araştırma kısmında faydalanılacak olan kodlama cetvelinde kendine yer bulmuştur.

Yukarıdaki kısımlarda görülebileceği gibi Doğu-İslam ve Batı-Hristiyan medeniyetleri arasında hem milletlerarasılık hem şehirlilik hem din ile beraber medeniyetin ortaya çıktığı anlayışı açısından benzerlikler vardır. Ancak ortada bir çatışma olabilmesi için benzerliklerin değil farklılıkların ortaya konması gerekir. Bu kısımda ele alınan medeniyete yönelik bakış açılarındaki farklılıklar ya da kendi medeniyetini üstün olarak görmek, bahsi geçen çatışmaların ortaya çıkmasında önem arz etmektedir. Bu noktada ister adına medeniyet ister kültür ya da ister kimlik densin bu kavramın nasıl oluştuğu önem kazanır.

Kimliğin Oluşumunda "Öteki"nin Etkisi

'Kültür, Kimlik ve Medeniyet İlişkisi' adlı başlığın altında kültür ve kimlik kavramlarının medeniyet kavramıyla sıkı bir ilişki içerisinde olduğu ve medeniyetin farklı milletlerin kültürünü kapsayan bir üst yapı olduğuna dair görüşlere yer verilmişti. Bu açıdan bakıldığında medeniyet ve kültür arasında kimlik açısından bir "Biz" olma durumu söz konusudur. Bu minvalde farklı medeniyet iddiası taşıyan yapıların da "Öteki" olma durumu gayet anlaşılabilirdir. Bu noktada ele alınan ister bir milletler topluluğu ister bir ulus ister bir kişi olsun Benhabib'in (1996) kimlik ile ilgili tanımlaması burada önem arz etmektedir: "Kimlik adına herhangi bir arayış, kendini olmadığın şeyden farklılaştırmayı içerdiğinden kimlik politikaları her zaman ve zorunlu olarak farklılaşmanın yaratımıdır." Benhabib'in belirttiği gibi, kimliğini tanımlamak her zaman birini diğerinden ayırarak yapılan bir şeydir. Benhabib bu gelişmelerin arasında şaşırtıcı olan şeyin kimliğin sadece farklı ve diğer olanı elimine ederek sürdürülebileceğine ve korunabileceğine dair olan atalardan kalma inanç olduğunu da vurgular (1996). Billig (2003) düşmana yönelik bu atalardan kalma inanç durumunu bir inşa süreci olarak görür, eş deyişle içkin bir fenomen olmayan 'Öteki,' banal milliyetçiliğin pratikleri ile sonradan öğrenilir.

Kimlik kavramının "Öteki"yle olan ilişkisinin yanında durum ve yere göre göreceli olan yapısını vurgulamak da önem taşımaktadır. Bu hususta bir örnek vermek gerekirse birbirinden kültür ve dil anlamında ciddi farklılıkları olan bir Türk ve Arap Amerika'da Ortadoğulu veya Müslüman olarak stereotipleştirilebilir. Benzer şekilde özellikle Türkiye'nin kırsal kesimlerde Türkiye'de halk dilinde Ermeni, bir ırktan ziyade Hristiyanları genel olarak tanımlamak için kullanılabilmektedir. Bu örnekler sadece nefret söylemi, ötekileştirme ve ayrımcılık açısından anlaşılmamalıdır. İnsanları algılarken zihinde belli kategoriler oluşturulması ve böylece çok fazla enformasyon olmadan basite indirgeyerek olayların kavranmasından sosyal psikoloji kuramlarında oldukça bahsedilmiştir. Kimliğin göreceliliğine bir örnek vermek gerekirse Amerika'da yaşayan Mehmet Ortadoğulu ya da Müslüman olarak algılanırken İstanbul'da memleketi olan Siirt'ten dolayı Siirtli ya da etnisitesi nedeniyle Kürt olarak bilinebilir. Aynı kişi Siirt'in merkezinde ise köyü, mensup olduğu aşiret bağı ya da ailesi ile ilişkilendirilebilmektedir. Bu mantıkla ilerlenirse, Amerika'daki Mehmet için Müslüman kimliği çatı bir yapı olarak ön plana çıkıp Amerika'da bir Arap ile aynı duygudaşlık ilişkisi içine girmesi olası bir durumken İstanbul'daki Mehmet'in Siirtli ya da Kürt kimliğini ön planda tutması beklenebilir.

Kimliklerin farklı durum ve yerlerde göreceli olmasının bir boyutu da onların başka kimliklerle olan çatışmasıdır. Yine Amerika'dan örnek vermek gerekirse, özellikle 11 Eylül saldırısı, Müslümanların Batı değerleri ile uyumlu olmadığı düşüncesi ve aşırı sağın yükselişi ile beraber Amerika'da "Öteki" olan komünistlerin yerini Müslümanların aldığı ve Amerika'nın ulusal kimliğini oluşturabilmek adına ihtiyaç duyduğu yeni "Öteki"nin İslam olduğuna dair görüşler vardır. Bu açıdan bakıldığında, birbiriyle savaş ya da çatışma halinde olan farklı ulus ya da mezhepteki Müslümanların bile, Müslüman çatı kimliği altında Batı'daki steotipleştirilmeleri nedeniyle tepkisel olarak alt kimliğin farklılıklarını göz ardı ederek üst kimliği sahiplenebileceklerini söylemek mümkündür. Bu anlamda düşman yaratma eyleminin bu eylemin tüm muhatapları adına kimliğin korunması açısından önem arz ettiği ileri sürülebilir. Düşman Yaratmak (2012) adlı eserinde Eco ülkelerin ulusal kimlikleri için "Öteki"nin yani düşmanın öneminden bahseder, ülkelerin dışında ya da içinde bir düşman inşa etme durumunun sürekliliğini aktarır. Eco öncelikle İtalya'nın kendi içindeki düşman yaratma durumundan bahsederken Amerika'nın düşman yaratarak nasıl kendi kimliğini stabilize ettiğini ortaya koyar:

"Sovyetler Birliği'yle mücadele ederken aldığı yardımları hatırlayıp Amerika Birleşik Devletleri'ne yardım elini uzatan ve Bush için yeni düşmanlar yaratarak hem ulusal kimlik duygusunu, hem de kendi iktidarını pekiştirme fırsatı veren Bin Ladin olmasaydı, kimlikleri çökerdi (16)."

Eco'nun bu açıklamasına benzer bir biçimde Soğuk Savaş sonrasında kültürel kimliklerin etkin olacağını ve medeniyetlerin birbiriyle çatışacağını söyleyen Huntington da (1997: 20) Michael Dibdin'in Dead Lagoon adlı kitabından şu alıntıyı yapar, "gerçek düşmanlarımız olmadan gerçek dostlarımız olamaz. Ne olmadığımızdan nefret etmediğimiz sürece ne olduğumuzu sevemeyiz."

Literatürde kimlik üzerinden yapılan bu ötekileştirme-ayrımcılık ve dünyayı ikilikler üzerinden anlamlandırmak ile ilgili çeşitli kavramsallaştırmalar oluşturulmuştur. Bunlar "Ben"-"Öteki" ve "Biz"-"Onlar" gibi farklı şekillerde adlandırılmıştır. "Ben" ve "Öteki" kavramlarına bireysel düzeyde bakmak, neden bu kavramlar üzerinden dünyanın ayrıştırılarak algılandığını ortaya koyabilir. Van Dijk'a göre (Eid ve Karim, 2014: 3), bu tarz kavramlar, ilişkiler hakkındaki söylemleri şekillendiren birincil düzenleyici fikirler olarak işlev görmektedir; bunlar dünya hakkındaki bilgilerimizi kategorilere ayırmak için oluşturduğumuz zihinsel çerçevelerdir. Bu bağlamda, "Ben" direkt olarak bir kişi, Türkiye'de yaşayan Mehmet ya da onun ailesi, kültürü ya da ülkesi gibi tekil ya da kolektif yapılar olabilir.

"Ben" tekil bir kişi olarak ya da tüm evren olarak düşünülebileceği gibi benzer şekilde "Öteki" de başka bir insan ya da doğanın kendisi olarak düşünülebilir. Bu noktada insanın doğaya karşı verdiği mücadelenin her ne kadar sonradan kendisine verdiği bir zarar olduğu ortaya çıksa da doğa da diğer insanlar, kavimler ve toplumlar gibi ötekileştirilmiştir. Kimlik ya da "Ben" (kim olduğumuz) çeşitli bağlamlara göre göreceli hale gelebilir. Farklı zamanlarda, "Benlik" olarak adlandırabileceğimiz durum kişinin kendisi, ailesi, futbol takımı, komşuları, kültürü, dini grubu, ülkesi ya da genel olarak insanlık olabilir. Benzer şekilde "Öteki" bir eş, komşu bir topluluk, sınırdaş bir ülke, başka bir toplum ya da doğa olabilir. Bir bağlamda "Öteki" olarak nitelendirilen bir varlık başka bir bağlamda "Benliğin" parçası olarak görülebilir, örneğin tüm insanlığın bir kimlik olarak özdeşleştirildiği bir durumda, rakip bir devlet genişletilmiş "Benliğe" dâhil edilmektedir (Karim ve Eid, 2012: 10).

Söylem içinde "Biz" ve "Onlar"ın inşasının ayrımcı, ön yargılı ve ırkçı algı ve görüşlerin oluşumuna zemin hazırladığı pek çok düşünür tarafından ortaya konmuştur. Örneğin çerçeveleme yaklaşımını ele alan düşünürler "Öteki"nin özel bir önemi olduğuna dikkat çekerler. Söylem Tarihsel Analiz yaklaşımını ortaya koyan Krzyzanowski ve Wodak (2011: 13) da bu söylemsel inşanın toplumsal aktörleri etiketlemekle başladığını, negatif niteliklerin genelleştirilmesi ile devam ettiğini ve sonrasında bazılarının dâhil edilip birçok kişinin dışlanmasını meşrulaştıracak argümanların oluşturulması safhasına geçtiğini söylerler. Bu söylemsel durumlar, tarihsel döneme, kamunun tolerans düzeyine, siyaseten doğruluğa ve spesifik bağlam ile kamusal alana göre az çok yoğunlaşabilir ya da yumuşatılabilir ve az çok gizli ya da aşikâr olabilir.

Eco'nun (2012) kimliğin oluşumunda düşman sahibi olmanın önemine ilişkin görüşlerine dönmek gerekirse, Eco, düşman sahibi olmanın sadece kimliğimizi tanımlama açısından değil, aynı zamanda kendi değer sistemimizi ölçebilmek için bir engel edinmek ve o engelle yüzleşirken kendi değerimizi sergilemek açısından da önemli olduğunu söyler. Dolayısıyla düşman yoksa onu inşa etmek gereklidir. Eco bu konuda Verona'daki dazlakların kendilerini bir grup olarak görebilmek adına gruplarının dışındaki herkesi düşman ilan etmelerini örnek olarak gösterir. Eco'nun ilgilendiği husus ise "Biz" tehdit eden bir kişi ya da grup olarak düşmanın (aslında doğal bir fenomen) tanımlanmasından ziyade onun yaratılması ya da şeytanlaştırılması sürecidir (16). Bu inşa etme durumu ise liderlerin, hatiplerin, gazetecilerin ya da yazarların devreye girdiği yerdir. Düşmanlarımızın "Biz"den farklı olması ve bizimkilerden farklı olan adetlere göre davranmaları (17) bir anlamda düşman yaratılırken hangi yönteme başvurulacağını da gösterir. Somut verilerle kanıtlanamayacak bir farklılık durumu yaratarak "Biz" ve "Öteki" ayrımı oluşturulur. Bu durum farklı olmayı suç olarak görme durumuyla beslenir. Eco konuyu şöyle ele almaktadır:

> "Tacitus Yahudiler hakkında şöyle der: " 'Biz'e göre kutsal olan her şey "Onlar"a göre din dışıdır ve "Biz"e göre iffetsiz olan her şey "Onlar"a göre yasaldır" (insanın aklına Anglosaksonların kurbağa yiyen Fransızlardan, Almanların da sarımsağı fazla kaçıran İtalyanlardan tiksinmeleri geliyor). Yahudiler, domuz etinden sakındıkları, ekmeklerine maya koymadıkları, yedinci gün dinlendikleri, sadece kendi aralarında evlendikleri, hijyenik veya dini kurallardan dolayı değil de 'farklılıklarını vurgulamak amacıyla' sünnet oldukları, ölüleri gömdükleri ve bizim önderlerimize tapmadıkları için 'tuhaf'lar. Bazı gerçek adetlerin (sünnet, cumartesi günü dinlenme) ne kadar farklı olduğunu gösterdikten sonra, efsanevi adetlere (eşek imgesini kutsal sayarlar, ana babayı, çocukları, kardeşleri, anavatanı ve tanrıları hor görürler) dikkat çekerek farklılıkları daha da vurgulanabilir."

Aşırı sağın söylemlerini ele alan bir çalışmada kimliğin ne anlama geldiği, "Öteki"nin onun üzerinden nasıl oluşturulduğu ya da kimliği "Öteki"nin nasıl oluşturduğu tartışması değer taşır. Lukashina'ya (2017) göre her zaman savaşman gereken bir düşman bulunmalıdır temasını zorunlu tutan sağ tandanslı ideoloji için "dost ya da düşman" şeması önemli bir unsurdur. Bu açıdan bir kimliğin diğerinden farklı olan özelliklerinin (kültürel ırkçılık bağlamında) ön plana çıkartılması değer taşır. Eco'nun kimlik namına mutlaka bir düşman yaratılması gerekliliğini de düşünürsek aşırı sağcıların sürekli şikayet ettikleri Müslümanların Avrupa'daki varlıklarından memnun olmalarını hatta kendi varlıklarını bu inşa sürecine dayandırdıklarını söylemek anormal bir görüş olmayacaktır.

Birbirinin Öteki"si Olarak Doğu ve Batı

Eco'nun (2012) belirttiği gibi düşmanlarımızın "Biz"den farklı olması ve bizimkilerden farklı olan adetlere göre davranmaları bir ön koşuldur. Yabancılar tanım itibarıyla farklı olanlardır. Öte yandan Batı ve Doğu'nun tarihin seyrine uygun olarak pek çok benzerliği vardır. Literatürde görüldüğü şekilde haç hilal ya da Hristiyan Müslüman savaşı gibi örneklerle, bu yapıları sadece din üzerinden tanımlamak ise bilimsel bakış açısı olarak yanlış bir tutum olarak değerlendirilebilir. Pek çok düşünüre göre din tarihsel süreçte, ekonomi, siyaset, ideoloji ve kültür gibi diğer fenomenlerle beraber girift bir ilişki içinde var olmuş ve tarihin tek belirleyicisi olmamıştır (bunun aksine Marksist yaklaşımda tarihi akışın belirleyicisi ekonomidir).

Almond (2009) Müslüman ve Hristiyanların aynı ordularda beraber savaştıklarını ortaya koyarak tarihsel süreçte daimi bir haç hilal çatışması olduğu tezini çürütme çabasındadır. Buna ek olarak Müslüman ve Hristiyanların aralarındaki savaşlardan ziyade aynı dinlere inananlar arasındaki mezhep savaşlarının çok daha fazla hayata mal olduğu da son derece aşikârdır ve pek çok düşünür de bu görüşü kuvvetle savunmaktadır.

Bununla beraber bir inşa, yaratım ve algısal bir durum olarak nitelendirilen bu çatışmada dini boyutu atlamak yanıltıcı olabilir. Çalışmanın "Doğu ve Batı'da Medeniyet Anlayışı" kısmında belirtildiği gibi söz konusu iki medeniyetin evrensellik iddiası vardır. Bu evrensellik iddiasının kökü 6 bin yıl önceye dayanan bir dini inançtan kaynaklanmaktadır. Kötü ve iyinin savaşında iyi olanın kötüyü dünyadan silmesi bir anlamda evrenselliğe işaret etmektedir. Hunter (1998: 4-5) adı geçen kötü ile iyinin savaşı fikrinin Zerdüşt tarafından 6 bin yıl önce ortaya atıldığını ileri sürer ve sözlerine şöyle devam eder:

> "Bu Hegel'in dünyayı bir başlangıç (zıt güçlerin kozmik savaşı) ve tarih ile dünyayı nihayete erdirecek bir son üzerinden ele alan, Persliler ile dünya tarihinin başladığına dair görüşü ile örtüşmektedir. Yahudiliği, Hristiyanlığı ve son olarak İslam'ı derinden etkileyen Zerdüştlükte bu son ilahi müdahalenin sonucu olarak meydana gelir."

"Tarihin Sonu" iddiasını ortaya atan Fukuyama insanlık tarihinin fikirlerin çatışması tarafından şekillendiğini ve her bir fikrin kendisini evrensel öğreti olarak konumlandırma ve toplum ile politikayı kendi tasarımına göre organize etme gayretinde olduğunu söylemekle beraber Batılı liberal demokrasilerin Soğuk Savaş döneminde sosyalizmi yenerek üstünlüğünü ve iyinin kötüye karşı zaferini ortaya koyduğunu ileri sürer. Hunter'a (1998: 4-5) göre Fukuyama bu sonun Batı'nın komünizm karşısındaki zaferi ile çoktan gerçekleştiğini ileri sürer... Ona göre Ütopya gerçekleşmiştir, onun kurallarına göre yaşayanlar Nirvana'ya ulaşmıştır ve diğerleri eğer Batı liberalizminin kurallarına göre yaşarlarsa onlar da Nirvana'ya ulaşabilir.

Fukuyama'nın yukarıdaki görüşleri modernleşme teorisinin "Batı ne ise, Doğu o olacak," şeklindeki en temel argümanı ile benzerlik gösterir. Lerner'in (1958), ulus- devlet yararına geleneksel toplumun ortadan kaybolması manasındaki meşhur çalışmasında olduğu gibi modernleşme teorisi zorunluluk ifade eder. Devlet Sosyalizmi modeline karşı, Modernleşme Teorisi Batı-tipi politik ve sosyal kurumlarının bina edilmesini gelişimin göstergeleri olarak vurgular ve bu tür yapıların hareketli endüstriyel demokrasilerin yaratımında hayati önemde olduğunu ileri sürer (Miller, 2009: 10). Lerner'in etnomerkezci olarak değerlendirilebilecek görüşü onun kastettiği modernleşmenin kültürel boyutunu yani Doğuluların geleneklerinin zararına bir modernleşme sürecini ortaya koyduğu ve bu durumun Batı ve Doğu kimlikleri arasındaki çatışmanın da en önemli nedenlerinden biri olduğu ileri sürülebilir.

Batı'nın yaşadığı düşünce devrimi ile beraber eğitim ve teknoloji gibi alanlardaki gelişiminin ekonomi ve askeri alanlara yansımasının politik ve diplomatik sonuçları Doğulu ülkeler adına tahmin edilebileceği gibi pek iç acıcı olmamıştır. Batılılar karşısında hemen hemen her alanda geri kalma psikolojisinden hareketle ortaya konan çözüm hem Rusya hem de Osmanlı örneklerinden anlaşılacağı gibi Batılıların gittiği yolu takip etmek yani modernleşmek olmuştur. Bu modernleşme hareketleri sadece ekonomi ve askeri açılımlarla açıklanamaz. Modernleşme teorisinde ortaya konulduğu gibi ekonomik ya da askeri alandaki modernleşmenin Batılı yaşam pratiklerine uyum gösterebilme açısından kültürel değişiklikleri körüklemek gibi bir misyonu da vardır. Berger de bu durumu modernleşmenin çok yönlülüğü olarak konumlandırmıştır. Berger, siyasi ve kültürel açıdan modernliğin oluşumunu göz ardı edip sırf sanayileşerek modernleşeceklerine inanan ve modernleşmeyi teknoloji ya da ekonomik bir gelişme sorunu olarak gören toplumların yanıldığını pek çok olgu ile ele alır. Bu olgulardan çalışma ile ilgili olan birkaçına aşağıda yer verilmiştir (Tazegül, 2005: 25-26):

- Dinî otoritenin zayıflaması
- Milli devlet ve milli duyguların oluşması ve en önce eğitimli elit kesim olmak üzere bunun diğer kesimlere yayılması
- Erkek hâkimiyeti ile anne babalara ait otoritenin zayıflaması ve kadınların daha eşit ilişkilere sahip olduğu aile yapısının doğması
- Batılı seküler yasal kodların alınması, anayasacılıktan askeri yönetimlere kadar yeni siyasi yönetim şekillerinin ortaya çıkması
- Çok sayıda köylünün şehre gelmesi ve fabrika işlerine girmesi, yani köyden şehre geçiş süreci (26).

Bu olgular kültürel değerlere gönderme yapar ve bunlar aynı zamanda kendileriyle beraber pek çok farklı Batılı yaşam pratiğini de beraberinde taşıma potansiyelini barındırır. Kapitalist üretim süreci ile kentlere göç eden kitleler şehir kültürünün bir parçası olur. Toplumda erkek otoritesinin ve dini otoritenin zayıflaması kadınların Batılı ülkelerde olduğu gibi toplumsallaşmasını ve çalışma haklarını beraberinde getirir. Bu hakkı elde eden kadınların sivil toplum örgütleri ile kendi haklarını savunma, seçme ve seçilme hakkı ile toplumda ciddi bir güç halini alma gibi ihtimalleri bulunur. Bu açılımlara pek çok farklı örnek verilebilir. Ancak burada önemli olan nokta bir toplumun kendi değerlerini tamamen muhafaza ederek modernleşmesinin neredeyse imkânsız olmasıdır.

Batı'nın kültürel ve siyasi etkisinin yanında tarihsel süreçte askeri gücü sayesinde elde ettiği sömürgeci geçmişi hâlihazırda var olan askeri müdahaleciliği ve küreselleşme sayesinde ekonomik ve kültürel sömürü düzeni kurduğuna dair görüşler ile beraber okunduğunda bazı düşünürler tarafından Oksidentalizm olarak da adlandırılan bir Batı karşıtlığı gelişmiştir. Bunun yanında Batı tipi modernleşen ülkelerde toplumu modernleştiren elitlere ve Batılı yaşam tarzını benimseyen kitlelere karşı da bir tepki gelişmiştir. Yukarıda bahsedildiği gibi Oksidentalizm kültürel olarak Batılılaşmaya tepkisel bir yaklaşımdır. Mardin (2016) bu durumu şöyle açıklar: "Batı uygarlığının çarptığı ve çarptığında dağıttığı uygarlıklarda Batı'ya karşı bir kızgınlık uyanmıştır. Batı toplumunun bir yaşama dizgesini tümüyle ortadan kaldırmaya ve yerine bir diğerini koymayı amaçlayan yönlerine bakılırsa bu karşı koymayı doğal saymak gerekir."

Doğu'nun karşı kimliği olarak varsayılan Batı'nın, Müslümanlığın karşı kimliği olarak varsayılan Hristiyanlığın ve manevi değerlerin karşılığı olarak varsayılan maddeci ya da seküler değerlerin Oksidentalist söylemde nasıl oluşturulduğu önem arz etmektedir. Çünkü Oksidentalist söylem tekrar Oryantalist söylemlerin oluşturulmasını sağlamaktadır. Tanımı tartışmalı olan Oksidentalizm Buruma ve Margalit'e (2005) göre sadece Müslümanların değil Japonlar da dâhil olmak üzere kendi değerlerine karşı yıkıcı bir etki olarak gördükleri Batı değerlerinden nefret eden Batı dışı olanların yani Doğuluların Batı'ya karşı düşmanca tavırlarıdır. Öte yandan Oksidentalizmi sömürgeciliğe, kültürel sömürgeciliğe "Batı ne ise Doğu da o olacak" mottosuna sahip Modernleşme Kuramı'na ve Amerikan müdahaleciliği olarak adlandırılagelmiş Batı'nın askeri müdahaleciliğine karşı bir reaksiyon olarak adlandıranlar da vardır.

Bununla beraber, Oryantalizmin anlatısına karşı bir anlatı oluşturma çabası olarak konumlandırılabilecek Oksidentalizmi Oryantalizm gibi sistematik bir disiplin olarak adlandırmak zordur. Ortaylı (2011) bu konuyu şöyle ele almaktadır: *"Siz hiç İtalya tarihi alanında ün kazanan bir Arap, ünlü bir Türk Germanist veya İranlı bir Yunan tarihçisi işittiniz mi?"* Ortaylı'nın bu cümle ile anlatmak istediği Oryantalizm ile Batı'nın Doğu'yu bir nesne olarak ele almasının uzun bir geçmişi varken yeni bir alan olan Oksidentalizmin bu tip bir geçmişi olmamasıdır. Oksidentalizmin, Oryantalizmin karşıtı olarak konumlandırılmasının zor olduğuna bir başka husus da Oksidentalizmin Batı düşüncesinin ve yöntemlerinin etkisi altında kaldığına dair iddialardır.

Said (1978) Oryantalizmi açıklarken bu kavram ile birkaç şeyi anlatma gayretindedir. Bunlardan birincisi Doğu hakkında ders veren, yazı yazan ve araştırma yapan herkes Oryantalisttir ve yaptıkları şey de Oryantalizmdir. Said bu akademik geleneğin Oryantalizmin genel anlamıyla olan ilişkisini ikinci açıklama noktası olarak ele alır ve onu "Batı" ve "Doğu" arasındaki ontolojik ve epistemolojik ayrımlar bazlı bir düşünce stili olarak konumlandırır. Bu düşünce stili pek çok yazar, şair, romancı, filozof, siyaset kuramcısı, imparatorluk yöneten devlet adamının Doğu ile ilgili teorileri, destanları, romanları, toplumsal tarifleri ve siyasi kararları adına bir başlangıç noktasıdır. Said için Oryantalizmin üçüncü anlamı ise onun hemen hemen hayali anlamları ve akademi arasındaki geçişlilikle alakalıdır. Bu durumu bir süreklilik olarak tanımlayan Said'e göre bu ikisi arasında 18. yy'ın sonlarından beri ciddi, oldukça disiplinli – hatta regüle edilen- karşılıklı bir ilişki vardır. Said (1978: 3) bu üç boyutu açıkladıktan sonra Foucault'nun söyleme bakış açısından faydalanır ve şunları söyler:

> *"Tezim şudur ki Oryantalizmi söylem olarak ele almadıkça Avrupa kültürünün Doğu'yu Aydınlanma sonrası dönemde politik, sosyolojik, askeri, ideolojik, bilimsel ve kurgusal olarak yönettiği hatta ürettiği devasa sistematik disiplini anlamak mümkün olmaz."*

Said iktidarın nasıl söylem aracılığıyla işlediğini, nasıl bilgiyi ürettiğini ve böylece "Doğu" hakkındaki bilginin nasıl toplumsal iktidar ilişkilerinin bir göstergesi olduğunu gözler önüne sermeye çalışır (Franklin vd, 2016). Foucault'un (2013) sözleriyle: "İktidarın bilgiyi ürettiğini (ve bunu yalnızca bilgiyi yararlandığı için teşvik ederek veyahut da yararlı olduğu için uygulayarak yapmadığını), iktidarın ve bilginin birbirini doğrudan içerdiklerini; bağlantılı bir bilgi alanı oluşturmadan iktidar ilişkisi olamayacağını, ne de aynı zamanda iktidar ilişkilerini varsaymayan ve oluşturmayan bir bilginin ve bilgi alanının olamayacağını kabul etmek gerekir."

Foucault'nun söylem kavramından yararlanan Said'in Oryantalizm kavramsallaştırması en basit şekliyle Müslümanların ve genelde tüm Doğuluların tarihin bir döneminde söylem üzerinden yeniden inşa edilmesi olarak tanımlanabilir. Said (1978: 43) bu durumun nedenini Oryantalizmin son tahlilde yakın olan (Avrupa, Batı, "Biz") ile yabancı olan (Şark, Doğu, "Onlar") arasındaki ayrımı körükleyen politik bir vizyon olmasına bağlar. 'Kimliğin Oluşumunda Öteki"nin Etkisi' kısmında ele alındığı şekilde "Biz" ve "Onlar" ayrımı bir anlamda Doğu'ya atfedilen şeyler üzerinden Batı'nın ne olmadığı ortaya konur. Said (1978: 43-44) bu "Biz" ve "Onlar" ayrımının bir bakıma ayrı iki dünya algısını yarattığını ve ona hizmet ettiğini söyler. Doğulular kendi dünyalarında yaşamakta, "Biz" ise kendi dünyamızda yaşamaktayız. Maddi bir gerçek şekline bürünen bu görüş giderek sağlamlaşmış ve her iki gerçek diğerinin doğrulayıcısı olmuştur. Bununla birlikte iki dünya arasındaki ilişkilerde bir cins özgürlük her devirde Batı'nın ayrıcalığı sayılmış, zira Batı'nın diğerinden daha üstün bir kültüre sahip olduğu durmaksızın tekrarlanmıştır.

Oryantalizmde yabancı ya da barbar olarak konumlandırılan Doğu, Oryantalizmin modern versiyonu olarak konumlandırılan Modernleşme Kuramı'nda "Batı ne ise Doğu da o olacak" yaklaşımıyla gelişmemiş, dönüştürülmesi ve modernleştirilmesi gereken bir perspektiften sunulmuştur. Kentel'e (2012) göre İslam, Batı bloğunun komünizmden sonraki Öteki"siydi. Kentel İslam modernite ilişkisi hakkında şunları söyler: "Genel olarak kapitalizmin ehlileştirme süreçlerine daha az girmiş olan, 'modern' dünya için hâlâ 'kaotik' ve 'isyankâr' bir konumda olan... İslam bir zamanların alternatif ütopya kaynağı olan Komünistlerin yerine geçti."

Adı ister Oryantalizm ister Oksidentalizm olsun, bu kavramları karşılaşma ya da çatışma üzerinden okumak faydalı olacaktır. Oryantalizmin de bir karşılaşmanın sonucu olarak ortaya çıktığını ve her karşılaşmada karşılaşanların birbirleri hakkındaki algılarını ürettiğini ileri süren Aktay (2006) Haçlı seferlerinin de sonuçta bir karşılaşma olduğunu ve bu karşılaşmanın Müslüman-Arap- Türk-Kürt-Acem tarafının da bu seferlere katılan Frenklerle ilgili bir algı ürettiğini söyler. Bu karşılaşmada Oksidentalizmin ilk nüveleri oluşmuştur. Amin Maaluf'un eserlerinden anlaşılacağı üzere tıpkı Müslümanlar hakkında Avrupa tarafındaki ilk algı gibi Müslümanlar da Frenkleri barbar olarak görmüşlerdir. Eş deyişle Frenkler Müslümanların özenle kurmuş oldukları bir medeniyeti tarumar etmeye, zenginliklerini kapmaya gelmiş olan barbar sürüleri gibi görülmüşlerdir.

Her ne kadar Batı ve Doğu'nun aralarındaki güç dengesizliği nedeniyle Oryantalizm ve Oksidentalizmin bir tutulamayacağı düşünülse de iki kavramında da Öteki"ne karşı bir tutum olduğu ileri sürülebilir. Çalışma Batı'da yaşayan Müslümanlara yönelik bir sınırlama içerdiğinden yabancı düşmanlığı kavramının bu sınır içerisinde aktarılacağının tekrar vurgulanması önemlidir. Bu noktada bu çalışmanın odağı Oksidentalist söylemler değil Oryantalist söylemlerdir. Ancak Oksidentalist söylemlerin, Oryantalist söylemlerin tepkisel olarak yeniden üretimine neden olması ve bunların karşılıklı ilişkisinin bir sarmal yaratacak mahiyette olması dolayısıyla bu söylemleri birbirinden ayırmak mümkün değildir.

Nasıl Oryantalizm ile Oksidentalizm arasında güç dengesizliğine dayanan bir ilişki varsa, entomerkezci yaklaşım açısından Batı ve diğerleri (sadece Doğulu medeniyetler değil ilkel topluluklar da) arasında bir güç farklılığından söz etmek mümkündür. Clastres (2011) Lapierre'in yaklaşımından da faydalanarak etnomerkezcilikle dünyanın hemen her yerinde karşılaşılabileceğini söyler. Bunun nedeni her kültürün, kendisiyle olan narsistçe ilişkisi çerçevesinde etnomerkezci olmasıdır. Bununla birlikte, Batı etnomerkezciliği ile onun *"İlkel"* benzeri arasında önemli bir fark vardır; herhangi bir yerli ya da Avustralya kabilesi de kendi kültürünü diğerlerinden üstün tutar, ama hiçbir zaman diğer kültürler üzerine bilimsel bir söylem oluşturmaya çalışmaz. Bu duruma etnoloji açısından bakıldığında ise durum değişir. Etnoloji pek çok bakımdan kendi özel durumunun dışına çıkamadığı halde, evrensellik iddiasında bulunur ve bu yüzden, sözde bilimsel söylemi de hemen tam bir ideolojiye dönüştürür (Bu arada vurgu olarak ideolojinin mutlak yanlılığı ortaya konmalıdır). Clastres'in ele aldığı husus Batı'nın antropoloji üzerinden etno'yu yani "Öteki"ni araştırmasıdır. Bu araştırma her ne kadar "bilimsel" gözükse de aslında Batı üstünlüğü ideoloji ile çerçevelenmiş ve bu üstünlüğü varsayımlarına ve hipotezlerine içkin bir şekilde gömülü olarak yansıtmıştır. Bu araştırmanın sonucu olarak üstün olan Batı medeniyetinin aksine devletsiz ya da iktidarsız olduğundan ilkel olarak tanımlanan yapılar, hiyerarşik olarak Batı'nın altında konumlandırılmıştır. Bu söylem sadece *"İlkel"* olanı kapsamamış *"ilkel yapıların"* ötesine geçerek yüksek uygarlık olarak görülen diğer medeniyetlere de sirayet etmiştir. Wallerstein (2004) bu hususta şunları söyler: *"Doğuşundan itibaren ilerici olduğu iddia edilen Avrupa uygarlığının tersine, öteki yüksek uygarlıklar kendi gelişim havzalarında donmuş olarak kalmış olmalıydılar ve bu yüzden dış zorlama olmadan (Avrupalı güçler anlamında) kendilerini moderniteye dönüştürme gücünden yoksun olmalıydılar."*

Söylem düzeyinde Batı'nın İslam'a karşı oluşturduğu
""Öz"-Öteki", "Gelişmiş"-"Geri Kalmış", "Modern"-"Barbar",
"Medeni"-"İlkel" gibi ayrımlar gündelik hayatta ortaya çıkan
hemen her sorun, konu ve tartışmada bu köklerden beslenerek
tekrar tekrar üretilir. Göç bu noktada oldukça iyi bir referans
noktasıdır. Miles ve Brown (2003: 163) göçle ilgili oluşan "Öz"-
"Öteki" ayrımında "Öteki" Müslüman olduğunda milliyetçilik
referans noktaları olarak medeniyet ve dinin birleştiğini çünkü
İslam'ın hem ayrı bir medeniyeti hem de ayrı bir dini temsil ettiğini söyler. Buehler'e göre İslamofobi, Hristiyan dünyada/Batı'da derin kültürel kökleri olan patolojik bir korkudur.
Ona göre Batı'nın İslam'a/Müslümanlara yönelik düşmanlığı
sadece 11 Eylül (2001) ertesi ortaya çıkan bir olay değildir.
732'de gerçekleşen ve Hristiyanların "işgalci" Müslümanları
yendiği Poitiers harbi, günümüzde Avrupa tarihi açısından hâlâ en hayati savaş olarak değerlendirilmektedir. Bu savaştan
sonradır ki bir sekizinci yüzyıl papazı olarak Isadore Pacensis,
bu savaşta Müslüman ordularını yenen Hristiyanların yeni
kimliğini tanımlamak amacıyla Europenses (Avrupalılar) terimini icat etmiştir (2014). Buehler'in yaklaşımlarından da anlaşılabileceği gibi Müslümanlara karşı Batılı olma durumu konu
göç olunca Müslüman ve diğer göçmenlerin farklı bir konumda
değerlendirilmesinin nedeni olarak anlaşılabilir. Miles ve
Brown (2003: 164) İslamofobinin bu özel durumunu şöyle açıklarlar: "Müslümanlar ırksallaştırılmış grup[1] olduklarında, milliyet (örneğin Arap ya da Pakistanlı), din (İslam) ve politika (aşırıcılık, köktencilik, terörizm) birleşimi olan yeni bir kimlik ço-

---

[1] Eda Acara 'Sınıfta Irk ve Irkçılık- Öteden Öfkeyle Bakmak' (Kobayashi, 2012) adlı çevirisinde ırksallaştırma kavramı ile ilgili şunlar ortaya konur: " F. Henry ve C. Tator ırklaştırmayı iki türlü kavramsallaştırıyorlar: Birincisi, birtakım toplumsal adet ve söylemlerin belli bir ırka atfedilmesi (örneğin, suçun ırklaştırılmasındaki gibi veya Türkiye'den olabilecek bir örnek için, namus cinayetlerinin Kürtlerin adetlerinden olması gibi). Irklaştırmanın ikinci anlamı ise, etnik ve ırk gruplarının sınıflandırılması, damgalanması, aşağılanması ve "Öteki" olarak tecrit edilmeleri sürecidir.

ğunlukla Oryantalist, İslamofobik ve ırkçı söylemlerle üretilir." Miles ve Brown İslam'ın aksine çoğu dinin bu tip bir birleşim (örneğin terörizmle birleştirme) ile hatta etnik ya da ulusal ayrımlarla bile temsil edilmediğini söyler ve şöyle devam ederler: "1990'larda gördüğümüz gibi Bosnalı Müslümanların etnikleşmesi etnik temizlik adına bir bahaneye dönüşmüştü. Osmanlı'nın Viyana'da durdurulmasına benzer şekilde İslamist köktencilik ve aşırıcılıktan Avrupa'yı korumak adına Bosnalılara yapılanların mecburi olduğu ileri sürüldü." Bu açıdan ele alındığında suçun ya da ahlaki açıdan herhangi bir topluluğa dair yapılan bir eylemin ırksallaştırma, damgalama ve yaftalama gibi söylem pratikleri üzerinden meşrulaştırılmaya çalışıldığı görülmektedir.

Howard (2015) yukarıdaki görüşlere benzer şekilde, Müslüman göçmen topluluklar söz konusu olunca gündeme gelen terör saldırıları, göç politikaları, sömürgeciliğin devam eden etkileri, Yahudi karşıtlığı, fakirlik, işsizlik, IŞİD ve El Kaide gibi cihatçı grupların zehirli etkileri, sosyal medya tarafından yaratılan hassas alanlar ve benzeri şeylere odaklanıldığını ancak bir camiinin bile inşa edilmesinin yanlış olduğuna dair güçlü bir hissin oluşmasına neden olan İslam'la ilgili Avrupa'nın tarihsel ve sosyal hafızasında gömülü olan derin kaygıların ise atlandığını ileri sürer. Miles ve Brown (2003) diğer dini "Öteki"lerin aksine Müslümanların ileri sürülen farklılığının biyolojik ya da somatik olmadığını, bu yüzden İslamofobinin ırkçılığa örnek olarak gösterilmediği iddiasının altını çizerler. Bu görüşten farklı olarak toplulukların nefreti bir noktadan diğerine kanalize ederken bazı sembol, şema ve şablonlara ihtiyaç duyması İslam'a karşı olurken onu Türk, Mağrip, eliyle yiyen, kadın düşmanı, domuz yemeyen, sünnetli ya da esmer tenli gibi bazı kategorilere hapsetmesine neden olur. Nefret söylemi ya da eylemi olarak ele alınan kavramların temelinde bu şema, imaj ya da etiketleme denilen mekanizmalar yatar. Yukarıda bahsedilen göçe yönelik direncin özellikle Müslümanlar olduğunda artmasının nedeni budur. Eş deyişle mülteciler, örneğin Batılı başka bir ülkenin savaşından kaçan kişiler olsaydı onlara böyle davranılmaması durumu Müslümanlara yönelik algılarla ilintilidir. Yani nefret söylemi grup odaklıdır. Bir gruba veya o grubun üyelerine yönelik her türlü tahammülsüz ve hoşgörüsüzlüğü kışkırtan söylem ve düşmanca tutumu işaret eder. X veya Y'ye karşı işlenen suçun motivasyonun X veya Y'nin mensup olduğu din, ırk ya da konuştuğu dil (hatta sahip olduğu aksan), ten rengi, cinsel yönelim ve fiziksel engeli ile ilintili olmasıdır. Hindistanlı bir Budist'in ten rengi nedeniyle ya da başka algılanan özellikleri nedeniyle Müslüman zannedilip nefret suçuna maruz kalması gibi farklı pek çok örnekte görüldüğü gibi nefret suçunun temeli kategorizasyona ve algılanan ilişkiye dayanmaktadır. Bu hindinin kahverengi ten rengi bir Amerikalı'nın kafasındaki Müslüman şemasıyla örtüşmektedir. Tarihsel açıdan bir değerlendirme yapan Miles ve Brown (2003: 164), Müslümanların Sarazen, Türk ya da Mağrip olarak yani ırklar üzerinden anakronistik bir ırklaştırmaya maruz kaldığını söylerler (164):

"14. yüzyılda İslamist 'tehdit' Osmanlı Türkleri'nin yükselişi ile ilişkilendirilmeye başlandı. Bununla beraber Müslüman "Öteki" temsili ciddi bir biçimde değişmedi. Vahşi Sarazen imajı artık yerini vahşi Türk imajına bırakmıştı. Ancak Avrupa'da iki grup Müslümanlar olarak görülüyordu ve inşa edilen "Öteki" söylemi bu hususun odak noktası olarak konumlandırılmaktaydı."

Avrupa etnomerkezciliği tarihsel olarak anlaşılmaya çalışıldığında, Batı içinde Öteki olarak konumlandırılanların neden toplumun bir parçası olarak görülmediği anlaşılabilir. Bu okuma sonucunda yabancı karşıtlığı daha iyi anlaşılabilir. Bu hususta içerideki; yabancı düşmanı, ilkel olanı ve "Öteki"yi temsil eder. Taş (1999: 53) yeni ırkçılık ya da kültürel ırkçılık olarak adlandırılan fenomenin etnomerkezci yaklaşımlardan kaynaklı olduğunu ve kültürel üstünlüğü ön plana çıkarmasa da üçüncü dünyadan gelenlerin yerli kimliği bozduğu savını ileri sürdüğünü söyler.

Öte yandan yabancı düşmanlığının halkın öz değerlerine içkin olduğu ileri sürülebilir. İsviçre'deki minare referandumu bu durum adına iyi bir örnek olabilir. Hükümet, ana akım politik partiler, kiliseler, ana akım gazeteler, ulusal devlet başkanı, güçlü iş lobisi ve Vatikan bir bütün olarak minarelerin yasaklanmasına karşı çıkmıştır. Ancak yasağı yüzde 53'lük bir oranla ülkenin 26 kantonunun 22'sinde halk desteklemiştir (Traynor, 2009). Bennett (Mudde, 2007) bu konuda şunları ileri sürmektedir: "Sağ hareketlerin aşırıları, sadece Amerika'daki politikaları sebebiyle değil ayrıca tüm halkta ve Amerikan hayat tarzında içkin olan özellikleri yansıtmaları sebebiyle yansız bir ilgiyi hak ediyor." Bennett'ın yaklaşımı üzerinden aşırı sağın aslında halkın merkez ya da liberal partiler tarafından baskılanan bir yönünü, yani yabancılara karşıt olmasını politik arenaya taşıdığı ileri sürülebilir. Bu minvalde aslında yabancı düşmanlığının hep var olduğu ve sadece hedef değiştirdiği iddia edilebilir. Bu teze göre tarihte bu istenmeyen yabancı Yahudilerken şimdi Müslümanlar olmuştur. Aşırı sağın özündeki bu yabancı karşıtlığı 2011 yılında Norveç'te 69 kişiyi katleden Anders Behring Breivik'in Berwick (2011) takma adıyla yazdığı manifestosunda Yahudi kökenli kültürel Marksizm'in Batı'yı bölmek için çok kültürlülük kavramını geliştirdiğini ileri sürmüştür.

Buraya kadar ele alınmaya çalışılan Doğu Batı çatışması; kültür, kimlik ve medeniyet ilişkisi, Doğu ve Batı'da medeniyet anlayışı, kimliğin "Öteki"nin oluşumundaki etkisi ve birbirinin "Öteki"si olarak Doğu ve Batı konuları gibi tartışmaların evrimi biyolojik ırkçılığın kültürel ırkçılığa evrimi ile paralellik gösterir. Kültürel ırkçılık ya da üçüncü dünyadan gelenlerin yerli kimliği bozduğu savı ise Müslümanların Batı içindeki varlığına dair tartışmaları gündeme getirir. Bu tartışmalar ışığında bir sonraki kısımda Batı'nın içinde bir medeniyetler çatışması olup olmadığı, biyolojik ırkçılığın yerini kültürel ırkçılığa bırakıp bırakmadığı, Müslümanların yeni Yahudiler olup olmadığı ve çok kültürlülüğe yönelik eleştiriler ve Müslümanların entegrasyon problemleri tartışılmaya çalışılacaktır.

Batı'nın İçindeki Medeniyetler Çatışması İddiaları

Batı'nın içindeki medeniyetler çatışması iddialarının temelinde Koopmans ve arkadaşlarının (2005: 147) belirttiği gibi azınlık grupların taleplerinin liberal devletlerin yerine getirmesi gereken talepler olduğu ve toplumdaki egemen kültürün hegemonyası yerine çok kültürlü bir yapı olması gerektiğine dair görüşler bulunmaktadır (Young, 1989). Ayrıca bu görüşler, Huntington'ın da örnek olarak verdiği Schlesinger (1998) gibi isimlerin öncü olduğu, bazı gruplarla ilgili özel hak taleplerinin, toplumsal bütünlük adına bir tutkal görevi gören ve liberal ulus devletteki vatandaşlık mantığının temeli olan beraberlik ve ortak toplumsal değerleri tehlikeye attığına dair iddiaları da içinde barındırmaktadır. Miles ve Brown'ın (2003: 163) göçle oluşan "Öz"-"Öteki" ayrımında "Öteki" Müslüman olduğunda milliyetçilik referans noktaları olarak medeniyet ve dinin birleştiğini çünkü İslam'ın hem ayrı bir medeniyeti hem de ayrı bir dini temsil ettiğini söylerler. Bu açıdan bakıldığında hem ayrı bir medeniyeti hem de ayrı bir dini temsil eden İslam ile Batı'nın arasında ciddi kültürel farklılıklar olduğu ileri sürülebilir. Bu nokta Batı'daki kültürel çeşitliliğe karşı duruş açısından Müslümanları odak noktası haline getirmektedir.

Batı'da hâlihazırda yaşayan Müslümanların kültürel ve dini farklılıklar gibi nedenlerle Batı kültürüne uyumlu olmadıkları iddialarına ek olarak IŞİD terör örgütünün Batı'daki terör saldırıları, Suriyeli mültecilerin Avrupa'ya olan akını gibi güncel gelişmeler, Batı ülkelerinde Müslüman Sorunu adı verilen bir fenomeni gündeme getirmiştir. Batı ülkelerinde, Batı kimliğini veya milli kimlikleri koruma mottoları dillendirilmektedir. Çok kültürlülük ve kültürel çeşitlilik gibi kavramlar ciddi anlamda eleştiri oklarının hedefi olmaktadır. Aşırı sağın yükselişi ile beraber onların ele aldığı tezler giderek ana akım siyasette yer almakta ve normalleşmektedir. Batı kendini daha önce ırk üzerinden tanımlayan akımlardan kurtarırken şimdi kültür üzerinden tanımlayıp bu kültürün "Öteki"si olan Müslümanları dışlayan bir pozisyona evrilmektedir.

Buraya kadar yapılan çalışmalardan anlaşılan odur ki var olan sorunun tarihsel arka planını anlamlandırabilmek adına ırkçılığın kültürel bir şekle evirildiğine dair görüşleri de ele alarak incelemekte yarar bulunmaktadır. Ayrıca tarihsel bir arka plana sahip olan Oryantalizm kavramının günümüzde İslamofobiye dönüşüp dönüşmediğini, çok kültürlülüğe yönelik eleştirileri ve Müslümanların entegrasyon problemleri ile ilgili iddiaları da tartışmak gerekmektedir.

Medeniyetler Çatışması ve Kültürel Irkçılık

Huntington'ın, uluslararası ilişkilerin ya da dünyanın şekillenişinin, Soğuk Savaş sonrasında çok farklı bir boyuta ulaştığını zira artık uluslararası ittifak ya da çatışmalarda eskisi gibi politik ya da ekonomik ideolojilerin değil kültürel değerlerin daha spesifik bir şekilde medeniyetlerin etkili olacağını ileri sürdüğü tezi hem akademide hem de politik ve toplumsal çevrelerde ciddi bir tartışma konusu olmuştur. Huntington (1997: 19) bu teziyle ilgili bayraklar üzerinden birkaç örnek verir: "1994 yılı Nisan ayının 18'inde iki bin insan Birleşmiş Milletler ya da NATO bayrakları yerine Suudi Arabistan ve Türkiye'nin bayrakları ile yürüdü. Bunlar kendilerini Müslüman kardeşleri ile bir tutan Saraybosnalılardı ve dünyaya kimin gerçek dostları kiminse çok da gerçek dostları olmadığını gösterdiler." Huntington bu temel üzerinden başladığı kitabının beş bölümünde şu beş farklı hipotezi ortaya atar:

-Birinci bölüm: Tarihte ilk defa küresel politikanın çok kutuplu ve çok medeniyetli olduğunu ve modernleşmenin Batılılaşmadan farklı olduğunu ve Modernleşmenin ne herhangi bir biçimde evrensel bir medeniyet oluşturduğunu ne de Batılı olmayan ülkeleri Batılılaştırdığını ileri sürer.

-İkinci bölüm: Medeniyetler arasında güç dengesinin değiştiğini, Batı'nın göreceli olarak güç kaybettiğini söylerken Asyalı medeniyetlerin ekonomik, askeri ve politik olarak güçlendiğini, İslam'ın nüfus olarak artmasıyla beraber Müslüman ülkelerin ve komşularının kendilerini istikrarsızlaştıran sonuçlarla yüzleştiğini ve Batılı olmayan medeniyetlerin kendi kültürlerinin değerini tekrar benimsediklerini iddia eder.

- Üçüncü bölüm: Medeniyet bazlı dünya düzeninin vuku bulmakta ve kültürel yakınlığı bulunan toplumların birbirleriyle işbirliği yapmakta olduğunu iddia eder. Ayrıca bir toplumu bir medeniyetten diğerine kaydırma çabalarının anlamsız olduğunu ve ülkelerin kendilerini medeniyetlerinin lider ya da hâkim ülkelerine göre gruplamakta olduklarını ileri sürer.

- Dördüncü bölüm: Batı'nın evrensellik savlarının giderek onu en ciddi şekilde İslam ve Çin olmak üzere diğer medeniyetlerle çatışma noktasına getirmekte olduğunu, özellikle Müslümanlar ve Müslüman olmayanlar arasında yerel düzeydeki çatışma noktalarının akraba ülke seferberliğini meydana getirdiğini, bunun daha büyük bir çatışmaya mahal verebileceğini ve böylece hâkim devletlerin bu savaşları durdurma çabasına gireceklerini iddia eder.

- Beşinci bölüm: Batı'nın kurtuluşunun Amerikalıların kendi Batı kimliğini tekrar benimsemesi ve Batılıların kendi medeniyetlerinin evrensel değil eşsiz olduğunu kabul etmesi ve Batılı olmayan devletlerden gelen meydan okumalara karşı onu korumaları ve yenilemek için birleşmelerinde olduğunu ileri sürer.

Hungtinton'ın bu yaklaşımlarına bakıldığında Batı'nın sömürgeci tarihine ve "Batı ne ise Doğu o olacak" mottosu olan modernleşme tezinin aksine evrenselci ya da yayılmacı Batı fikrine karşı çıktığı düşünülebilir. Huntington bununla beraber pek çok düşünürün (Berger vb.) aksine Batılılaşmadan modernleşmenin mümkün olduğunu ileri sürer. Bu düşünceler her ne kadar diğer medeniyetlerin özgünlüğünü ve özgürlüğü savunmak olarak anlaşılabilirse de aynı zamanda bir ayrım yapma ve Batılı değerler olarak adlandırdığı şeyleri sadece Batı'ya mahsus kılma olarak da algılanabilir.

Medeniyetler Çatışması tezi bir uluslararası ilişkiler tezi olarak bilindiğinden yerel kültürlere gönderme yapan yeni ırkçılık kavramı ile çok yakından ilişkilendirilemeyeceği düşünülebilir. Ancak Buchanan'a (2010: 337-338) göre, Balibar'ın ırksız ırkçılık ya da kültürel ırkçılık olarak adlandırılan bu yeni ırkçılık biçimi açısından Huntington'ın medeniyetler çatışması yaklaşımı oldukça sofistike bir örnektir. Çünkü bu yaklaşım etnik karakteristiğin evrenselliği ve değişmezliği konusunda iddialıdır.

Karim ve Eid'e (2012: 7) göre medeniyetleri etkileşim içinde olmayan yekpare varlıklar ve birbirine her zaman karşı olan "Öz" ve "Öteki" olarak konumlandıran Huntington'ın (1997) Medeniyetler Çatışması tezi, sadece bir uluslararası ilişkiler perspektifi ortaya koymaz. Tez aynı zamanda, etnomerkezci bir perspektifle Amerikan otoritelerini ve halkını uyarır, geçmişteki mültecilerin, bireylerin eşit hakları bazlı olan Amerika'nın temel ilkelerini özümsediği, ancak bazı gruplarla ilgili özel hak taleplerinin ve çok kültürlülüğün Arthur M. Schlesinger, Jr'ın "Amerika'yı bölmek" olarak adlandırdığı şeyi körükleyerek Amerika'nın içindeki medeniyetler çatışmasını cesaretlendirdiğini söyler. Bu noktada Birleşik Devletler'in, etnik ve ırkî bakımdan hızla farklılaşmakta olduğunu gözlemleyen Huntington bazı sorular sorar: *"Yeni göçmenler Amerika'nın şimdiye kadarki hâkim Avrupalı kültürüne asimile edilebilecek mi? Edilemeyeceklerse, eğer Birleşik Devletler gerçekten çok kültürlü olacak ve bir medeniyetler iç çatışmasına maruz kalacaksa, liberal bir demokrasi olarak yaşayacak mı?"* Huntington'ın cevabı hayırdır, Amerika bu durumda bir liberal demokrasi olarak hayatta kalamaz. Bu yüzden Amerika'nın Batılılıktan çıkışı aynı zamanda Amerikanlaşmadan çıkması demek midir diye de sorar? Ona göre durum buysa ve Amerikalılar liberal-demokratik ve Avrupa kökenli siyasî ideolojilerine bağlılığı terk ederlerse, bilinen şekliyle Birleşik Devletler ortadan kalkacak ve tarihin çöp yığınına doğru, öteki ideolojik olarak tanımlanmış süper gücü (Sovyetler Birliği'ni) takip edecektir.

Öte yandan Huntington'ın özelde Amerikan iç politikasına yönelik tavsiyeleri ise iki alt başlıkta incelenebilir. İlk olarak, Huntington'ın Batılı olmayan ülke elitlerinin yerlileşmesi (indigenization), Batılılaşma karşısında tavır alması ve bu ülkelerde son zamanlarda ivme kazanan Batı-dışı modernleşme olgusu karşısında da oldukça endişeli olduğu görülmektedir. Ona göre bu gelişmeler karşısında Batı ve özellikle ABD çok dikkatli olmalıdır. Huntington'a göre medeniyetsel türdeşliği korumak ve güçlendirmek için Amerika'ya yönelik göç sınırlandırılmalı, var olan göçmenler ise asimile edilmelidir. İkinci olarak, çok kültürcülük yerine Amerikanlaşma politikası yürütülmelidir. Bununla bağlantılı olarak Huntington (1997), Amerikanlaşma projesini savunurken çok kültürcülüğü Amerika için bir tehlike olarak görmektedir. Amerika'daki çok kültürcü eğilimleri eleştirmektedir zira çok kültürcülük, "Amerikan inanç-öğretisi"ni güçsüzleştirmektedir.

Kaya (2009: 5) Müslümanların artan bir biçimde bu tezin savunucuları tarafından sadece kadınları taşlamak, boğaz kesmek, intihar bombacısı olmak, karılarını dövmek ve namus cinayeti işlemek isteyen "uluslar ötesi tehlikeli bir toplum" olarak lanse edildiğini ve İslam hakkındaki bu ön yargılı algıların İran Devrimi, Danimarka'daki karikatür krizi gibi olayların etkisiyle güçlendiğini söylemektedir. Kızıl Korku'nun yerine Yeşil Korku'yu konumlandırdığı ileri sürülen Samuel Huntington'ı etkileyen kişinin Medeniyetler Çatışması kavramını ödünç aldığı düşünülen ve "Müslüman Öfkenin Kökenleri" adlı kitabının yazarı olan Bernard Lewis (1990) olduğu dile getirilir. Öte yandan medeniyetler çatışması kavramının bu düşünürlerden çok daha önce ortaya atıldığını ileri süren isimler vardır. Ferreira'ya (2014) göre ne Lewis ne de Huntington Medeniyetler Çatışması teriminin isim babalarıdır. Ferreira, Woolf'un bu terimi 1920'lerde kullandığından ikisinin de haberinin olmadığını ileri sürer:

> "Woolf Avrupalı İmparatorlukların 'gelişmemiş insanlar' olarak adlandırılan topluluklar üzerindeki hâkimiyetini arttırdığı ve Avrupa emperyalizmine yönelik reaksiyonların ilk göstergelerinin ortaya çıkmaya başladığı bir dönem olan 1. Dünya Savaşı sonrasında kalem oynatmaktaydı."

Öte yandan, Karim and Eid (2012: 18) bu hususta farklı bir düşüncededirler. Onlara göre Lewis bilinenin aksine bu kavramı kullanan ilk kişi değildir. Bu kavrama 1926'lı yıllarda bile the World's Alliance of the Young Men's Christian Association üyesi Basil Matthews'in "Young Islam on Trek: A Study in the Clash of Civilizations," adlı eserinde rastlanmıştır. Huntington'ın çalışmasının önem arz etmesinin nedeni Soğuk Savaş'ın bitimi ile El Kaide'nin dikkat çekici terör eylemlerinin kesiştiği bir tarihsel noktada ortaya çıkmasıdır.

Medeniyetler çatışması tezinin 11 Eylül saldırıları sonrası resmi söylemi belirlediğini ileri süren Said'e göre medeniyetler çatışması paradigması devam etmektedir. Said'in (2001) bunu iddia etmesinin nedeni tüm ülkede Hindistanlılara, Müslümanlara ve Araplara yönelen hukuki yaptırımlara yönelik raporlar, eylemler ve nefret söyleminin yeterli oranda ortaya çıkmasıdır. Aynı zamanda neden bu paradigmanın devam ettiğine yönelik argümanını Müslümanların Avrupa ve Amerika'da artan nüfusuyla ilişkilendirmektedir. Bugün Fransa, İtalya, Almanya, İspanya, Britanya, Amerika, hatta İsveç'in nüfusunu düşününce, İslam'ın artık Batı'nın çeperinde değil merkezinde bulunduğu görülmektedir. Sonuçta, hem medeniyetler çatışması tezinin savunucusu Huntington hem de onun tezini cehalet çatışması olarak eleştiren Said ortak bir paydaya sahiptir. İkisi de Batılı toplumlarda kültürel çeşitliliğin artan rolünü vurgular. Ancak Huntington onu Amerika'yı bekleyen en büyük tehlike olarak konumlandırırken, Said Batı'nın, İslam'ın hümanizminden, bilim, felsefe, sosyoloji ve tarih yazımından faydalandığını, yani İslam'ın zaten Batı medeniyetinin bir parçası olduğunu söyler. Bu hususta Huntington'ın kültürel çeşitliliğin özelde Amerika'yı genelde Batı'yı bekleyen bir tehlike olduğuna dair görüşü ile beraber biyolojik ırkçılığın kültürel ırkçılığa evrimi ile ilgili bir bağ kurma çabası önemli olacaktır. Medeniyetler çatışması bir uluslararası ilişkiler tezi olmakla beraber aynı zamanda medeniyet ve kültür gibi yaklaşımlar üzerinden Batılı olma ve Batı'da yaşayıp Batılı olmayanların kültürel uyumsuzluk ve asimile olma açısından zorluklarına değindiği Huntington'ın kendi yazdıkları ile ortaya konabilir. Benzer şekilde kültürel ırkçılık kavramını ortaya atan düşünürler de biyolojik ırkçılığın yerini somutlaşmış kültürel değerlerin aldığını ve bu somutlaşan değerlerin dışında kalanların da toplumda zamanında Yahudi Sorunu'na benzer bir biçimde bir sorun olarak gösterildiklerini ortaya koyarlar. Balibar'ın Wallerstein (1991) ile beraber kaleme aldığı kitabındaki ilk bölümün adı evrensel ırkçılıktır. Balibar (1991) ilk bölümün ilk makalesinde neo-ırkçılık adında yeni bir kavram olup olmadığını sorgular. Ona göre neo-ırkçılık ya da kültürel ırkçılık denen bu kavram sömürgeci ve sömürülen ülkeler arasındaki tersine göç hareketleri yani dekolonizasyon döneminin ırkçılığıdır. İdeolojik olarak göç takıntısını odağına alan Fransa'daki hâlihazırdaki ırkçılık diğer ülkelerde özellikle de Anglo-Sakson ülkelerinde çoktan gelişmiş olan ırksız ırkçılık mantığı içinde yer bulur. Bu ırkçılığın dominant teması biyolojik soyaçekim değil, kültürel farklılıkların aşılamaz olduğudur. Bu ırkçılık ilk bakışta belirli gruptaki insanların diğerlerine üstünlüğünü ileri sürmez, sadece sınırların kaldırılmasının sakıncasını, hayat tarzlarının ve geleneklerin bağdaşmazlığını savunur. Balibar bu ırkçılığı P. A. Taguieff'in haklı bir biçimde adlandırdığı şekilde farklar bazlı-ırkçılık (differentialist racism) olarak görür.

Bonilla-Silva (2006) Racism without Racist -Irkçı olmadan Irkçılık- adlı kitabında beyaz üstünlüğünü savunan topluluklar dışında hemen hemen hiç kimsenin "ırkçı" olduğunu kabul etmemesine rağmen ayrımcılığın çirkin yüzünün hala mevcut olduğuna değinmektedir. Başka bir çalışmada, Bonilla-Silva ve Forman söylem boyutunda bir klişeyi gözler önüne sermektedir, "*Sivil Haklar Hareketi döneminden beri Beyazların arasında yaygın olarak kullanılan cümlelerine 'Ben bir ırkçı değilim ama...'* " diye başlama durumu ırksal söylemlerini dışa vururken "ırkçı" olarak nitelendirilmeye karşı bir kalkandır" (Bonilla-Silva ve Forman, 2000). Bu çalışmalara benzer şekilde Billig (1988) insanların ön yargılı ifadeler kullanırken birilerine karşı ön yargılı olduklarını reddetme çabası olarak tanımlanabilecek "ön yargıya karşı norm" yaklaşımını ortaya koymaktadır.

Sadece açık nefret söylemlerinin ya da açık ayrımcı pratiklerin değil aynı zamanda üstü kapalı ayrımcı söylemlerin de üzerinde durulması hususu Krzyzanowski ve Wodak (2011) tarafından da vurgulanmıştır. Bu ikili bu ırkçılık tipini yeni ırkçılık olarak adlandırır ve aleni ifadelerle ortaya konmadığından dolayı ırkçılığın eski türlerinden farklı olduğunu söylerler. Bu ırkçılık tipi meşrulaştırmalar genel olarak işlerin korunması, refah seviyesinin yok olması ya da kültürel uyuşmazlıklar gibi endişeleri içerir. Yeni ırkçılık, etnomerkezcilik, erkek şovenliği ve rutinleşmiş hatta çoğu zaman bilinçsizce sahip olunan ön yargılardan oluşan yabancı düşmanlığından faydalanır. Bu nedenlerden ötürü yeni ırkçılık "bağdaştırıcı" olarak nitelendirilebilir, çünkü bu anlayış, bazen birbiriyle çakışan, ırkçı ve yabancı düşmanı inanç ve basmakalıp birçok düşüncenin karışımından oluşmaktadır. Bu yüzden, yeni ırkçılık ya da faşizm renk ayrımı ya da Apartheid gibi bir dışlama sistemi gibi durumlara ihtiyaç duymazken, "Biz"i oluşturan zaruri değerlerimiz ve aşağı olan "Onlar" arasındaki farklılıklar üzerine inşa edilmiş üstü kapalı bir retoriğe ihtiyaç duyar.

Bu yeni ırkçılık tipinde, kültür biyolojikleştirilmekte ve ırk gibi doğal sınırlar yarattığı varsayılmaktadır. Dolayısıyla kültür, ırksallaştırılmış grubu olduğu yere sabitleyen bir işlev görmektedir. Yeni ırkçılık yaklaşımı kültürel farklılıkların korunması gerektiğini savunmaktadır. Ancak günümüzde kültürel farklılıkları savunan görüş daha zengin ve evrensel bir kültür yaratmayı hedeflememekte, farklı kültürleri ayrı tutmaya çabalamaktadır. Kültürel farklılıkları, ırk ile benzer biçimde, doğaya ait terimlerle ifade etmek, kültüre sabit, değişmez bir karakter kazandırmaktadır. Bu anlamda kültürün ırk olgusunun ikamesi konumuna düştüğü söylenebilir (Aşar, 2009: 51-52).

Oryantalizmin İslamofobiye Dönüştüğü İddiaları

Aşırı sağın etkisiyle göç gibi genel bir fenomenin ve yeni ırkçılık kavramına gönderme yapan bir şekilde kültürel olarak uyumsuzluk nedeniyle entegre olamama gibi hususların Müslüman varlığı üzerinden tartışılması Oryantalizm ve İslamofobi ile ilgili tartışmaları ön plana çıkartır. Özelde Müslümanların genelde tüm Doğuluların tarihin bir döneminde söylem üzerinden yeniden inşa edilmesi olarak tanımlanabilecek Oryantalizm çıkış noktası, uzaktaki bir yabancıya yönelik fantezileri içerirken, Balibar'ın (2000b: 66) da belirttiği gibi yeni ırkçılık ise ayrıcalıklı nesne olarak "Arap" ya da "Siyah"ı değil, "keş", "suçlu", "mütecaviz" vb. (olarak) "Arap" ya da "Siyah"ı hedef alır. Bu durum uzaktaki yabancının içerdeki düşmana dönüşme sürecini, bir anlamda İslamofobiden Müslümanofobiye ya da İslam karşıtlığına ya da Müslüman karşıtlığına dönüşüm anlamını taşır.

İngiliz Düşünce Kuruluşu Runnymede Trust'ın 1997'de yayımlanan "Islamophobia: A Challenge for Us All" (İslamofobi: Hepimiz İçin Bir Meydan Okuma) adlı çalışmasında İslamofobi şu şekilde tanımlanır: *"İslamofobi, İslam'a yönelik temelsiz düşmanlığa referanstır. Aynı zamanda Müslüman bireyler ve topluluklara karşı haksız ayrımcılık açısından bu tür düşmanlığın mevcut sonuçla-*

rına ve Müslümanların ana akım politik ve sosyal ortamlardan dışlanmasına yönelik bir referanstır (Conway, 1997)." Aynı kurumun 2017 yılındaki raporunda ise şu tanıma yer verilmiştir: "*İslamofobi politik, ekonomik, kültürel ya da kamusal alanın herhangi başka bir alanındaki insan haklarının ve temel özgürlüklerin eşit seviyede tanınmasını, yararlanılmasını ve uygulanmasını olumsuz anlamda etkilemek ya da geçersiz kılmak amacı ya da etkisi olacak şekilde Müslümanlara (ya da Müslüman olduğu düşünülenlere) yönelik herhangi bir ayrım, kısıtlama ya da tercihin Müslümanların aleyhinde kullanılması durumudur* (Elahi ve Khan, 2017)."

"Batı ne ise Doğu da o olacak" yaklaşımıyla örtüşen bir biçimde, Kentel (2012) İslam Modernite ilişkisi hakkında şunları söyler: "Genel olarak kapitalizmin ehlileştirme süreçlerine daha az girmiş olan, "modern" dünya için hâlâ "kaotik" ve "isyankâr" bir konumda olan... İslam bir zamanların alternatif ütopya kaynağı olan komünistlerin yerine geçti." Kentel bununla beraber "İslamofobi" kelimesinin içindeki "fobi" kısmına dikkat çeker: " *'Fobi' somut bir durum karşısında duyulan 'korku' olmaktan ya da yani bir 'gerçekliğe' tekabül etmekten ziyade, hayatı sürekli etkileyen ve bir 'takıntıya', bir 'hayale' işaret eden bir duygu haline tekabül ediyor. 'İslam' ve 'fobi' kelimelerinin yan yana gelmesi ise aslında İslam'ın yaratmadığı, İslam'dan kaynaklanmayan bir korkuya, başka bir deyişle, 'yaratılmış' ya da 'icad edilmiş' ve birtakım insanlar tarafından içselleştirilmiş bir korkuya işaret ediyor.*"

Conway (1997) İslamofobi'nin İslam'dan korku ya da nefrete ve böylece tüm ya da çoğu Müslümandan korkma ya da nefret etmeyi refere eden bir biçimde geliştiğini söyler. Ona göre bu korku ve nefret Batı kültürü ve Batılı ülkelerde yüzyıllardır vardır. Ancak 1997 yılında yazılan Runnymede Trust'ın raporuna göre 20 yıldır yani 1970'li yıllardan beri bu nefret daha bariz, daha aşırı ve daha tehlikeli hale gelmiştir. İslamofobi medyanın tüm kısımlarının bir parçasıdır ve toplumun her kesiminde yaygındır. Yapısal şiddet kavramıyla örtüşen bir biçimde Birleşik Krallık açısından Müslümanların sadece Krallık Donanması'ndan değil sıklıkla ekonomik, toplumsal ve kamusal hayattan dışlanması ve sıklıkla ayrımcılık ve zorbalığa maruz kalmaları anlamını taşır. Runnymede Trust 1997 yılında yayınladığı rapordan yaklaşık 20 yıl sonra "Islamophobia: Still a Challenge for Us Al'" yani "İslamofobi Hala Bizim İçin Bir Meydan Okuma" adında başka bir rapor yayımladı ve raporda Müslüman karşıtı ön yargının 1997'den 2017'ye geçen 20 yılda daha artıp yaygınlaştığı ileri sürüldü (Elahi ve Khan, 2017: 5).

İngiliz Düşünce Kuruluşu Runnymede Trust'ın yukarıda adı geçen ilk raporunda bir söylemin İslamofobik olabilmesi için bazı kriterler ortaya konulmuştur. Raporda öncelikle İslamofobi kavramını eleştirenlerin bu kavramın politik doğruculuk olarak adlandırılan şeye hizmet ettiğini ve İslam ile ilgili meşru eleştirileri baskı altına aldığını ve bu tip eleştirileri yapanları şeytanlaştırıp yaftaladığını ileri sürdüklerini belirtilir. Bununla beraber rapora göre İslamofobi kavramının ortaya atılmasının nedeni adlandırılması gereken yeni bir gerçeklikten ötürüdür: *"Müslüman karşıtı ön yargı son yıllarda öyle ciddi ve hızlı bir biçimde arttı ki bu durumun tanımlanabileceği ve karşı çıkılabileceği yeni bir kelime üretilmeliydi* (Conway, 1997: 2)." Bu çalışmada da ileri sürüleceği gibi herhangi bir dinin öğretilerine karşı olmak suç olarak konumlandırılmamalıdır. Öte yandan bir dinin karşıtı olmak o dine inananlara karşı olmayı gerektirmez. Çünkü bu karşıtlık egemen kültürün toplumda azınlık durumda olan kültürün üyelerine sistematik şekilde ayrımcılık uygulaması ile sonuçlanacaktır. Raporda da Müslüman inançlarını ve pratiklerini onaylamamanın doğası gereği fobik ya da ön yargılı olarak adlandırmanın yanlış olduğu ileri sürülmüştür. Diğer dünya inançlarının takipçileri ve agnostikler ve seküler hümanistlerin Müslümanlardan farklı düşündükleri ancak Liberal demokrasilerde, insanların onaylamadıkları fikirleri ve pratikleri bazen güçlü biçimde eleştirmeleri ve onlara karşı çıkmaları kaçınılmaz ve sağlıklı olduğu vurgulanmıştır. Buna ek olarak Müslüman devletler ve rejimlerin örneğin uluslararası olarak tanınmış insan haklarını, özgürlükleri ve demokratik prosedürleri görmezden geldiğinde onların politikalarını ve pratiklerini ve İslam'ın değerlerinden yola çıktıklarını söyleyen terörist hareketleri eleştirmenin meşru olduğu vurgulanmalıdır. Benzer biçimde, bazı Müslüman ülkelerinde kadınlara yönelik uygulamaları ya da bazı Müslümanların Batı'ya veya diğer inançlara karşı olan görüşlerini ya da tutumlarını eleştirmek meşru olabilir. Bu hususlardaki tartışmalar ele alındığında, farklı argümanların ve uyuşmazlıkların Müslüman olmayanlar ve Müslümanlar arasında olduğu kadar Müslümanların kendi arasında da gerçekleştiğini fark etmek önemlidir (Conway, 1997: 3).

Bu hususta Müslümanlara yönelik meşru eleştiri ve İslamofobik söylem arasındaki farkın nasıl ayırt edileceği hususu ön plana çıkar. Rapor bu ayrımın yapılabilmesi için İslam'a yönelik açık ve kapalı görüşler şeklinde bir kategorizasyon ortaya koyar. Rapora göre İslam'a yönelik fobik korku kapalı görüşlerin kendini yineleyen karakteristiğidir. Meşru ihtilaf ve eleştiri ve ayrıca takdir ve saygı açık görüşlerin boyutlarıdır. Hem kapalı hem de açık görüşlere aşağıda beraber şekilde yer verilmiştir.

1. İslam monolitik ve statik olarak mı yoksa çeşitli ve dinamik olarak mı görülür?
2. İslam "Öteki" ve tecrit edilmiş olarak mı yoksa diğer dinlerle benzer ve onlarla karşılıklı bağımlı olarak mı görülür?
3. İslam, Batı'ya göre aşağı, bayağı, barbar, irrasyonel, ilkel ve cinsiyet ayrımcılığı yapan bir din olarak mı yoksa kendine has bir şekilde farklı ama eksik olmayan ve eşit şekilde değerli ve saygı görülmeyi hak eden bir din olarak mı görülür?
4. İslam düşman, acımasız, saldırgan, şiddet içeren, terörizme destek veren, medeniyetleri çatıştıran bir din olarak mı yoksa müşterek işbirliklerinde ve ortak problemlerin

çözümünde hâlihazırdaki ya da potansiyel bir partner olarak mı görülür?
5. İslam, dinî inançların siyasî ve askerî çıkarlar için kullanıldığı manipülatif bir siyasî ideoloji olarak mı yoksa ona inananlar tarafından içten bir şekilde uygulanan gerçek bir dini inanç olarak mı görülür?
6. Müslümanlar tarafından Batı kültürüyle ilgili yapılan eleştiriler hiçbir değer taşımayıp direkt olarak mı reddedilir yoksa Batı ve diğer kültürlere yönelik eleştiriler düşünülüp tartışılır mı?
7. İslam'a yönelik düşmanlık Müslümanlara yönelik ayrımcı pratikler ve Müslümanların toplumdan dışlanması için mi kullanılır yoksa İslam ile ilgili tartışmalar ayrımcılık ve dışlamayla savaşma çabalarını baltalamaz mı?
8. Müslüman karşıtı düşmanlık, doğal ve normal olarak mı kabul edilir yoksa İslam ile ilgili eleştirel görüşler yanlış ve haksız olma ihtimallerine karşı eleştiriye maruz kalır mı? (Conway, 1997: 5).

Schiffer ve Wagner'in (2011) belirttiği gibi İslamofobik olmakla itham edilen kişilerin bu husustaki savunması ise genel olarak yabancılara karşı olmadıklarıdır: "İslamofobikler genel olarak yabancılarla bir alıp veremediklerinin olmadıklarını ve hatta 'İsrail yanlısı' olduklarını belirterek problemin Müslümanlar olduğunu ileri sürüp çoğu zaman ırkçılıklarını bu şekilde meşrulaştırma çabası içindedirler." Müslümanlara karşı olmalarının temel nedenlerini ise Müslümanların Batı değerleri (özellikle liberal değerlerle uyumsuzluğu) ve Batı kültürüne düşman olmaları ile açıklarlar. Akbarzadeh ve Mansouri'nin (2010) belirttiği gibi bu görüşler Müslümanların etnik ve mezhepsel farklılıklarını görmezden gelir. Müslümanları homojen bir kimlik olarak tanımlar ve onların hepsini dindar ve İslam'ın ilkelerine göre hareket eden bireyler olarak farz eder (3).

Bazı düşünürlere göre Batı'da zamanında Yahudilere yapılanlar şimdi Müslümanlara uygulanmaktadır. Kumar (2002: 54) Avrupa'nın Yahudi Sorunu'nu, büyük oranda Yahudilerden kurtularak çözüldüğünü söyler. Bu durum Müslümanların artık hem nüfus yoğunluğu hem de ev sahibi kültürden farklılık açısından daha fazla dikkat çekmesine neden olur. Bu yüzden Müslümanların Yahudilerin yerini alıp Avrupa'nın yeni "Öteki"si durumuna düştüğü ileri sürülebilir.

Bununla beraber, Avrupa'da ırkçılığın da yeni evreye girdiği tartışmalarına Billig (1978: 166) Yahudiler üzerinden şu şekilde bir katkı vermiştir: *"Tarihsel olarak Yahudi karşıtı bir ideolojileri olan Ulusal Cephe gibi aşırı sağcı partiler aşırıcı görüşlerini saklamakta ve faşist yaftasını reddetmektedir. Ulusal Cephe Yahudi karşıtı değil Siyonist karşıtı bir duruşu benimsemiştir."* Burke'e (2017) göre bu durum onlara Yahudi karşıtı görünmeden Yahudilere saldırma imkânı tanımıştır. Burke bu tarihsel çıkarımla beraber bu durumun günümüzde aşırı sağ partilerin benzer şekilde Müslümanlarla değil sadece Müslüman aşırıcılara karşı muhalefet ettikleri iddiasına benzediğini söyler (20-21). Benzer şekilde "Siyasal İslam" söylemi de Müslümanlara karşı görünmeden onlara karşı olmanın bir aracı haline gelmiştir. Burke bunu bir strateji olarak konumlandırsa da literatürde aşırı sağın artık normal Müslümanları hedef alma hususunda pek de problem yaşamadığı ve bu stratejinin artık ana akımda da uygulanıp uygulanmadığı tartışılacaktır. Avrupa'da Müslümanların en çok eleştirildiği alanlardan biri politik şiddettir. Ancak bir çatışma alanı olarak politik şiddet Avrupa'da yaşayan Müslümanların da ciddi şekilde maruz kaldığı bir fenomen haline dönüşmüştür. Bunun en önemli örneği Anders Behring Breivik'in 2011 yılında 77 kişinin hayatına son verdiği Ütoya katliamıdır. Bu olayın dikkat çeken bir başka bir yanı ise Breivik'in, Andres Berwick adıyla yazdığı manifesto ile ortaya çıkmıştır. Brievik bu manifestoyu 250'si Birleşik Krallık'ta olmak üzere aşırı sağcı olarak bilinen 1,003 kişiye göndermiştir (Taylor, 2011). İşin evrensel kısmı sadece manifestonun gönderilmesi ile ilgili değil aynı zamanda manifestoda yazanlar ve Brievik'in alıntı yaptığı kişilerle ve kurumlarla da ilgilidir. Brievik manifestosunda kendisini de bir haçlı üyesi olarak içinde gördüğü Cihat karşıtı hareket şeklinde adlandırılan yapının Amerika'daki ve Avrupa'daki temsilcilerinin görüşlerine başvurmuştur (Berwick, 2011). Bu da çalışmada yer alan Doğu ve Batı için medeniyetin farklı kültürlerden oluşan bir yapı olduğu fikri ile örtüşmektedir. En azından kan bağına yönelik ırkçılığı artık kültürel ırkçılığa dönüştüren ve Müslümanlara karşı bir Batı kampı oluşturma gayretinde olan aşırı sağcıların gözünde bunun böyle olduğu savunulabilir. Bu mantığa göre artık çatışma iç düşmanla yani Batı'da yaşayan Müslümanlarla yaşanacaktır. Müslümanların Cihat anlayışıyla Batı'yı ele geçirmeye çabaladığını ileri süren ve onları iç tehdit olarak algılayan bu anlayışı Kumar (2012) Soğuk Savaş'taki Kızıl Korku'ya gönderme yaparak Yeşil Korku (Green Scare) olarak konumlandırır. Kızıl Korku ya da McCarthycilik Amerika'nın Sovyet Sosyalist Cumhuriyeti Birliği ile mücadele ettiği dönemde "içerdeki komünistleri" bertaraf etmek adına yayılmıştı. Kumar (2012) bu durumun başka bir boyutuna dikkat çekerek Kore ve Vietnam savaşlarına yönelik rıza elde edilmesinin yanında, komünizm korkusunun McCarthy cadı avını meşrulaştırmaya yeterli olduğunu ileri sürer. Yeşil Korku'nun zamanında Kızıl Korku'nun oynadığı kullanışlı bir araç rolünü oynayıp oynamadığı tartışılması gereken bir husustur. Çünkü bir konu bu şekilde araçsallaştırılırsa politik fırsatçılık malzemesine dönüşebilir. Eş deyişle siyasi yapıların kitlelerini konsolide etme ve arttırmalarını sağlayan bir araca dönüşebilir. Bu durum da Batı'daki Müslüman varlığının bazı yapıların siyasi çıkar adına kullanılabilecekleri bir araç halini alabileceği anlamını taşır.

Çok Kültürcülük ve Müslümanların Entegrasyon Problemlerine Yönelik Eleştiriler

Çalışmada şu ana kadar Medeniyetler Çatışması tezi bazlı pek çok konu tartışıldı. Çalışmanın bu tez üzerine kurgulanması kültürel uyum, entegrasyon, asimilasyon ve çok kültürlülük ve kültürel çoğulculuk gibi hususların da tartışılmasını gerektirir. Bunların en önemlileri ve bu çalışmanın konusunu oluşturan boyutları Müslümanların Batı değerleri (demokrasi, kadın hakları vb.) ile uyumsuz olduğu ve Batı değerlerine entegre olamayacaklarına yönelik iddialardır. Huntington (1997: 209) bu konuda şunları söylemiştir: "İster Ortodoks ister Batılı olsun İslam ve Hristiyanlık arasındaki ilişkiler çoğu zaman problemli olmuştur. Her biri diğerinin Öteki"si konumundadır. 20. yy'da liberal demokrasi ve Marksist-Leninizm arasındaki çatışma İslam ve Hristiyanlık arasındaki devamlı ve derinden ihtilaflı ilişki ile kıyaslandığında sadece geçici ve yüzeysel tarihsel bir fenomen olarak kalır."

1993'te Foreign Policy dergisinde yazdığı makalesinde Huntington'ın tezlerini çürütmekle meşgul olan Ajami (1993) bundan tam 15 yıl sonra 2008 yılında New York Times için yazdığı makalesinde ise Huntington'ın 11 Eylül olayları da göz önünde bulundurulduğunda haklı olduğunu ileri sürer ve aradan geçen 15 yılda Huntington'ın Medeniyetler Çatışması ile ilgili tezinin artık ona daha inandırıcı geldiğini söyler. Bu terör eylemini gerçekleştiren 19 genç Arap'ın Huntington'ın hayal bile edemeyeceği derecede ona tarihsel haklılık verdiğini ileri süren Ajami buna ek olarak İslam'ın zorlayıcı ve agresif büyümesine bağlı olarak Huntington'ın ileri sürdüğü şekilde Türkiye, İran ve Arap dünyası gibi zamanında Batılılaşmanın hüküm sürdüğü yerlerin artık "yerelleştiğini" söyler ve Huntington'ın buna benzer pek çok tezinin gerçekleştiğini ileri sürer. Ajami'nin sözleri arasında bu çalışmanın sınırlılığı açısından en önemli olanları Batı içindeki Müslümanların durumu ile ilgili olanlardır.

Ajami Avrupa'nın kapısını çalan ve ona içten saldıran radikal İslamcıların tüm İslam medeniyetini temsil edecek şekilde konumlandırmakta kuşkuları olduğunu söyler ve sözlerini şöyle sürdürür:

"İslam'ın yanan topraklarından kaçtılar ama ateşi kendileri ile beraber getirdiler. Onlar hiçbir yere ait değiller, ikisine de dâhil olamayacak şekilde İslam ve Batı arasındaki sınırın çocuklarılar (2008)."

Ajami gibi pek çok isim hem politik şiddet olayları hem de Müslümanların kültürel olarak uyumsuz olduğuna dair iddialarla kültürel çeşitlilik gibi kavramları tartışmaya açmıştır. Norris ve Inglehart'ın (2012), Müslüman mültecilerin Batı ülkelerine sıkı sıkıya bağlı tutumlarla gelmediği, bunun yerine onların adım adım ev sahibi kültürün yaşam pratiklerinin çoğunu asimilasyon teorilerinin belirttiğine benzer şekilde absorbe ettiğine dair iddialarına rağmen, Hristiyan mirasını benimsemiş toplumlarda Müslümanların entegre olmadığına dair muazzam bir fikir birliği olduğunu dile getirirler. Kundnani (2007) "entegrasyon tartışması"nda rutin olarak dışlananların Müslümanlar olduğunu, onların kültürel farklılıklarına sınırlar konmasının beklendiğini, Birleşik Krallık örneği üzerinden onların kendi kültürel miraslarını "Britanyalılık" üst kimliği altına konumlandırmalarının istendiğini ve son olarak tam olarak ne olduğu bilinmeyen Britanya değerlerine yönelik bağlılıklarını deklare etmelerinin talep edildiğini söyler.

Huntington gibi önemli bir entelektüelin de Brievik gibi onlarca kişiyi öldüren bir katilin de çok kültürlülüğü hedef göstermesini açıklama noktasında Lentin ve Titley'nin (2011: ix) kitaplarının ön sözünde, Gary Younge şu yaklaşımı önemlidir: *"Muhalifleri için çok kültürlülüğün kullanışlı tarafı, bu kavramın ne anlama gelmesi istenirse o anlama gelebilecek şekilde kullanılmasıdır."* Siapera (2010: 1) 11 Eylül'den sonra, çok kültürlülüğün benzeri görülmemiş bir şekilde şiddetli ve yoğun bir saldırıya uğradığını belirtiyor. Siapera bu hususta aşağıdaki örnekleri vermektedir; Alman gazetesi Der Spiegel Madrid 2004 bombalarının ardından şunu ileri sürdü: *"Çok kültürlülüğün takkesi düştü, görünen şey ise hukuk devleti ilkelerinin işlemediği paralel toplumlar oldu."* Daily Telegraph 2006'nın sonlarında Blair'in *"Değerlerimizi Benimse ya da Uzak Dur,"* sözünü başlığına taşıdı (...) 2008'in Mart ayında BBC'in "White Season" adlı programında göçün İngiliz beyaz işçi sınıfını nasıl marjinalleştirdiğini incelemeye koyuldu, program göçü beyazlar arasındaki artan marjinalleşmeden sorumlu olmakla suçladı.

Bir zamanlar Müslümanlar tarafından dahi çok kültürlülük için bir cennet olarak görülen Hollanda'da bile değişimler olduğunu ileri süren düşünürler bulunmaktadır. Witschge'nin (2007) öne sürdüğü üzere, "Hollanda'da neredeyse günlük olarak, medya yerli ve mülteci kültürler arasında bir bölünme rapor ediyor ve bu iki 'grubu' bütünüyle zıt olarak sunuyor." Siapera (2010: 7) hem sağ hem de sol taraflardan teorisyenler ve eleştirmenler tarafından saldırıya uğrayan çok kültürlülüğün günlerinin sayılı olduğuna inanmaktadır.

Lentin ve Titley (2011: 49) çok kültürlülük her ne ise başarısız olduğunu, her nerede ise bir anlamda içine patladığını ve bize yeni çizgiler sunan patolojiler hediye ettiğini söyler. Onlara göre bunlardan biri çok kültürlülükten sonra ırkçılığın artık var olmamasıdır. Burada bahsedilen ırkçılık bir anlamda bir gruba özgü olarak o grubu nefret sembolüne, "Öteki"ne ve istenmeyene dönüştürmektir. Müslümanlar her ne kadar bir ırk olmasa da ırklaştırılmış bir grup olarak Batı'da toplumun dışına itilmesi riskiyle karşı karşıyadır. Artık yaptıkları şey ırkçılık olarak adlandırılmayan aşırı sağın onlar bizden kültürel olarak farklı söylemi üzerinden kamuyu ikna edebilmesi üzerinde durulması gereken bir konudur. Buna bir örnek vermek gerekirse, Belçikalı aşırı sağ politik partisi olan Vlaams Blok'un seçimlerdeki başarısında, diğer mültecilerin herhangi bir etkisi olmazken, Müslüman (Türk ve Magrip) vatandaşların varlığının arasında oldukça kesin paraleller mevcuttur (Coffé vd, 2007). Hollandalı aşırı sağ politikacı Geert Wilders Roma'da yaptığı konuşmasında kendi kültürünü savunamadığından ötürü mülteci akımının Batı'ya karşı olabilecek en önemli tehdit haline geldiğini söyler ve çok kültürlülük yüzünden tolerasyon konusunda Batı'nın öyle bir noktaya geldiğini, bu noktada artık tolere edilemez şeyleri tolere ettiklerini ileri sürer. Ardından Roma İmparatorluğunun çöküşüyle Kuzey Afrika (Tunus) , Türkiye ve Orta Doğu'dan gelen mülteciler arasında bağlantı kurar: "Roma bir günde yıkılmadı. Roma'nın yıkılışı bir süreç halinde gerçekleşti. Romalılar ne olduğunu pek anlayamamışlardı. Romalılar Barbarların göçünü artık çok geç olana dek bir tehdit olarak görmüyorlardı. O insanlar Roma'ya kendi kültürlerinin onlara veremediği daha iyi bir hayata sahip olmak için gelmişlerdi (Wodak, 2013). "

Buna benzer olarak, çok kültürlülüğü daha açık olmak gerekirse, devletin çok kültürlülük politikasını eleştirmek David Cameron'ın başbakan seçildikten sonra yaptığı ilk işlerden biriydi (Kuenssberg, 2011). Aynı konuşmasında, kamu fonlarından faydalanan ama aşırıcılığı yenmek için çok az şey yapan Müslüman grupların daha detaylı tetkiki yapılacaktır, ifadelerini kullandı ve bu söylem ardından Counter-Terrorism and Security Act 2015 (CTS) (Teröre Karşı Mücadele ve Güvenlik Kanunu-2015) şeklini alarak, doktor ve öğretmen gibi kamu çalışanlarının otoritelere aşırıcı olduğunu düşündükleri kimseleri ihbar etmesini yasal bir zorunluluk haline getirdi. Bu zorunluluk 2005 yılında hazırlanan PREVENT (ÖNLEM) politikasını yasa haline getirdi ve Merali'ye (2015) göre aşırıcılığın yasada kesin bir tanımı olmadığından, yanlış anlaşılmalar ve ön yargılar üzerinden ihbarlar yapıldı. Cameron aşırıcılık ideolojisini yok saydığını düşündüğü çok kültürlülük ile ilgili eleştirel konuşmalarında Müslümanların pek çok probleminden bahsetti. Cameron, Batı'nın Müslüman ülkelere olan askeri müdahilliği ve fakirlik gibi durumların politik şiddete sebep olabildiğini kabul etmekle beraber, aynı zamanda, bunların sadece yan etkenler olduğunu belirtmiştir: "Eğer söylediğim bütün bu problemleri ortadan kaldırmayı başarabilseydik bile, hala terörizm devam ederdi. Ben bunun kaynağının aşırıcı ideolojinin içerisinde yattığına inanıyorum. Çok sayıda genç Müslümanın bu aşırıcılığa kaymasının nedenleri arasında kimlik problemi önemli bir yer kapladığına inanıyorum (Kuenssberg, 2011)."

Çok kültürlülüğe, politik doğruculuğa ya da genel olarak liberal değerlere ve liberal veya ana akım olarak adlandırılan elitlere yönelik eleştirilerin büyük çoğunluğunun Müslümanlar üzerinden gerçekleştirilmesi içerideki düşman olarak Müslümanlar ya da Yeşil Korku şemaları üzerinden Müslümanların politik bir araca dönüştürüldüğü iddialarını gündeme getirir. Bu açıdan bakıldığında söz konusu çatışmanın politik arenaya nasıl yansıdığının tartışılması önem arz eder. Bir sonraki bölümde medeniyetler çatışması paradigması açısından aşırı sağ ve merkez partiler arasında olduğu ileri sürülen bağ ile ilgili literatürdeki tartışmaları anlayabilmek adına faşizmden bu yana aşırı sağın gelişimi irdelenecek ve dördüncü bölümde araştırma için örneklemlerin alınacağı Birleşik Krallık ve Amerika'da güncel siyasi tablo ele alınacaktır.

İKİNCİ BÖLÜM
BATI'DA ANA AKIM VE AŞIRI SAĞ SİYASET ARASINDAKİ GERİLİMLER

Birinci bölümde Doğu-Batı çatışması Batı'nın içindeki medeniyetler çatışması iddiaları üzerinden ele alındı. Bu çatışmanın Batı'da bu kadar gündeme gelmesi ya da Müslüman sorunu adı verilen bir problemden bahsedilmesinde IŞİD gibi terör örgütlerinin Batı'yı hedef almaları, Batı'daki mülteci krizleri ve Batı'da hâlihazırda var olan Müslüman azınlıkların entegrasyon problemine dair iddialar yatmaktadır. Bu fenomenlerin kümülatif olarak Batı'da aşırı sağ parti ve politikacıların yükselişine sebep olduğu bir argüman olarak ortaya konabilir. Avrupa kimliğini veya milli kimlikleri koruma mottolarının ve çok kültürlülüğe, kültürel çeşitliliğe ve politik doğruculuğa yönelik eleştirilerin giderek ana akımlaşması ile beraber, ana akım partilerin de oy kaygısıyla aşırı sağın politikalarına meylettiği pek çok düşünür tarafından ileri sürülmüştür. Bu durumu Ellinas (2010) "milliyetçi kartı oynamak" Wodak ve KhosraviNik (2013) "Avrupa'nın Haiderleşmesi" olarak adlandırmıştır.

Wodak ve KrosraviNik'e (2013) göre, "İngiltere vatandaşlarının sadece %13ünün politikacılarına güvendiği ve %82'sinin politikacıların doğruyu söylemediğine inandığı" verisi önemli bir olguyu vurguluyor, Avrupa'nın Haiderleşmesi (FPÖ eski lideri, Jörg Haider'in adı üzerinden kullanılan isimlendirme) Wodak ve KrosraviNik konusunda şunları söylerler:

"Avrupa'nın Haiderleşmesi birkaç AB üyesi ülkede (Avusturya, Belçika, Macaristan gibi vb.), yirminci yüzyılın sonlarından itibaren, aşırı-sağ popülist partilerin yükselmesini işaret ediyor. 'halk' adına konuştuklarını iddia eden ve iktidardakilere karşı olan bu partiler, çoğu zaman, tümüyle 'korku politikası'na sürükleyebilecek olan şovenist ve yerli ideolojileri destekliyor (2013)."

Aşırı Sağ Siyasetin İdeolojik Kökenleri

Bu kısımda, Avrupa'nın Haiderleştiği iddiasını anlamak adına (bu ana akım politikanın krizi olarak da adlandırılabilir) aşırı sağ, ırkçılık, faşizm ve popülizm gibi kavramlar ele alınacaktır. Rydgren (2007), "yeni radikal sağın etnik saflık, homojenlik, ve organik düzen istemesi onları faşizmle aynı geleneğe koymaktadır" der. Rydgren'in radikal sağcı partiler üzerine yaptığı açıklamaya dayanarak, faşizm ve aşırı sağ arasında keskin paralellikler olduğu sonucuna varılabilir. Ancak, Rydgren'in aksine, bu ilişki üzerine, Davies ve Lynch (2002: 5) şunu öne sürüyor: "Faşizm ve 'aşırı sağ' arasındaki farz edilen ilişki politik yelpazenin daha ziyade basit ve doğrusal bakışına dayanıyor." Bu tipoloji en militan anarşistleri ve komünistleri en sola yerleştiriyor; sosyalistler ve demokratik muhafazakârlar sırasıyla ana akım sol ve sağı elinde tutarken; merkez ılımlı sosyal demokratlar, liberaller ve Hristiyan Demokratların elinde bulunuyor. Komünist ve Faşistlerin yelpazenin zıt uçlarına yerleştirilmeleri birbirlerine karşı uyguladıkları propagandanın retorik şiddetinde değerlendirildiğinde adil görünüyor.

Heywood (2012) bu yelpazeyi tanımlamak için bir tasvir gösteriyor (Şekil 1) ve bu durumun ilk olarak nasıl ortaya çıktığını açıklıyor: *"Fransız Meclislerinde, 'sağ' terimi irticai ya da monarşist olarak anlaşılırdı, 'sol' terimi ise devrim ya da eşitlik sempatisi olarak ifade edilirdi."* Heywood, Davies ve Lynch'e benzer olarak, *"çağdaş politikada sağ ve sol ayrımının gitgide karmaşık bir hal aldığını ve artık gericilik ya da devrimcilik arasındaki basit bir tercihi yansıtmadığını"* söylemektedir. Davies ve Lynch (2002: 6) sol-sağ yelpazesi ile ilgili başka bir problem daha olduğunu söylerler.

Bu problem merkezin yeriyle ilgilidir. Şu soruyu sorarlar *"bir partinin 'aşırı-sağ' olarak adlandırılabilmesi için ne kadar sağ da olması gerekir?"* Politik merkezin zamana ve yere göre değişken olduğu göz önüne alındığında bu soruyu cevaplamak daha zor olacaktır.

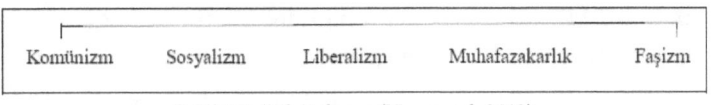

Şekil 1 Politik Yelpaze (Heywood, 2012)

Faşizm ve yeni radikal sağ kanattaki partiler arasındaki farklılıklar ve benzerlikler üzerine Rydgren şunu ifade ediyor, "yeni radikal sağın popülist aşırı milliyetçiliğinin (başka bir deyişle, organik etnik milliyetçilik) daha az agresif ve daha az kapsamlı ve daha ziyade içeri dönük olmasına rağmen, faşizm hala bu partilerin ideolojik özünü oluşturuyor (2007)."

Davies ve Lynch (2002: 6) faşizm ve aşırı sağın birçok ortak noktası olduğuna bir ölçüde katılmaktadır, fakat onlara göre, ayrıca keskin bir ayrılık da söz konusudur: *"Faşizm, anarşizm ve sosyalizmle ilk etkileşiminde, radikalizm, anarşizm ve popülizmin öğelerini hem miras aldı hem de absorbe etti* (...) Öte yandan daha kapsamlı olan aşırı sağ ise görüntüde çoğu zaman daha fark edilir bir biçimde muhafazakârdır. Şiddet ya da diktatörlüğü yeni bir toplum inşa etmek ya da insan doğasını yeniden yoğurmak için değil statükoyu sürdürmek adına bir araç olarak görür."

Griffin (1991) faşizmin yeniden doğuş ya da yenilenme mitinin (yeni bir başlangıç ya da bir kriz ya da düşüş döneminden sonra yeniden doğuşu ifade eder, liberal sistemi tam olarak değiştiren palingenetik eş deyişle küllerinden yeniden doğmuş bir "yeni düzen" vizyonudur) radikal sağda yoksun olduğunu, onların yaklaşımının teknik olarak faşizmin bir çeşidi olan parti politikasının bir türü olarak isimlendirilemeyeceğini ya da faşizmin şekil değiştirmiş bir türü olarak dahi adlandırılamayacağını (Griffin, 2000) söyleyerek Davies ve Lynch'in aşırı sağın yeni bir toplum inşa etmek ya da insan doğasını yeniden yoğurmak gibi bir isteği olmadığı şeklindeki argümanını bir bakıma kabul etmektedir. Bu nokta araştırmamızda önem arz etmektedir. Aşırı sağın ilerici olmaktan ziyade muhafazakâr olması ve nasıl eskiden "Yahudisiz" bir toplum arzulanmaktaysa şimdi de "Müslümansız" bir toplumun istenmesi ya da o tip bir topluma arzu duyulması araştırmada irdelenecektir.

Aşırı sağın yukarıda ele alınan bakış açısını Sternhell (Rydgren, 2007) faşizm ve aşırı sağ arasındaki başka bir farklılık olarak ele alır: *"Faşizm geleceğe doğru yönelikken yeni radikal sağcı partiler uzak geçmiş hakkındaki mitler kökenli etnik milliyetçilik üzerine bir ortak paydayı paylaşırlar, onların hedefleri ulusu etnik olarak daha homojen yaparak ve geleneksel değerlere dönerek güçlendirmeye yöneliktir."* Mussolini'nin faşişt yönetiminde (belli bir periyotta) ırkçılığın rejimin tanımlayıcı karakteri olmadığı bilinmektedir. Ancak, Griffin (1991) ırkçılığın, militarizm, karizmatik liderlik, popülist ulusçuluk, ulusun ya da medeniyetin yıkıcı güçler tarafından tamamen ortadan kaldırılacağı, modern çağa ilişkin derin bir endişe ve yeni çağın gelmesine duyulan özlemle beraber faşizmin ana öğelerinden biri olduğunu söylemektedir.

İster faşizm olsun ister aşırı sağ olarak ele alınan fenomenden bahsedelim bu kavramların ırkçılık ya da etnik milliyetçilik olarak tanımlanan bir toplum, ırk ya da etnisiteyi diğerlerini göre üstün görme ya da önceleme durumu ile belirli bir oranda ilişkisi vardır. Bununla beraber bu ilişki bağlama göre çok ya da az olabilir. Etnik milliyetçilik, faşizm ve aşırı sağ arasındaki bu muğlak ilişkiyi anlamak için yapılması gereken şey bu kavramların tezleri ve yöntemleri arasında geçişlilik olduğunun kabul edilmesidir. Misal etnik olarak saf olma durumu tüm bu fenomenlerin kapısına da belli oranda uğrayabilecek bir tez ya da bakış açısıdır. Bu bakış açısının bir uzantısı ve bazı durumlarda ortaya çıkan bir yöntemi ise "Biz"den olmayanı dışlamaktır. Wieviorka (1995) bu duruma Ulusu etnik olarak daha homojen yapmak suretiyle güçlendirmek olarak ortaya koyar ve radikalleştirilmiş grupları dışlamak, aşırı durumlarda onları defetmek ya da kökünü kazımak şeklindeki farklılaştırma (differentiation) mantığı bu bakış açısının bir uzantısı olarak bir yöntem halini alabilir. Wieviorka'nın üzerinde durduğu bir başka noktanın yani radikalleştirilmiş grubun eşit olmayan bir tavra maruz kalmasını sağlamayı hedefleyen aşağı görme (inferiorization) mantığının hem etnik milliyetçilik hem faşizm hem de aşırı sağ ile bir ilgisi olduğu savunulabilir. Bu durumu bir örnekle açıklamak gerekirse faşizm aslında Mussolini dönemine atfedilmesi gereken bir kavram olsa da oradan hareketle diktatör tarafından yönetilen hükümet sistemlerine verilen genel ada dönüşmüştür. Mussolini rejiminin karakteristiği gereği sağcı bir anlam kazanan faşizm demokrasi ve liberal değerler karşıtı aşırı milliyetçiliği ihtiva eden bir anlam dünyasını bize anlatır. Diktatörlük kısmı Nazi Almanyası için de geçerliyken yukarıda belirtildiği gibi Hitler yönetimindeki Almanya'da etnik milliyetçilik faşizme adını veren Mussolini İtalyası'ndan çok daha güçlüdür. Etnik milliyetçi olarak Nazi Almanyası'nda beyaz üstünlüğü rejimin genel kabulü halini almıştır. Aşırı sağın hem faşizmden hem de etnik milliyetçilikten bazı tezleri ve yöntemleri devraldığı ileri sürülebilir. Ancak burada bağlam çok önemlidir. Biyolojik ırkçılığın hem bilimsel hem de kültürel olarak ağır yaralar aldığı bir dönemde Batı'da aşırı sağ figürler bu tezleri birebir savunamazlar. Bundan ziyade bu tezlerin değişmesi ve yeni ve kültürel gibi sıfatlarla anılan yeni bir ırkçılık biçimine dönüşmesi oldukça anlaşılabilirdir.

Aşırı sağın ve faşizmin arasında gelecek–geçmiş ikilemi, etnik saflık, geleneksel değerler, homojenlik, muhafazakârlık ve aşağı görmek gibi unsurlarda bazı farklılık ve benzerlikler bulunmaktadır. Aşırı sağı açıklamak adına bir başka önemli unsur ise popülizmdir. Bu kavram aynı zamanda aşırı ve ana akım siyaset arasındaki geçişkenliğin en önemli unsuru olarak konumlandırılabilir. Örneğin, Taggart Avrupa'daki son gelişmelerin popülizmin oluşumu için verimli bir zemin oluşturduğunu düşünmektedir (2004). Bu noktada popülizmin ne olduğuna dair bir açıklama yapmak gerekirse popülizmin "halkın" doğrudan yönetimini önlemek için ortaya konan denetleme ve dengeleme mekanizmalarına karşı genel bir protesto olduğu söylenebilir. Modern popülizmin başlangıcı demokrasinin, çoğunluk ve azınlık arasındaki ayrımın ve "insanlar"ın saygı göstermesi gerektiği söylenen kısıtlamaları da aşan bir şekilde "insanlar"ın yönetimi olarak adlandırılabilecek radikal bir demokrasi anlayışıydı. Popülizm ayrıca dâhil etme ve dışlama problemini de yok saymaya eğilimlidir: Kim bu "insanlar"ın arasındadır, kim değildir? "Demos"un bir parçası olmanın kriterleri nelerdir? (Dahl'dan alıntılayan Pelinka,2013). Popülizm karmaşık olayları bir suçlu arayarak basitleştirir. Düşman (yabancı, yabancı kültür) ulus devletin kalelerini çoktan aşmayı başardığından birileri sorumlu olmalıdır. Elitler ikincil olarak öteki olarak tanımlanan kişilerdir çünkü onlar, kültürel çeşitliliği kabul eden liberal demokrat politikalardan sorumludurlar (Pelinka, 2013). Popülizmi bir söylem olarak benimseyen aşırı sağ yapılarda bu durumlar illegal göçmenler, kültürel, ekonomik ve güvenlik tehdidi oluşturan yabancılar ve politik doğruculuk yanlısı işbirlikçi elitler ve medya söylemleriyle kendisini gösterir. Aşağıdaki bölümde Birleşik Krallık ve Amerika'daki siyasi tablo üzerinden yukarıdaki kavramlar derinlemesine tartışılacaktır.

Birleşik Krallık ve Amerika'da Siyasal Tablo ve Aşırı Sağ

Pelinka'nın söylediklerini takip ederek radikalleşme, yabancı düşmanlığı, ötekileştirme gibi kavramların sıradan halkın öz değerleri ile bir ilgisi olduğunun düşünülebileceği iddia edilebilir. Bennett (alıntılayan Mudde, 2007) bu konuda şunları ileri sürmektedir: "Sağ hareketlerin aşırıları, sadece Amerika'daki politikaları sebebiyle değil ayrıca tüm halkta ve Amerikan hayat tarzında içkin olan özellikleri yansıtmaları sebebiyle yansız bir ilgiyi hak ediyor." Mudde sıradan insanların öz değerleri ve aşırı sağın politikaları arasında yukarıda bahsedilen bağı vurgulamak için "aşırı sağ" yerine "popülist radikal sağ"ı kullanmayı tercih etmektedir (2007). Mudde'ye (2013) göre halkın şikâyetlerindeki artış, popülist radikal sağ partilerin yükselişinin öncesine denk gelir. Diğer bir deyişle bu partiler, halkın ekonomik ve siyasal hoşnutsuzluğunun bir sonucudur. Mudde aşırı sağ ile popülizm arasındaki bağın üzerinde duran tek kişi değildir, Betz ve Taggart (Rydgren, 2013: 7) gibi akademisyenler de, popülizmin yeni radikal sağın tanımlayıcı karakteristiği olduğunu öne sürmüştür. Rydgren (2013) bu konuda şunları söylemektedir: "Aşırı sağ partiler son tahlilde toplumu homojen ve düşman olmak üzere iki gruba (saf 'pure' insanlara karşı yozlaşmış elitler) ayırdığından bu durum doğrudur.'" Rydgren (2007) bununla beraber çağdaş popülizmin aşırı sağ kadar ana akım ve sol partilerde de var olduğunu söyler. Nicolas Sarkozy'nin UMP'si, Gerhard Schröder'in SPD'si ve Tony Blair'in İşçi Partisi gibi sağ-merkez ve sol-merkez partiler politik mesajlarını basitleştirmeye eğilimlidir. Ana akım partiler karmaşık durumlar ve zıtlıklar karşısında "insanlar"ın adına konuştuklarını ileri sürebilmek adına popülist taktiklere başvurmaktadır.

Bu duruma daha güncel bir örnek İngiltere'den verilebilir. Heppel ve Searight'a (2012) göre, hükümet beklenilen göçmen sayısının üzerine çıkarsa, sağ medya ve Muhafazakâr Parti'nin şahinlerinden eleştiri gelmesi beklenilebilir. Doğrusu, bunun olduğuna dair zaten hâlihazırda bazı kanıtlar bulunmaktadır. 14 Nisan Göç konuşmasının üzerine Vince Cable ile girdiği münakaşayı izleyen süreçte, David Cameron'un bir BBC röportajında, göçmenlerle ilgili on binler civarında bir hedefi bir "istek" olarak tanımlayarak ve bunun bir hükümet politikası olup olmadığını ifade etmeyi reddederek sözlerini yumuşattığı görüldü (103). Muhafazakâr Parti açısından göçmen sayısını düşürmedeki başarısızlığın MigrationWatchUK ve British National Party (BNP) gibi ama daha önemlisi The UK Independence Party (UKIP) gibi Muhafazakâr Parti'nin kalelerinden destek alan ve Avrupa Birliği'ne muhalif olduğu kadar gittikçe göçmen karşıtı olan partiler tarafından saldırıya uğrayacağı aşikârdır (Heppell ve Seawright, 2012). Bu durumun ister istemez Muhafazakar Parti'nin göçmenler konusundaki politikasını etkileyeceği öne sürülebilir.

Bu örnekler üzerinden sıradan bir İngiliz vatandaşının karşı olması beklenilecek göç gibi bir olayın aşırı sağı olumlu etkilediği öne sürülebilir. Bu sebeple, radikal politikaların marjinallikten ana akım haline gelmesine sebebiyet veren ve bütünüyle politikaları radikalleştiren popülist bir ortamda, politik kazanç sağlamak amacıyla ana akım partilerin aşırı sağın politik söylemlerini izlediği ileri sürülebilir. Bu olgu Ellinas'a (2010) göre "milliyetçi kartı oynamak" olarak isimlendirilebilir. Nicolas Sarkozy'nin göç ve ulusal kimlik bakanlığı oluşturma planına karşın, Ellinas (2010: 1) Sarkozy'nin politik rakiplerinin planlarını anında Fransız Cumhuriyetçi geleneğine bir saldırı olarak ifşa ettiğini ve onu Jean-Marie Le Pen'in Ulusal Cephe Partisi'yle yabancı düşmanı fikirleriyle flört etmekle suçladıklarını söylemektedir. Ellinas'a göre aşırı sağın yolunu izleyen yalnızca Sarkozy değildi, hatta ve hatta sosyalist aday, Ségolène Royal bile Fransız kimliğini vurgulamayı sürdürmüştür. İngiltere'ye gelirsek, başbakan Gordon Brown İşçi Partisi'nin yıllık toplantısında "İngiliz çalışanlar için İngiliz işler" yaratmak istediğini ifade ettiğinde ihtilaf uyandırmıştır. Muhafazakâr muhalefet Brown'u aşırı sağcı BNP broşüründen ifade çalmakla ve Avrupa Birliği yasasını görmezden gelmekle suçlamıştır.

Medeniyet Çatışması tezi açısından Birleşik Krallık'ın ele alınması durumunda Modood'un (2006: 37) çalışması önem kazanır. Ona göre Müslümanların Avrupalı devletlerden politik olarak istisnai, kültürel olarak makul olmayan ya da teolojik açıdan bambaşka taleplerde bulunduğuna dair yaygın algı açısından Birleşik Krallık önemli bir örnektir. Çok kültürlülüğü daha açık olmak gerekirse, devletin çok kültürlülük politikasını eleştirmek David Cameron'ın başbakan seçildikten sonra yaptığı ilk işlerden biriydi (Kuenssberg, 2011). Cameron aynı konuşmasında, "kamu fonlarından faydalanan ama aşırıcılığı yenmek için çok az şey yapan Müslüman grupların daha detaylı tetkiki yapılacaktır," ifadelerini kullanmıştır ve bu ifadelerin ardından Counter-Terrorism and Security Act 2015 Türkçesiyle Teröre Karşı Mücadele ve Güvenlik Kanunu-2015 son şeklini alarak, doktor ve öğretmen gibi kamu çalışanlarının otoritelere aşırıcı olduğunu düşündükleri kimseleri ihbar etmesini yasal bir zorunluluk haline getirdi. Bu zorunluluk, 2005 yılında hazırlanan PREVENT (ÖNLEM) politikasını yasa haline dönüştürmüştür. Merali'ye (2015) göre aşırıcılığın yasada kesin bir tanımı olmadığından, yanlış anlaşılmalar ve ön yargılar üzerinden ihbarlar yapılmıştır. Abbas ve Awan (2015) bu kanunun toplumla iletişim kurma evresinde olan genç Müslümanları yabancılaştırarak "şüpheli topluluklar" kavramını yarattığını ve böylece İslamofobinin kurumsallaşmasına yol açıp sağ aşırıcılığının gelişeceği bir yankı odası olarak işlev göreceğini ileri sürdüler.

Escarcena'ya (2014) göre kendini bir zamanlar liberal muhafazakâr olarak tanıtmak isteyen Cameron, merkeze yönelik bu isteğinden ve Liberal Muhafazakârlık iddiasından vazgeçmiş ve salt bir muhafazakâr duruş takınmıştır. Muhafazakâr Parti'nin parlamentoda çoğunluğu kazandığı 2015 yılı Cameron'ın sergilediği muhafazakâr duruşun örneği olarak ele alınabilir çünkü Muhafazakâr Parti güvenlik ve mülteci karşıtlığı zemini üzerine oturan bir kampanya yaptı (Merali,2015). Bununla beraber, Cameron'ın tavrındaki bu değişim yukarıda belirtildiği gibi sağ kanat medyadan, partinin şahinlerinden ve aşırı sağdan gelen eleştirilerden dolayı değişmiş olabilir ki bu popülist etki olarak konumlandırılabilir. David Cameron'ın bir ankete katılanların yüzde 32'sinin açıkça ya "aşırı ırkçı" ya da "ırkçı" olduğunu kabul ettiği, hatta biraz ırkçı olduğunu kabul edenlerle beraber kendini ırkçı olarak görenlerin aşırı rahatsız edici bir rakam olarak yüzde 66'yı bulduğu (Richardson, 2004) bir ülke olan Britanya'da bir politikacı olduğu göz ardı edilmemelidir. Cameron'ın Müslüman mültecileri "Akdeniz'den buraya daha iyi bir hayata sahip olmak için doluşan insan kümesi," şeklinde tanımlaması bu bilinçaltının ürünü olarak gösterilebilir (Elgot, 2016). Bununla beraber Birleşik Krallığın göçmen ve İslam karşıtı gruplar söz konusu olduğunda politik fırsatlar açısından kapalı olan bir yapıda olduğu ileri sürülmüştür. Hem geçmiş hem de şimdiki seçim sistemleri aşırı sağ partilerin parlamentoya girebilmesi adına az sayıda fırsat sunmaktadır. Dahası Britanya Ulusal Partisi gibi ırkçı ve yabancı karşıtı partiler, geçmişte çok az sayıda başarı kazanmıştır (Klein, 2016). Burada ön plana çıkarılması gereken husus aşırı sağ yapıların genel politik manzarayı nasıl etkilediğidir. Örneğin Brexit'e karşı tutumu ve Brexit'teki başarısızlığı yüzünden Cameron'ın parti liderliğinde tutunamaması ve yerini daha şahin bir isim olan May'e bırakması ve May'in de Brexit sürecini iyi yönetemedikten sonra yerini partinin en şahin isimlerinden Johnson'a devretmesinde aşırı sağın Muhafazakar Parti'yi ve tabanını etkilemesinin öneminden bahsedilebilir.

Amerika'da Birleşik Krallık'tan farklı bir siyasal sistem olması farklı siyasi yapıların ortaya çıkmasına neden olmaktadır. Örneğin Amerika'da iki partinin gelenekselleşmiş başkanlık ve kongredeki hâkimiyetleri parlamenter sisteme sahip olan Birleşik Krallık'ın aksine irili ufaklı siyasi partilerin etkili olmasını engellemektedir. Bunun yerine Tea Party gibi aslında organik olarak Cumhuriyetçi Parti ile bağı bulunmuyor gibi gözüken ama bu parti içinde kendi adaylarını destekleyip yükseltmeye çalışan ve adı geçen partiyle organik bağı olmadığından daha aşırı ve ayrımcı söylemleri dile getirebilen bir yapı ortaya çıkabilmiştir. Bu taban örgütlenmesi, 2008 ekonomik krizi ve Obama hükümetine bir tepki olarak 2009 yılında doğmuştur. Bu etmenlerin dışında 11 Eylül 2001'deki ikiz kulelere yönelik saldırıların hem bu yapılanma adına hem de genel olarak Amerika'da ortak kimliğin oluşumuna ciddi bir etki ettiği söylenebilir. Atasoy'a (2005) göre 11 Eylül saldırıları sonrası gazeteciler, politikacılar, elitler, düşünürler ve genel halk, İslamcılar ve ideolojileri hakkında öfkeli bir tartışmaya girişmiştir. Ajami (1993) gibi isimler eskiden eleştirdikleri Huntington'ın medeniyetler çatışması tezi ile haklı olduğunu ileri sürmeye başlamıştır. Said (2001) Medeniyetler Çatışması tezinin 11 Eylül saldırıları sonrası resmi söylemi belirlediğini ileri sürmüştür. Seib (2005) medya açısından medeniyetler çatışmasının önemli olduğunu çünkü bu yaklaşımın onların olaylara bakış açılarına yönelik yaklaşımlarını şekillendirmeye yardım ettiğini ileri sürmüştür. Her ne kadar Amerika'da belli oranda İslam karşıtlığı ve bunun siyasi etkilerinin 11 Eylül öncesi de güçlü olduğu ileri sürülebilecek olsa da 11 Eylül 2001'in bu noktada milat olduğu ileri sürülebilir. Bu kadar sembolik bir olayın Amerika topraklarında gerçekleşmesinin Amerika'da İslamofobi endüstrisi denilen bir ağın oluşumuna ön ayak olduğu ileri sürülebilir. Bununla beraber "İslamofobi Endüstrisi: Sağ Nasıl Müslüman Korkusunu Üretir" adlı kitaptaki (Lean, 2012) önsözde Esposito İslamofobinin 11 Eylül olaylarından sonra aniden ortaya çıkmadığını, onun Anti-Seminizm ve yabancı düşmanlığı gibi derin tarihsel kökleri olduğunu söylemektedir. Yukarıda adı geçen kitabın sahibi Lean, 11 Eylül ile ilgili ilginç olan durumun bu olay gerçekleştikten 9 yıl sonra bile yani 2010 yılında İslamofobinin hala çok güçlü hatta 11 Eylül sonrasından çok daha güçlü bir şekilde vuku bulması olduğunu söyler. Bunun nedenlerinden biri yukarıda ele alındığı gibi 2008 krizi ile beraber ortaya çıkan toplumsal gerilimdir. Lean'e (2012) göre aynı zamanda Hitler'in kendi avantajına çevirdiği şekilde dar boğazda olan Almanya'nın 1933'teki durumu gibi ekonomik istikrarsızlığın getirdiği toplumsal gerilim milliyetçilik ve öteki karşıtlığına dair görüşlerin yükselişi adına bir zemin ortaya koydu. Hem bu ekonomik dezavantajlardan hem Obama yönetiminden rahatsız olan Beyaz kesimin biriken öfkesinden faydalanan Trump, daha önce kendisinin başkanlığının ancak şaka olabileceği düşünülmesine rağmen başkan olmayı başarmıştır. Batı'da devleti yöneten bir siyasetçiden uzun süredir duyulmayacak kadar ayrımcı söylemleri ortaya koyabilen Trump aşırı sağ yapıların ana akım siyaseti ve medyayı etkilemeleri noktasında ciddi bir başarı olarak gösterilebilir.

Aşırı Sağın Evrenselleşmesi

Aşırı sağın tek tek farklı ülkelerde farklı derecelerde başarı sağlaması, seçmenin onun vaatlerini talep etmesi ile beraber ana akım partilerin bu yöne kaydığı ve liberal sistemin zafiyete uğradığı iddiaları aşırı sağın evrensel bir ağ oluşturup Müslüman karşıtı bir kamp olarak evrenselleşip evrenselleşmediğinin tartışılmasına neden olmuştur. Bunun en önemli örneklerinden biri bir politik şiddet eylemi olan Anders Behring Breivik'in 2011 yılında 77 kişinin hayatına son verdiği Ütoya katliamıdır. Bu olayın evrenselleşme iddiaları ile ilgili dikkat çeken yanı ise Breivik'in, Andres Berwick adıyla yazdığı manifesto ile ortaya çıkmıştır. Brievik bu manifestoyu 250'si Birleşik Krallık'ta olmak üzere aşırı sağcı olarak bilinen 1,003 kişiye göndermiştir. İşin evrensel kısmı sadece manifestonun gönderilmesi ile ilgili değil aynı zamanda manifestoda yazanlar ve Brievik'in alıntı yaptığı kişilerle ve kurumlarla da ilgilidir. Brievik manifestosunda kendisini de bir haçlı üyesi olarak içinde gördüğü Cihat Karşıtı hareket şeklinde adlandırılan yapının Amerika'daki ve Avrupa'daki temsilcilerinin görüşlerine başvurmuştur (Berwick, 2011).

Davey ve Ebner (2017) temelde aşırı sağın ana akımlaştığına ve evrenselleştiğine dikkat çektikleri raporlarında pek çok bulguya rastlamışlardır. Onlara göre aşırı sağ gruplar ortak amaçları gerçekleştirmek adına aktif bir biçimde iş birliği yapıyorlar. Mültecilerin Batı'dan uzak tutulması, nefret söylemi yasalarının ortadan kaldırılması ve aşırı sağ politikacıları iktidara taşımak bu işbirliğine örnek olarak verilebilir. Davey ve Ebner ayrıca bazı örneklerde aşırı sağın uluslar ötesi bilgi değişimi ve para toplama gibi eylemlerde başarılı olduğunu, onların online mobilizasyonlarının gerçek hayata da yansıyabildiğini ve bu sayede seçimleri etkileyebildiklerini, dünya çapında medya ilgisi uyandırabildiklerini ve siyasi rakiplerinin gözünü korkutabildiklerini söylerler. Aşırı sağın bu başarısının altında farklı gruplara uyabilecek farklı söylemsel stratejiler uygulamaları yatar. Bu söylemsel skala beyaz ulusal aktivizmden ifade özgürlüğünün korunmasına kadar uzanır. Aşırı sağ, bir açıdan göçmenlerin ülkelerine gelmesinin nedeni olarak gördükleri liberal değerleri savunuyor gibi görünürken bir diğer taraftan kapalı bir şekilde ırkçı, ayrımcı ve dışlayıcı söylem pratiklerini ortaya koymaktadır.

Yukarıdaki kısımlarda aşırı sağ bir bütün olarak ortaya konulmuş gibi görünse de bu kitapta grupların ve toplulukların tek tipleştirilmesi asla savunulmamaktadır. Bu açıdan bakıldığında, tek bir amaç için hareket eden aynı perspektiften hayata bakan bir aşırı sağdan ziyade farklı amaç ve değerleri olan farklı yapılardan bahsetmek daha doğru olacaktır. Davey ve Ebner'e göre marjinal grupların en aşırıcı olanları daha az aşırıcı olan grupları konuşturarak yeni kitlelere ve ana akıma sirayet etmeye çalışmışlardır. Amaçları normal kişilerin (ana akım medya izleyicisi olan sıradan insanlar) radikalleşmesi ile "kitlesel bir hareket" yaratmaktır. Bu ikili aynı zamanda Avrupa'daki aşırı sağ ve Amerika'daki alt sağın (alternatif sağ) küresel bir destek zemini oluşturabilmek adına aktif bir biçimde işbirliği yaptığını, daha geniş bir kitleye ulaşmak ve ideolojik bağlantıyı güçlendirmek adına ortak acıları suiistimal ettiklerini ve marjinal söylemleri normalleştirme çabasında olduklarını ileri sürmektedirler.

ÜÇÜNCÜ BÖLÜM
YENİ MEDYA ORTAMININ YARATTIĞI İMKÂNLARLA DEĞİŞEN SİYASAL İLETİŞİM

Yeni medya, internet ve enformasyon teknolojileri, ağ toplumu ya da ağ etkisi, nasıl adlandırılırsa adlandırılsın kontrolün büyük medya kuruluşlarından alınıp pasif bir konumdan sıyrılıp aktif konuma geçen kullanıcılara aktarıldığı, merkezi olan klasik medya araçlarının yeni medyanın doğası gereği dönüşüp yöndeşme kavramının önem kazandığı bir medya ortamının hâlihazırda var olduğu pek çok araştırmacı tarafından ileri sürülmektedir. Bunlara ek olarak gelişen sosyal ağlarla beraber internetin katılımcı demokrasinin önünü açtığı düşüncesi ve buna paralel olarak Podemos gibi internet temelli siyasal örgütlenmelerin ortaya çıkması ve Wikileaks ifşa hareketleri ile beraber siyasetin internet vasıtasıyla şeffaflaşabileceği düşüncesi de ele alındığında Volkmer (2014) gibi düşünürlerin internetin uluslararası kamusal alan oluşturduğuna dair tekno-optimist görüşleri bu literatürün bir tarafını ifade eder. Öte yandan, literatürde yeni medya olarak adlandırılan fenomenin olumlu olarak nitelenen pek çok özelliğine yönelik eleştiriler de dile getirilmiştir. Literatürde seçici maruz kalma ve filtre balonu gibi kavramların tartışılmasıyla beraber internetin bireyi özgürleştirdiğine yönelik ilk zamanlardaki olumlu yaklaşımların yerine bireyleri radikalleştirdiği ve kutuplaşmaya yol açtığı tartışılmaya başlanmıştır. Marmura (2010) internetin marjinal bireylerle beraber ana akım medyanın haber kapsamında yer bulamayan ve politik etkisi kısıtlı olan aşırılıkçı grupların dikkatinden kaçmadığını söyler. Ona göre internet bu grupların mesajlarını iletmelerine izin verir ve potansiyel olarak daha büyük kitlelere sansüre maruz kalma korkusunun çok daha az olduğu bir biçimde hitap etmelerini sağlar (1). Curran (2012) tekno-optimistlerin siber alanın farklı geçmiş deneyimlerden ve uluslardan insanların iletişim kurabilecekleri özgür ve açık bir alan olduğu ve bu insanların daha müzakereci, hoşgörülü ve güçlenmiş bir dünya kurabilecekleri görüşünün birkaç noktayı gözden kaçırmakta olduğunu söyler ve şöyle devam eder:

> *"Dünya eşitsiz ve karşılıklı olarak dışlayıcıdır (düz anlamıyla); çatışan değerler ve çıkarlar tarafından bölünmüştür; köklenmiş ulusal ve yerel kültürler (ve kimliğin din ve etnik köken gibi diğer noktaları) tarafından alt bölümlere ayrılmıştır ve bazı ülkeler otoriter rejimler tarafından yönetilmektedir. Gerçek dünyanın bu farklı unsurları, çok sayıda dilden, nefret içeren web sitelerinden, ulusalcı söylemlerden, sansürlenen ifadelerden ve avantajlı kesimlerin aşırı temsilinden oluşan yıkık bir Babil kulesi doğuracak şekilde siber alana nüfuz etmektedir."*

Tekno-pesimist ve tekno-optimist görüşlerle beraber son dönem literatürde ön plana çıkan ve yeni medyanın siyasal açıdan özgürleştirici ve baskılayıcı özelliklerini bir arada ele alan görüş olan ve internetin etkisiyle değişen siyasal etkileşim adına daha önceden var olan Aktivasyonu Basamaklandırma Modeli'ni güncelleyen vana metaforu da çalışmada ele alınacaktır. Bu noktada literatürde oluşan farklı yaklaşımlarla beraber, siyasal iletişim adına, internetin (özellikle sosyal medyanın gelişimi göz önüne alındığında) gittikçe artan bir şekilde ciddi bir güç haline geldiği bir ön kabul halini almıştır. Bu bölümde öncelikle bilişim ve iletişim teknolojilerinin gelişimi incelenecek ve sonrasında yeni medya ortamının özgürlük-baskı ikilemine değinilecektir.

Yeni Medya Ortamının Tarihsel Zemini

Bilişim ve iletişim teknolojileri, bilgisayar aracılı iletişim, internet ve yeni medya gibi kavramlar birbirinin muadili olarak kullanılmaktadır. Yeni medyaya benzer bir biçimde yeni bilişim ve iletişim teknolojileri şeklinde de bir kullanım vardır. Bununla beraber enformasyon çağı ve ikinci medya çağı da yukarıdaki kavramlarla ilişkili olarak kullanılır. Bu noktada temel olarak aktarılmak istenen husus klasik medya araçları olarak bildiğimiz televizyon (Mcluhancı anlamda gazeteye kıyasla yeni medyadır), gazete ve dergi gibi araçlardan farklı olan medya araçlarının varlığıdır. Bu değişim bir anlamda teknoloji açısından analogdan dijitale geçişin medya, toplum ve kültür üzerindeki etkilerini anlatır. Dijitalleşme ile geliştirilen yeni teknolojiler, şu andaki yeni medya ortamının klasik medyadan farklarını ortaya koyan gelişmeleri hazırlamıştır.

Graham, yeni medya ya da yeni bilişim ve iletişim teknolojileri olarak adlandırılan şeyin eskisinden farkını benzer biçimde dijitalleşmeye bağlar: "Yeni bilişim ve iletişim teknolojileri genel olarak ele alındığında ister metin ister ses ya da gerçek zamanlı hareketli imajlar olsun verinin sıfır ve birlere sıkıştırıldığı ve radyo dalgaları, yer altı kabloları ve karadaki ağlarla iletildiği dijitalleştirilmiş enformasyon akışının formlarını oluşturur (Gibson ve Ward, 2017)." Bu teknolojinin en ciddi olarak kendini gösterdiği ve onu yaygınlaştıran interneti fiziksel bir araç olmaktan ziyade birbirine bağlı sayısız bilgisayar ağlarından oluşan büyük bir bilgisayar ağı olarak tanımlayabiliriz (Timisi, 2003).

Timisi'nin de belirttiği gibi günümüzde internet bir "ağların ağları" sistemine dönüşmüştür. Genel hatlarıyla Amerika'da gelişen başlıca ağlar kendilerini internete eklemişlerdir. Bunların arasında ARPANET (hükümet fonlu), Fidoner (alternatif kooperatif), Usenet ve the WELL'in bulunduğu binlerce şirket ve hükümet iç ağı ve the World Wide Web vardır. Bu ağların pek çoğundan önce gelen e-mail, haber grupları ve duyuru tahtası sistemleri gibi bilgisayar aracılı iletişim sistemleri şimdi genişletilmiş internet ağına taşınmıştır. Bilgisayar aracılı iletişimin ticari ve yerel ağları arasındaki ayrımı da yapılmalıdır. IBM'in, internetin düzgün bir şekilde başlamasından yani takriben 20 yıl önce, iç ağının olduğu düşünüldüğünde ticari ağların yerel ağlardan çok önce ortaya çıktığı göz önünde bulundurulmalıdır. Hakim görüş, Amerika'daki ARPANET'in bugünün internetinin yerel koşullarına öncülük etme noktasında en yararlı ağ olduğudur. Bir sözleşme kapsamında, Boston'dan bir şirkete yaptırılan, 150 site 1980'lerin sonlarında tüm Amerika genelinde kuruldu. En başından itibaren şifreler aracılığıyla uzaktan oturum açmaya izin verir bir şekilde tasarlandı, bu özellik evlerdeki bilgisayar modemlerinin artan hızı ile beraber gelişti (Holmes, 2005: 47).

Bu noktada internet kullanımının bilgisayar kullanımına eşdeğer olmadığını vurgulamak faydalıdır. Bilgisayar internete bağlı olmadıkça içindeki yazılımlarla sınırlıdır ve iletişim kurabilmesi adına kullanıcıyı diğer kullanıcılara bağlamaz (Johnson, 2006: 568). Bu yüzden yeni medya olarak adlandırılan ortamın oluşabilmesi adına kişilerin bilgisayarları ile kendi başlarına iş görmeleri yeterli değildir. Dönüşüm, internetin grafik arayüzündeki gelişmelerle, WWW ve tarayıcılar (1992 yılında Mosaic ve 1994 yılında onun daha sofistike takipçisi Netscape) beraber 1989 yılında gerçekleşti. Bu gelişmelerle beraber internet ve e-mail ve use-net gibi diğer uygulamalar giderek ulaşılır bir hal aldı. Böylece telekomünikasyon olanaklarını kitle iletişim araçları ile birleştiren daha yeni ve daha hızlı bir teknoloji ortaya çıktı (Gibson ve Ward, 2017).

Bu kısmın sonunda internetin ortaya çıkışındaki mühim noktalardan birini aktarmak önem taşır. E-mail, ARPANET'in en popüler alt-medyası olarak aniden patlama yapmış ve bu durum ARPANET tasarımcılarının pek çoğunun şaşırdığı bir husus olmuştur. Tim Jordan bu konuyu şöyle açıklar (Holmes, 2005: 47):

"E-mail ile ilgili ilginç olan şey, tasarımcıların beklediğinin aksine ARPANET'i kullanan insanların bilgisayarlarla iletişim kurmaktan ziyade insanların diğer insanlarla iletişim kurmalarıdır. Bu durum e-mailin sistemin içinde programlanmamasına, resmi olmayan, ve plansız bir şekilde

eklenmesine rağmen böyledir. E-mail, ARPANET tarafından sağlanan temel bir kaynak olarak spontane bir şekilde belirdi ve bu tüm bilgisayar ağları için sanal olarak geçerli oldu. İnsanlar insanlara bilgisayarları kullanarak bağlandı, bu durum kapsayıcı bilgisayar aracılı iletişim teriminin kullanılmasını sağladı."

Görüldüğü gibi internetin ilk oluştuğu zamanlardan beri etkileşim insanlar için önemli olmuştur. Bu yüzden ilk olarak askeri ve akademik amaçlarla ortaya konan bu teknoloji sonrasında kamusallaşmıştır. Hatta e-mail örneğinde olduğu gibi bilgisayar aracılı iletişimin sadece noktadan noktaya olması bir zaruret değildir çünkü pek çok ağ, bilgisayar aracılı iletişim öncesinde başarılamayacak olan çok kişiden çok kişiye iletişim imkanı verir. Bu konuda online konferanslar örnek olarak verilebilir. Dolayısıyla bilgisayar aracılı iletişim konferansı, siber uzamı sosyal ilişkilerin dışında oluşan ve yalnızca onların bir uzantısı olan bir yapı olarak görmememiz gerektiğini çünkü bilgisayar aracılı iletişimin daha önce mümkün olmayan sosyal ilişkileri yaratan bir boyutta olduğunu gösteren bir örnektir (Holmes, 2005: 47).

Yeni Medya Ortamını Hazırlayan Bir Fenomen Olarak Yöndeşme

Bir önceki kısımda e-mail örneği üzerinde görüldüğü gibi bilişim ve iletişim teknolojilerinin hâlihazırda tanık olduğumuz şekilde popülerleşmesinin nedeni bilgisayar aracılı iletişimin etkileşime izin vermesi olmuştur. Yeni medya kavramının tarihsel zeminini anlamak adına etkileşim kadar önemli olan başka bir kavram ise basitçe aktarmak gerekirse farklı teknoloji ve platformların iç içe geçmesi olarak tanımlanan yöndeşmedir. Yeni medyanın tarihsel zeminini anlayabilmek için bilişim ve iletişim teknolojilerinin yöndeşmesi kavramını teknik, ekonomik, toplumsal ve kültürel olarak açıklamak fayda sağlayacaktır. Crisell, yöndeşmeyi çeşitli medya platformlarının diğerlerinin fonksiyonlarını üstlenmesine izin veren medyanın birbiri yerine geçme özelliği olarak tanımlar. Bilgisayarlar radyo ve televizyonun bir formunu sunar. Mobil telefonlar resim ve mesaj hizmeti fonksiyonlarına sahiptir ve bilgisayar ile radyonun bazı karakteristiklerini devralırlar. Radyo programları dinleyicilerini web sitelerine yönlendirerek etkileşimli olurlar. Gazeteler gazeteci çalışanlarının mail adreslerine sayfalarında yer verir ve gazetelerin online versiyonları vardır. Televizyonun kendisi bazı bilgisayar fonksiyonlarına sahiptir. Televizyon programların izler kitlelerinin artan bir şekilde etkileşimli olmasını bekler (Franklin vd, 2016).

Bilişim, telekomünikasyon ve yayıncılık Castells'in (1996) kavramlaştırmasıyla enformasyonel kapitalizm mantığına uygun olarak, eş deyişle üretimin verimliliğini belirleyen temel unsur enformasyon olduğundan daha verimli hale gelebilmek adına yöndeşmek durumunda kalmaktadır. Bu noktada yöndeşmenin temel bir tanımını yapmak gerekirse Van Dijk'a göre yöndeşme, telekomünikasyon, veri iletimi ve kitle iletişiminin İnternet, II. veya III. kuşak cep telefonları, etkileşimli yayıncılık (DAB- Digital audio Broadcasting) dolayımıyla tek bir iletişim altyapısında buluşmasıdır (Binark, 2007: 22). Yukarıda bahsedildiği gibi bu tanım oldukça temel düzeydedir. Çünkü yöndeşmenin sadece teknik boyutunu açıklamaktadır. Oysa yöndeşmeyi teknik, ekonomik, toplumsal ve kültürel boyutların birbiriyle sürekli etkileşim halinde olduğu bir süreç olarak görmek daha sağlıklı olacaktır. Bolter and Grusin bu konuda şunları söyler: "Bugün hiçbir ortam ve tek başına hiçbir medya olayı kültürel etkisini diğer medyadan ve kesinlikle diğer toplumsal ve ekonomik güçlerden bağımsız ortaya koymaz. Yeni medya ile ilgili yeni olan şey onun eski medyayı yeniden şekillendirme biçiminden ve eski medyanın yeni medyanın meydan okumalarına cevap vermek için kendisini yeniden biçimlendirmesinden kaynaklanır (Holmes, 2005)."

Dijitalleşme ile gelen yöndeşme medya araçları açısından izleyicinin kullanıcıya dönüşmesi ile farklı bir hal almıştır. Artık üretici pozisyonuna geçmiş ve kendi kitlesi olan eski tüketiciler vasıtasıyla Jenkins'in (2006) kavramıyla katılımcı kültür ortaya çıkmıştır. Bu kültürün ortaya çıkmasında eş deyişle kişilerin bu tip bir teknolojik okuryazarlığı elde edebilmesinde enformasyonun topluma içkin bir duruma gelmesini sağlayan şekilde teknolojik gelişmelerin olması gerekir. Bir sonraki kısımda bu önermeyi destekleyen görüşler olan enformasyon çağı, enformasyon toplumu ve ağ etkisi kavramları tartışılacaktır.

Kuşatıcı Bir Kavram Olarak Enformasyon

Jenkins'in ele aldığı katılımcı kültürün oluşabilmesi durumu bilişim ve iletişim teknolojilerindeki gelişmeler ve onların siyasal ve toplumsal yansımaları ile derinden ilişkilidir. Katılımcı kültür denen kavramın ortaya çıkması için dijitalleşmeye ek olarak iletişim araçları açısından ekonomik, teknolojik ve kültürel yöndeşme gibi ön koşullar oluşması gerekir. Bu ön koşulların gerçekleştiğini ileri süren düşünürlere göre yaşanılan çağın temel karakteristiği enformasyondur ve enformasyon bireyin ve genel olarak insanlığın en önemli belirleyicisi durumuna gelmiştir. Bu düşünürler enformasyon çağı, enformasyon toplumu ve ağ toplumu gibi kavramları ileri sürerek dönüşümü açıklama gayretine girmişlerdir. Bu isimlerden biri olan Hassan dijital enformasyonun kültür ve topluma eşi benzeri görülmemiş bir şekilde nüfuz ettiğini ve kendisiyle beraber "the network effect" Türkçesi ile "ağ etkisi" olarak adlandırdığı bir kavramı hayatımıza soktuğunu ileri sürer. Ona göre ağ etkisi, enformasyon toplumunun bir parçası olmak hususunda gücü gittikçe artmakta olan bir kavram olarak ön plana çıkmaktadır. Bu kavram online bağlantılılık gerektiren neoliberal ekonominin ihtiyaçları ile ilişkili bir zorunluluktur; neoliberal ekonominin sürekli hız gerektiren ve pozitif ve negatif etkileri olan temposuna senkronize olmamızı gerektirir. Bu yapı (bu dijital enformasyonun ideolojik etkisi olarak adlandırılan durumun bir gereği olarak konumlandırılabilecek şekilde) online bağlantılılık olarak adlandırılan durumun aynı zamanda verimli, üretken hatta eğlenceli olabileceğini ve "bireyselliği"mizi ifade etmemize izin verebileceği hususunu ifade eder (2008).

Dijital enformasyonun etrafımızı sardığına dair düşüncenin medya açısından görünümü hakkında Meyrowitz'in (1999) şu sözleri faydalı olabilir: "Geçen birkaç yılda... siber uzam hakkındaki yaygın tartışmalar medya araştırmalarının mesajdan çok sosyal çevrenin bir türü olarak iletişim teknolojileri hakkında yoğunlaşması fikrini gündeme getirdi." Bu açıdan bakıldığında yeni iletişim teknolojileri tarafından etrafımızın sarıldığı ileri sürülebilir. Hassan'ın açıklamasına geri dönersek neoliberal ekonominin gerektirdiği hız ve sürekli bağlantı halinde bulunma gereksinimleri ile beraber sadece medya açısından değil ekonomik gerekçelerle de teknoloji hayatımıza ciddi şekilde nüfuz etmiştir. Bu açıdan bakıldığından yeni medyanın toplum üzerindeki etkilerinin anlaşılabilmesi için öncelikle teknolojinin toplum ve insan hayatında yarattığı değişimler irdelenmelidir. Holmes (2005: 1) adı geçen 1990'ların "İnternet Devrimi"ne eşlik eden siber uzam hakkındaki yaygın tartışmalardan hemen önce yazılan Elektronik Hayatı Öğrenmek adlı bir makalenin enformasyon toplumu tartışmaları açısından kayda değer olduğunu dile getirir:

> "Evin dışında eğer yürüyerek gidilmeyecekse araca doğru bir hamle, garaj kapısını bir otomatik anahtarla açarız. Alışveriş için biraz para çekme amacıyla ATM'de dururuz ve eve döndüğümüz gibi telefonu kontrol eder ya da bilgisayarla çalışmak için üst kata çıkarız. Tipik bir iş gününde insanlarla etkileşim kadar telefon, fotokopi ve elektronik mail gibi arayüzle etkileşimi de içerebilir. Tipik bir gece radyo ve kaydedilmiş müzik dinlemek (albümler, kasetler ve cd'ler), televizyon yayını, kablolu televizyon ve videokasetleri izlemeyi içerir. Çoğu zaman rahat koltuğumuzdan uzaktan kumanda ile yavan zappinglerin yaşandığı TV geceleri olur. Arka planda, uyuyan bebeğin sesini ortama getirir. Bize her gece yatakta eşlik eden bir ses. Bu döngü küçük birkaç değişimle her gün tekrar eder."

Schwoch ve White bu etkileşimleri teknolojinin belirli yönlerinin ne kadar hızlı ve ne kadar düşünmeden günlük deneyimlerimizin parçası olduğu noktasındaki "bir dizi önemsiz olay" olarak tanımlar... Enformasyon toplumu içinde yaşayan insanlar sadece enformasyon ve iletişim teknolojileri ile karşılaşıp onları kullanmaz; insanlar daha çok bu teknolojiler tarafından çerçevelenmiştir. Yukarıda da bahsedildiği gibi onlar araç olmaktan çok çevre konumundadır (Holmes, 2005: 1). Bu noktada tekno-determinist bir bakış açısından ziyade teknolojinin siyasi ve ekonomik nedenlerin etkisi ya da daha açık bir biçimde ekonomik krizlerden çıkış için ortaya konan bir çıkış yolu olduğu da ileri sürülebilir. Örneğin Yüksel (2015) enformasyon toplumu kuramlarının o dönemde yaşanan sıkıntıları sanayi toplumunun can çekişmesi, yeni enformasyon ve iletişim teknolojileri vasıtasıyla zenginliğin enformasyon/bilgi işlenerek yaratılacağı yeni ve müreffeh bir toplumun doğum sancıları olarak tanımladıklarını söyler. Duff'ın (2013) da belirttiği gibi Amerika, Birleşik Krallık, Almanya ve Japonya gibi ülkeler enformasyon sayesinde fiziksel üretimden ziyade ağırlığı olmayan (sanayi toplumunu anlatmak için kullanılır) bir ekonomi biçimine evrilmiştir, bu da "küresel enformasyon ekonomisidir."

Webster (2014: 2) enformasyon toplumu denen kavramın kimilerine göre gerçekten profesyonel ve duyarlı bir toplumun başlangıcı olduğunu kimine göre de vatandaşların üzerindeki kontrolün sertleştirilmesi anlamını taşıdığını söyler. Ona göre kimileri onu bilgiye hızlı erişimi olan eğitimli bir kamunun ortaya çıkışının emaresi olarak görürken diğerlerine göre enformasyon toplumu iddiaları ıvır zıvır, sansasyonellik ve yanıltıcı propagandayla doludur. Webster literatürdeki bu farklı görüşlerle beraber tüm düşünürlerin anlaştıkları noktanın enformasyonun günümüzde özel bir noktada olması olduğunu belirtir . Bu hususta bir örnek vermek gerekirse 'endüstri toplumu', 'sanayi-sonrası toplum' ya da 'bilgi toplumu' gibi tanımlamaların yetersizliğinden bahsederek ağ toplumu kavramını ortaya atan ve bu yeni toplumun olumlu anlamdaki potansiyeli kadar yarattığı eşitsizliklerden de bahseden Castells yeni iletişim teknolojileri tarafından kuşatılan bir dünya tasarımı ortaya koyarak enformasyonun önemine değinir. Castells'e (1996) göre sanayi toplumunda enerji, üretiminin ve dağıtımının verimliliğini belirleyen temel unsur iken şu an enformasyon üretim açısından dominant durumdadır. Ancak enformasyon toplumu olarak adlandırılan bu toplum da sanayi toplumu gibi kapitalisttir. Toffler bu bilgisayarlaştırılmış toplumda, bilginin veriyi, enformasyonu, imajları, ideolojileri, sembolleri, kültürü ve değerleri sadece entelektüel kapital olarak değil meta olarak da sarmaladığını söyler (Dewdney ve Ride, 2006: 266).

Castells ağ toplumunun en belirgin karakteristik özelliklerinin zaman ve mekân kavramlarında ortaya çıkmakta olduğunu belirtir. Ağ toplumunda zaman dışı zaman ve akışlar uzamı vardır. Castells, bu ifadeleriyle zaman kavramının genişletilmiş ve yok sayılabilen özelliğine göndermede bulunurken, mekânın da coğrafi sınırlardan ve uzaklıklardan arındırılarak teknolojik imkânlarla aşıldığını anlatmaktadır. Bu ise elbette enformasyon teknolojileri sayesinde gerçekleştirilen yeni bir zaman ve uzam algısına neden olmaktadır (Göker ve Doğan, 2011). Hassan (2008) gelişmiş ülkelerdeki insanların enformasyonun hayatlarının merkezinde olmasını içselleştirdiklerini yine Castells'in 'dijital enformasyonun hızlı ve her tarafta yaygın olan akışkanlığının içinde ve ona göre yaşıyoruz" alıntısı ile anlatır.

Webster (2014) televizyonun 1950'lerden beri hayatımızda olduğunu söyler. Ancak programlar gece gündüz süren bir hale evrilmiş, kanal tek iken sayı çoğalmıştır. Bununla beraber devam eden dijitalleşme daha fazlasını vadetmektedir. Televizyon video teknolojilerini, kablolu ve uydu kanallarını ve hatta bilgisayarla işlenmiş enformasyon servislerini kapsayacak şekilde geliştirilmiştir. Webster sonrasında radyonun sadece evlerde sabit kalmadığını söyleyerek yöndeşme kavramından bahseder ve enformasyon toplumundaki diğer gelişmeleri de aktarır. Ona göre tüm bu gelişmeler bir medya toplumunda yaşadığımızın göstergesidir... Yeni medya etrafımızı sarmış ve bizim karşılık vereceğimiz ya da vermeyeceğimiz mesajlar sunup durmaktadır. Bununla beraber Webster enformasyonel çevrenin yukarıda aktarılandan bile daha fazla içimize girdiğini bizi bir anlamda dönüştürdüğünü söyler ve giydiğimiz kıyafetlerin, saçımızın şeklinin ve yüzümüzle ilgili yaptıklarımızın eş deyişle son zamanlarda imajımızla ilgili yaptığımız şeylerin enformasyonel boyutunu bu konuda örnek olarak verir (19). Bu noktadan bakıldığında yeni medya olarak adlandırılan ve kullanıcıyı klasik medyanın aksine üre-tüketici haline dönüştüren bu ortamın gelişmesinde etrafımızı saran enformasyonun hâlihazırda bu tip bir kültürün oluşmasında kişileri teknoloji okuryazarı yapan özellikleri göz ardı edilmemelidir.

Yeni Medya Ortamı

Williams ve arkadaşları yeni medyanın, yeni hizmetler sunan ya da var olanları geliştiren mikro elektronik, bilgisayar ve telekomünikasyon uygulamaları olduğunu vurgularken; Negroponte, yeni medyayı eskisinden ayıran en önemli unsurun fiziksel atomların yerine sayısal bitlerin iletimi olduğunu belirtmektedir; Pavlik ise medya tüketicisi için yeni ve eski medya arasındaki temel farkın kullanıcı için daha fazla kontrol ve seçim olduğunu vurgulamaktadır (Vural ve Bat, 2010). Yukarıdaki farklı yaklaşımlardan da anlaşılacağı gibi yeni medya kavramına yönelik onunla ilişkili olan kavramlar ve farklı boyutlarla bir açıklama getirme çabası daha faydalı olabilir.

Bu noktada, önceki kısımlarda aktarılan bilişim ve iletişim teknolojileri, bilgisayar aracılı iletişim, internet gibi yeni medya kavramı ile eş ya da yakın anlamlı kullanılan pek çok kavram olması aynı zamanda enformasyon çağı, enformasyon toplumu ve ağ toplumu gibi kavramların yeni medyayı açıklamak adına gerekli bağlam ve tarihsel zemini bize sunması, bu kavramın yeni eski dikotomisinin dışında toplumu ekonomik ve politik şartlarla beraber dönüştüren teknolojinin iletişim düzeyindeki etkisi olarak ya da teknolojinin gelişimi ile beraber yeni ve eski medya araçlarının yöndeşmesi olarak okunabileceğini gösterir. Bununla beraber, kavramın adından anlaşılabileceği gibi yeni eski ikilemi, kavramın anlaşılması açısından oldukça açıklayıcı olabilir. Bazı düşünürler eski medya çağını birinci, yeni medya çağını ikinci medya çağı olarak ayırmıştır. İnternet teknolojisine ağırlık veren ikinci medya çağının özellikleri aşağıdaki tabloda belirtilmiştir.

Tablo 1 İlk ve İkinci Medya Çağı Arasındaki Tarihsel Farklılık

İlk medya çağı (yayın)	İkinci medya çağı (etkileşim)
-Merkezi (az kişi çok kişiye konuşur)	- Merkezi olmayan (çok kişi çok kişiye konuşur)
-Tek-yönlü iletişim	-Çift-yönlü iletişim
-Devlet kontrolüne yatkın	-Devlet kontrolünden kaçınır
-Tabakalı ve eşitsiz rejimlerin bir enstrümanı	-Demokratikleştirici: Evrensel vatandaşlığa olanak sağlar
-Katılımcılar parçalı ve kitle olarak oluşturulmuşlar	-Katılımcıların kendi bireyselliklerini muhafaza ettiği gözlemlenir
-Bilinci etkiler	-Bireyin yer ve zamana dair bireysel deneyimini etkiler

İlk ve ikinci medya çağı ayrımını yapan düşünürler için temel ayrım internet teknolojisinin daha önceki hiçbir teknolojiyle kıyaslanamayacak şekilde özgürlüğe kapı açmasıdır. İnternetin meşhur demokratikleştirici karakteri, merkezi olmayan teknik yapısı kaynaklıdır. 1960'larda Rand Şirketi tarafından geliştirilen bir teknik ağ sistemi olan "paket anahtarlama" bazlı olarak, internetteki mesajlar, imajlar ve sesler çoklu rotalar aracılığıyla parçalarına ayrılmış şekilde gönderilir. Bu ilke Rand'in askeri bir kargaşada yok edilen veri tabanında saklanan enformasyona dair çözümüdür. Enformasyon her zaman hareket halindedir, çözümlenebilirlik ve çözümlenemezlik arasında dalgalanır ve kendi mobilitesi içinde belirsizdir. Bu teknik yapıya göre internet ne teknik olarak (hackerlar ya da programlar tarafından) ne de politik olarak (devlet ya da şirketler tarafından) kontrol edilebilir. Hükümetler ve şirketlere angaje olmuş yayın aygıtları kontrolü ile karakterize edilen 20. yüzyılda, internetin aynı zamanda kamusal alanının yeniden inşası adına limitsiz bir teknik ortam sunduğuna dair genel görüşler vardır. Tablo 1'in gösterdiği gibi, ikinci medya çağı tarafından mümkün kılınan kamusal alan yayının tek yönlülüğü tarafından sağlanmayan iki yönlü mütekabiliyeti restore eder. Bununla beraber, İnternette iletişenin bireyselliği sağlanırken yayının seslendiği kişiler farklı olmayan ve geniş ölçüde kitle olarak konumlandırılmıştır (Holmes, 2005: 10).

Belirtildiği gibi ilk ve ikinci medya çağı arasındaki ayrım genel hatlarıyla internet üzerinden yapılmıştır. İnternet yeni medya açısından her ne kadar en başat kavram gibi gözükse de bilgisayar teknolojisindeki gelişmeler (masaüstünden laptopa ve genel olarak mobile kayış), bildiğimiz internetin (Tim Berners-Lee'nin geliştirdiği yapının) Wired dergisinin de 2010 yılında "Death of the Web" şeklindeki sansayonel başlığında duyurduğu gibi başka bir yapıya dönüşmesi ve platformların (hem Facebook, Youtube ve Twitter gibi sosyal medya ortamları hem de genel olarak uygulamalar) internete ulaşmak adına ana rolü oynaması (Jin, 2015) ve teknolojinin kullanıldığı kültürel form ve bağlamlar yeni medyayı anlamak adına önem kazanmaktadır. Bu açıdan bakıldığında sadece teknik boyuttan ziyade yeni medyanın kültürel ve sosyal açıdan etkilerini de ele almak gerekliliği ortaya çıkar.

Bu noktada Leah A. Lievrouw ve Sonia Livingstone'ın yaklaşımı önem kazanır. İkili yeni medya kavramının; bilişim ve iletişim teknolojileri ile bunlarla bağlantılı sosyal bağlamları, iletişim becerilerini arttıran cihazları, bu cihazları kullanarak geliştirilen iletişim aktiviteleri ile pratiklerini ve bu cihazlarla pratikler etrafında şekillenen sosyal düzenleme veya organizasyonları kapsadığını belirtmişlerdir (Binark ve Bayraktutan, 2013). Bu noktada klasik medyadan bu kadar farklı olarak konumlandırılan yeni medya ortamını anlamak adına Binark'ın (2007) açıklaması faydalı olacaktır: "Günümüzde giderek gündelik yaşamın her alanında yaygın kullanım pratikleri bulan, gündelik yaşam pratiklerini - farkında olmasak da- köklü bir şekilde dönüştüren, toplumsal yaşamın birtakım gerekleri nedeniyle kullanım yoğunluğu giderek artan, bedenin bir uzantısı/parçası haline gelen bilgisayar, İnternet ortamı, cep telefonları, oyun konsolları, İpod veya avuçiçi veri bankası kayıtlayıcıları ve iletişimcileri, diğer bir deyişle tüm bu dijital teknolojiler yeni medya başlığı altında toplanabilir."

Yukarıdaki tanıma ek olarak Yeni Medya Ortamının Özelleri kısmında yer verilecek olan analog-geleneksel medyadan farklı olarak sayısal tabanlı olma eş deyişle 0 ve 1 ile ifade edilen şekilde dijital olma (dijitallik verilerin transferi ve depolanması açısından başlı başına çığır açan gelişmeleri beraberinde getirmiştir), etkileşimli olma, mesaj iletimi eş deyişle veri transferi açısından analog medyaya kıyasla hızlı olma (hız kolaylık açısından da anlaşılabilir. Analog fotoğraf makinelerinde fotoğraf çekildiğinde nasıl çıktığı ancak kimyasal bir işlem sonucu anlaşılabilirken, fotoğraf istenildiği gibi bile olsa dijital ile arasında ciddi bir hız ve kolaylık farkı vardır) gibi bir çırpıda sayılacak teknik özellikler olarak tanımda yer bulabilir.

Lister ve arkadaşları (2008) birleştirici bir kavram olarak 'yeni medya'nın aslında medya prodüksiyonu, dağıtımı ve kullanımı açısından bir dizi değişikliğe tekabül ettiğini söyler ve bunların teknolojik, metinsel, geleneksel ve kültürel olduğunu ileri sürerler (13). Bunları şu şekilde açıklarlar:

- Yeni metinsel deneyimler: Tür ve metinsel formların, eğlencenin ve medya tüketiminin modlarının yeni versiyon-

ları (bilgisayar oyunları, simülasyonlar ve sinema özel efektleri)
- Dünyayı temsil etmenin yeni yolları: Medyanın, her zaman net olarak tanımlanmayan şekillerde yeni temsil imkânları ve deneyimleri sunması (sanal ortamlar, ekran temelli etkileşimli multimedya).
- Özneler (kullanıcılar ve tüketiciler) ve medya teknolojileri arasındaki yeni ilişkiler: Gündelik yaşamdaki iletişim medyasında ve imajın kullanımı ile alımındaki değişimlerle beraber medya teknolojilerine yüklenen anlamlardaki değişiklikler.
- Somutlaşma, kimlik ve topluluk arasındaki yeni ilişki deneyimleri: Kendimizi ve dünyadaki yerimizi konumlandırdığımız bakış açısına yansımaları olan zaman, mekân ve yerle ilgili kişisel ve sosyal deneyimlerdeki değişimler.
- Vücudun teknolojik medyayla ilişkisine dair yeni kavramlar: İnsan ve yapay olan, doğa ve teknoloji, vücut ve teknolojik protezler (medya olarak) ve gerçek ve sanal arasındaki halihazırda var olan ayrımlara yönelik meydan okumalar.
- Organizasyon ve üretim adına yeni modeller: Medya kültürü, sanayi, ekonomik, erişim, mülkiyet, kontrol ve yönetmelik açısından daha geniş yeni düzenlemeler.

Lister ve arkadaşları (2008: 13) yukarıda belirttikleri medya prodüksiyonu, dağıtımı ve kullanımı açısından teknolojik, metinsel, geleneksel ve kültürel değişiklerle beraber dijitallik, etkileşimsellik, hipermetinsellik, ağ tabanlılık ve sanallık gibi bazı kavramların da 1980'lerden beri ön plana çıktıklarını söylerler. Bu kavramlara ek olarak multimedya biçimselliği kavramı da bir sonraki kısımda yeni medya ortamının özellikleri olarak tartışılacaktır.

Yeni Medya Ortamının Özellikleri

Yukarıdaki kısımlarda belirtildiği gibi yeni medya kavramı oldukça karmaşık bir yapıda ve tanımlanması zor bir kavramdır. Bununla beraber yeni medyanın ne olduğuna dair tanımlamalar yapılmaya çalışılmıştır. Aynı zamanda bir önceki kısımdaki Tablo 1'de ilk ve ikinci medya çağı ayrımı üzerinden klasik medya araçlarının tek-yönlü iletişime izin verirken yeni medyada çift-yönlü iletişime izin verilmesi gibi bazı özelliklerden hâlihazırda bahsedilmiştir. Aynı zamanda yöndeşme kavramının yeni medyanın ortamının gelişimindeki önemi "Yeni Medya Ortamını Hazırlayan Bir Fenomen Olarak Yöndeşme" kısmında tartışılmıştır. Aşağıdaki kısımlarda yeni medya kültürünün gelişmesini sağlayan teknik özellikleri kısaca tartışılacaktır.

İlk özellik olan dijitalliğin anlaşılabilmesi için analog teknolojiden dijital teknolojilere kayışın üreticiler, izler kitle ve yeni medya teorisyenleri için ne ifade ettiği ortaya konmalıdır. Analog, Yunanca "Analogos" kelimesinden gelmektedir ve matematikte bir oran ya da birimin eşitliğini anlatır. Bu linguistik bir genişletme ile parçaların benzer düzenlenmesi anlamına gelen aktarılabilen bir benzerliktir. Bu aktarımların her biri fizik ve kimya yasalarınca belirlenen yeni bir objenin yaratımını içerir (Lister vd., 2008:17). Bu hususta daha önceden verilen fotoğraf örneği burada da faydalı olacaktır. Analog bir fotoğraf makinesiyle çekilen fotoğrafa uygulanan banyoda kimyasal işlemler yapılmadan görüntünün elde edilmesi imkânsızdır. Her ne kadar günümüzde analog, dijitale kıyasla teknik açıdan yetersiz gibi gözükse de kitle iletişim araçları adından da anlaşılacağı gibi kitleyi oluşturma açısından büyük bir devrimi gerçekleştirmiştir. Lister ve arkadaşları (2008) bir medyanın (örneğin fiziksel analog olan film) elektronik dönüştürülmesi ve iletiminin (yayın) dijital medya teknolojilerinin geleneksel analog medyadan tam bir kopuşu ifade etmediklerinin göstergesi olduğunu ileri sürerler. Onlara göre bu durum hâlihazırda var olan bir prensip ya da tekniğin yani fiziksel objelerin sinyallere dönüştürülmesi adına bir devamlılık ya da bu işlemin kapsamının genişletilmesi olarak okunmalıdır. Bu durum yayın ve ağ arasındaki yöndeşme olarak değerlendirilebilir. Van Dijk bu duruma "ikinci iletişim devrimi" der. Bu devrimde eski ortamlar iki şekilde (etkileşimli ve dijital) yeniden değerlendirilir. Flew'a göre platformlar kurabilmesi, medyanın birlikte işlem görebilmesi ve ağda olması nedeniyle dijitalleşme önemlidir. Dahası dijitalleşme iletişim kanalını içerikten ayırma noktasındaki sibernetik hayali ortaya koyar. Dijital medya evrensel olarak transfer edilebilen ve medya arasında yönlendirilebilen bitlerin ortak bir alanına bölümlenebilir. O zaman ortamlar açısından yöndeşen şey dijital ve analog teknolojiler değil Tablo 2'in belirttiği gibi dijital vasıtasıyla geliştirilmiş analog teknolojilerin etkisiyle yeni dijital teknolojilerdir (Holmes, 2005, s.66).

Tablo 2 Yöndeşmenin temeli olarak dijitalleşme, geniş bant aralığı ve multimedya (imaj, ses ve metni birleştirme yetisi)

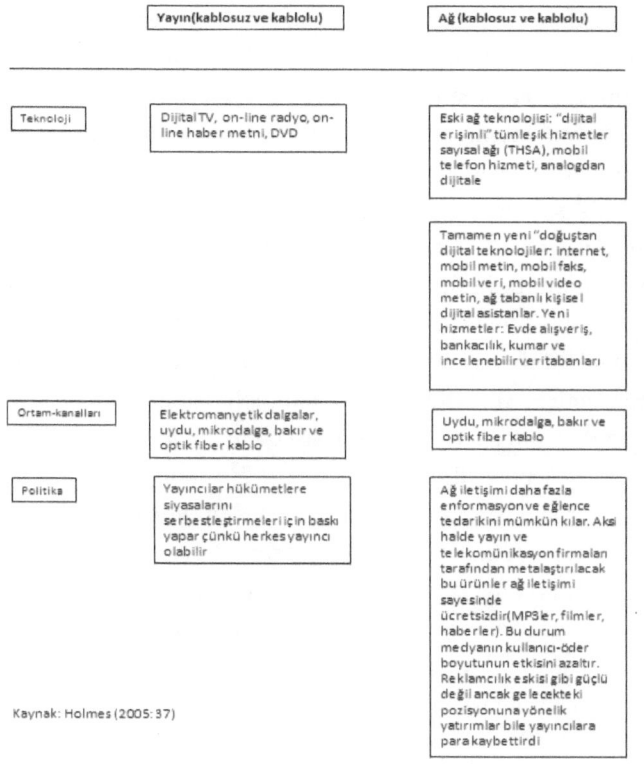

Kaynak: Holmes (2005: 37)

İkinci teknik özellik ise etkileşimdir. Temelde yeni medyanın klasik medyanın aksine aktif bir deneyim sunmasına gönderme yapar. Gilder'a göre bilgisayar çağının daha zengin etkileşimli teknolojileri kitle kültürü ve pasiflikten çok bireyselliği arttıracaktır. Negroponte âdem-i merkeziyetçiliğin post- enformasyon çağı olarak adlandırdığı şeyin ana özelliği olduğunu söyler. Yayın iletişiminin homojen yapısına bir alternatif sağlama noktasında internetin, enformasyona ulaşma, diğer binlerce bireyle iletişim imkanı ve başka bir durumda mümkün olamayacak sanal toplulukları spontane bir şekilde oluşturması sayesinde hemen hemen sınırsız bir demokratik ortam sağladığı söylenir (Holmes, 2005: 9). Bu iddialar internetin kullanıcıların içerik üretebilmesine ve katılımlılığa açık bir ortam sunması gibi örneklerle desteklenebilir. Etkileşim, en temel tanımıyla iki insan ya da nesnenin birbirini etkilediği iletişim süreci ise, analog bir teknoloji olan telefonda da bu tanıma uygun bir iletişim gerçekleşmektedir. Örneğin Holmes (2005: 46) telefon, bilgisayar aracılı siber uzam teknolojilerinin en başta sayılan öncüleri arasında sayılır demiştir. Bununla beraber etkileşim, Pavlik'in tanımıyla en temel şekilde kaynak ile alıcı arasındaki veya daha geniş anlamda herhangi bir sayıda kaynak ve alıcı arasındaki çok yönlü iletişim (Aktaş, 2007) olarak tanımlanabilir. Bu tanımdaki herhangi bir sayıda kaynak ve alıcı arasındaki çok yönlü iletişim durumu analog teknoloji olan telefon ile elde edilemez ve Holmes'un da (2005: 46) belirttiği gibi telefon elektrikle sürdürülebilen düşük bant genişliği ortamı olarak sanal türden özellikler sergilemekle beraber kısıtlı bir elektronik toplantı imkânı tanıyabilir. Yine telefon üzerinden gidilecek olursa dizüstü bilgisayarı ya da akıllı telefonundan Skype bağlantısı yapan iki kişi görüntülü iletişim ve mesajlaşma gibi çok yönlü iletişimsel bir etkileşim içindedirler. Aynı zamanda bu konuşma konferans araması şeklinde pek çok kişi arasında gerçekleştirilebilir.

Üçüncü özellik ise hipermetinseliktir. De Mul'a göre, İnternet "hipermetinsel bir yapıya sahiptir, bu da onun ilke olarak çoklu-doğrusal ve bunun sonucunda zamansaldan ziyade uzamsal bir doğası olduğu anlamına gelir" (Binark ve Löker, 2011: 12). Yunancadan gelen önek "hiper," "üstünde", "ötesinde" ya da "dışında" anlamına gelmektedir. Bu yüzden hipermetin, en basit haliyle kendisinin "üstünde, ötesinde ya da dışındaki" metinlere linklenmiş (bağlanmış) bir metin türü olarak tanımlanabilir (Lister vd., 2008: 26). Bu özellik sayesinde internette hâlihazırda bulunduğumuz bir sayfadan verilen link ile diğerine geçiş yapabiliriz. Berger'in (2001) anlatımıyla hipermetinsel bir metne tıkladığımızda ulaşılan diğer içerik bu özelliğin ne olduğunu somut şekilde ortaya koyar. Birbirine bağlı elektronik metinler olarak da açıklanabilecek bu teknoloji yeni medyanın, düzçizgisel olan analog medyadan en önemli farklarından biridir. Daha basit ve günümüze daha uygun bir şekilde açıklamak gerekirse Facebook akışında bir sayfada paylaşılan linke tıklarsak yeni medyanın hipermetinsel özelliğini kullanmış oluruz. Bununla beraber burada bahsedilen linkte karşımıza metin çıkmak zorunda değildir. Görüntü ve ses de benzer şekilde bu teknolojiyle ulaşabileceğimiz türlerdir.

Dördüncü özellik ise ağ tabanlı olmasıdır. Klasik medya araçları açısından 20. yy. boyunca süren yatırımlar tüm kıtaları ve okyanusları aşan küresel bir kablolu ağ sistemini beraberinde getirmiştir. Bu teknolojinin ana mantığı "tek kanaldan çok kişiye" (one-to-many) iletimdir. Merkezi olan bu teknolojinin aksine, yeni medyanın merkezi olmayan yapısının temelinde bilgisayar sunucusu vardır. Sunucu ağ tabanlı bir cihazdır. Pek çok girdi ve pek çok çıktı bağlantısı vardır ve yayın teknolojileri gibi çemberin merkezinde değil web'in içerisindeki bir devre olarak konumlandırılmıştır. Yukarıdaki açıklamalardan anlaşılacağı gibi internet açısından ağ tabanlı teknolojiler tek bir merkezden ziyade farklı devreler aracılığıyla kontrolü zor olan bir teknik yapıda konumlandırılmıştır İnternete bu rolün atfedilmesi onun benzersiz teknik yapısından kaynaklanır. Bu teknik yapının en önemli halkalarından biri dijital kısmında anlatıldığı gibi yeni medya araçlarının hepsinin dijital bir kodu paylaştığından bu araçların uzak mesafelerden erişilebilir, kopyalanabilir ve aktarılabilir durumda olmasıdır. Dijital kod bu yapının ağ tabanlı olmasının ilk ön koşuludur. Bununla beraber yukarıda belirtildiği gibi bu ağ tabanlı yapı tek bir merkezden gelen enformasyon düzeninden farklı olarak farklı devrelerden oluşan merkezsiz bir şekilde konumlanmıştır. Bu durum bu yapıdaki enformasyonun zamanda ve uzamda karşılıklılık ve çok katmanlılık olanağı kazandıran şekilde etkileşimli olması ve dolayısıyla bu araçların bireyi tüketici rolünden üretici rolüne taşımasını ve bu durumun da karşılıklı iletişime izin veren bir kültürü oluşturmasını sağlar. Yukarıda bahsedildiği gibi dijitallik sayesinde ağ tabanlı bu yapıda, birbiriyle etkileşim halinde olan, hipermetinsellik özelliği ile çok daha gelişmiş bir kullanıcı deneyimine sahip olan kullanıcılar klasik medyadan farklı olarak çok farklı seçeneklere sahip olmuştur. Bu durum tüketimde bölümlenmeler yaşanmasına neden olmuş ve onu daha kişisel bir alana çevirmiştir. Normalde medyada yer bulamayan marjinal gruplar da dahil olmak üzere çeşitli gruplar bu ortamda varlık şansına sahip olmuş, bilgiye ulaşım hiç olmadığı kadar kolay bir hale gelirken enformasyon bombardımanı ve dezenformasyon gibi kavramlar ciddi boyutta gündeme gelmiştir.

Beşinci özellik ise sanallıktır. Sanal (özellikle sanal gerçeklik) dijital medyayla olan ilişkimizde çok kabul görmüş ve sık kullanılan bir terim olsa da aslında oldukça kompleks bir yapıdadır.1990'larda, "sanal gerçeklik" ile ilgili popüler çağrışım sanallığın kendisine ait değil, bunu tecrübe eden bir kişi ve kullandığı ekipmanlara ait olmuştur. Sanal olma durumunun, kullanılan teknolojinin sunduğu uzamda olma hissini sağladığı ileri sürülebilir. Siber uzamın tam olarak neye tekabül ettiğini açıklamak faydalı olacaktır. Yukarıda belirtildiği gibi internetin siber uzamın eş anlamlısı olmadığı ancak en önemli parçası olarak görülebileceğini söylemek faydalı olacaktır. Bu noktada siber uzamın bir tanımına yer vermek gerekirse: "Bilişim ve iletişim teknolojileri altyapılarının, uygulamalarının ve organizasyon ile girişimlerin bel bağladığı araçların toplamıdır. İnternet, telekomünikasyon ağları, bilgisayar sistemleri, kişisel araçlar ve (diğer bilişim ve iletişim teknolojileri ile bağlı olduklarında) birbirine bağlı bilgisayarlar, işlemciler ve kontrol birimleri buna örnektir (Bodeau vd, 2010)." Siber uzamın insanlar arasındaki etkileşim ile oluşan yeni medya kültürüne, yeni toplumsallaşma biçimlerine ve sanal cemaat ve sanal kimlik kavramına göndermede bulunduğu düşünüldüğünde yukarıdaki tanımın oldukça teknik bir bakış açısıyla yapıldığı vurgulanmalıdır. Yayının homojen yapısına yani tek yönlü iletişime karşı bir teknoloji olarak konumlandırılan internetteki sanal cemaatlerin ise homojenliği eş deyişle benzer kanılara sahip insanların bulunduğu grupları oluşup oluşmadığı tartışılmalıdır. Bu durumun hem Google hem de Facebook gibi teknoloji şirketlerinin algoritmaları ile de desteklenmesi eş deyişle bu yapıların kişilerin istediği sonucu karşısına çıkarması ya da sosyal medyada zaten beğenecekleri içerikleri onlara göstermesi filtre balonu ve seçici maruz kalma gibi kavramları gündeme getirmiştir.

Altıncı ve son özellik ise multimedyadır. Multimedya Türkçesiyle çoklu ortam metin, ses, grafik, imaj ve video gibi farklı iletişim araçlarının ve bilgisayar terminolojisiyle farklı dosya türlerinin bir kombinasyonun kullanıldığı içerik türleri anlamına gelir. Van Dijk (2012) multimedyayı çevrimdışı donanım ve yazılım olarak tanımlarken, multimedyanın online bağlantılarını multimedya ağları olarak tanımlar ve multimedya ağlarını metin, sayısal veri, ses ve video eş deyişle tüm veri tiplerinin eş zamanlı olarak yaratımına, işlenmesine ve iletimine izin veren yapılar olarak konumlandırır (55-56). Multimedyanın medya kısmı ses, video ve resim gibi türlerin medya olarak görülmesinden kaynaklıdır ve multi yani çoklu ise bunların birkaçının bir arada kullanılması anlamına gelir. Örneğin bir sitede imaj, metin ve videoyu bir arada görmek oldukça olasıdır. Bununla beraber örneğin analog yöntemle oluşturulmuş bir film ya da TV programı da ses ve imajı bir arada sunduğu için multimedya olarak görülebilir. Bu noktada Van Dijk (2012) yeni medyanın üç özelliği olan entegre, etkileşimli ve dijital koda dayalı olması nedeniyle eski ve yeni medya arasında açık bir ayrımın yapılabileceğini söyler. Multimedya özelliğini entegre olabilmek üzerinden açıklayan Van Dijk'a göre klasik televizyon imaj, ses ve metin içerdiğinden entegredir. Ancak interaktif olmaması ve dijital koda dayanmaması nedeniyle yeni medyanın içinde değildir. Dijital öncesi telefon interaktiftir ama sadece sesi iletebildiğinden entegre değildir ve dijital koda dayalı değildir (9). Bu noktada önemli olan multimedya (entegre) özelliğine sahip olmaktan ziyade bu multimedyayı etkileşimli ve dijital koda dayalı yapabilmektir. Bunu yapabilen bilgisayar ve dijital telefon gibi araçlar yeni medyanın multimedya özeliğini ortaya koyarlar.

Sosyal Medya

Sosyal medyanın anlaşılabilmesi adına web 1.0 ve web 2.0 arasındaki farkların anlaşılması önem taşır. Çalışmanın önceki kısımlarında belirtildiği gibi bilgisayar aracılı iletişim, internet, bilişim ve iletişim teknolojileri, ikinci medya çağı ve yeni medya gibi adlandırmalarla tanımlanan yayın sonrası dönem, klasik medyadan etkileşim, merkezi olmama, hız ve vb. özelliklerle ayrılmaktadır. Bununla beraber yukarıda belirtildiği gibi pek çok adla anılan bu dönem en azından web bazlı olarak teknoloji, kullanım ve kapasite ile ilgili değişimler açısından ayrım göstermektedir. Bu noktada nasıl internetin, siber uzamın kendisi olmasa da onun en önemli parçası olduğu belirtildiyse benzer şekilde webin (dünya çapında ağ) de internetin eş anlamlısı olmasa da onun en önemli parçası olduğunu belirtmekte fayda vardır.

Web 2.0 en temelinde kısıtlı etkileşime izin veren ve webin ilk dönemi olarak bilinen web 1.0'dan farklı olan webdeki yeni teknolojik gelişimleri ifade etmektedir. Bununla beraber bazı siteleri web 1.0 ya da web 2.0 olarak kategorize etmek oldukça zordur. Ancak web 2.0 siteleri olarak tanımlanan Facebook ve Youtube ile eski web arasında açık bir ayrım yapmak kolaydır. Söz konusu ayrımlar bazı açılardan dile getirildiğinde daha da görünür bir hal almaktadır. Örneğin teknolojik (siteyi oluşturma ve kullanıcıya etkileşimli bir deneyim sunmaya yönelik komut sistemi ve sunum teknikleri), yapısal (sitenin amaç ve tasarımı) ve sosyolojik (grup ve arkadaşların eğilimleri) açılarından ayrımlar görünür durumdadır (Cormode ve Krishnamurthy, 2008). Eski web ya da web 1.0'dan web 2.0'a geçişin nedenleri ile ilgili O'Reilly (2007), dot.com balonunun 2001 yılının sonbaharında patlamasının web adına bir dönüm noktası olduğunu, bununla beraber ekonomik açıdan bu başarısızlıkların bir çöküşten ziyade bir fırsat anlamına geldiğini ve bu krizi atlatan şirketlerin bir ortak noktası olduğunu söyler. Bu dönüm noktası ise web 2.0'dır. O'Reilly ve arkadaşları web 1.0 ile web 2.0 arasında bazı ayrımlar yaparlar. Örneği web 1.0'da mp3.com, Britannica'nın online versiyonu, kişisel web sayfaları ve sayfa görüntülemenin karşılığı olarak web 2.0'da Napster, Wikipedia, bloglar, arama motoru optimizasyonu ve tıklama başı ücretlendirme vardır (17-18).

Kişisel web siteleri ve blogların arasındaki temel fark birincisinde kendileri ile ilgili ya da hayata dair bilgilerini paylaşacak kişilerin ya web tasarımı bilmesi ya da ücretle bir uzmana bunu yaptırması gerekliyken bloglarda ise herhangi bir yazılım bilgisi olmaksızın insanların bunu yapabilmesidir. Web 2.0 ile bir anlamda internetin çıkışından beri vadedilen merkezsizlik ve etkileşim gibi özellikler web 1.0'daki teknik zorlukların aşılması ile gerçekleşmiştir. Teknik zorlukların ortadan kalkması web 1.0 ve web 2.0 arasındaki temel ayrımlardan biridir ve doğal olarak etkileşim ile beraber kitleselleşmeyi de arttırır. Atikkan ve Tunç'un (2011) Blogtan Al Haberi adlı kitaplarında belirttikleri gibi bloglar çok farklı ülkelerde etkili bir iletişim aracı halini almıştır.

Blogların da etkisini aşan bir şekilde mikroblog ve sosyal ağ sitesi Twitter'dan yine başka bir sosyal ağ sitesi Facebook'a, video paylaşım sitesi Youtube'dan fotoğraf ve video paylaşım ağı olan Instagram'a kadar geniş bir yelpazesi olan sosyal paylaşım siteleri (sosyal ağ siteleri) yeni medyanın multimedya özelliği ile örtüşen bir şekilde insanların belirledikleri içerikleri fotoğraf, video ve linkten biri ya da birkaçını kullanarak isteklerine uygun olarak arkadaşlarına ya da kamusal alana sunmalarını sağlayıp onlara yönelik geribildirime de izin vermek suretiyle etkileşimi çok farklı bir noktaya taşımıştır. Sosyal medyayla beraber bireylerin kendisi dijital kimlik elde etmekle beraber, kitlesine seslenen bir medya rolünü de oynamakta, Facebook gibi ortamlarda takip ettiği kişiler, gruplar ve sayfalardaki içeriklere yapılan beğeni ve en önemlisi yorum gibi özellikler sayesinde kamusal, grupsal ve çevresel tartışmalara dâhil olmakta ve böylece okuyucu, izleyici ve dinleyici rolünden farklı bir role bürünmektedir.

Bu noktada sosyal ağ sitelerinin bir tanımını vermek gerekirse şu tanım faydalı olacaktır: "Sosyal ağ siteleri bireylere (1) sınırları belli olan bir sistem içerisinde kamusal ya da yarı kamusal bir profil oluşturma, (2) bir bağlantıyı paylaştıkları diğer kullanıcılardan oluşan bir liste yapma, (3) hem kendi listeleri hem de bu sistemdeki diğer kişiler tarafından oluşturulmuş listeleri görme imkanlarını tanıyan web tabanlı hizmetlerdir (Boyd ve Ellison, 2007: 211)." Bu özellikler farklı sitelerde değişiklikler göstermekle beraber, paylaşım özelliği vurgulandıktan sonra bu tanım genel bir tanım olarak kabul edilebilir. Bununla beraber bu tanımın sınırlarını zorlayacak teknolojik gelişmelerden dolayı bazı eklemeler yapılabilir. Örneğin anahtar sözcük/etiket mantığı ile çalışan hashtag'ler günümüzde sosyal medyada etkileşim adına önemli bir özelliktir. Bunlarla beraber listeler ya da takip ettiğimiz kişiler dışında ilgi alanları üzerinden paylaşımları görmek mümkündür. Aynı zamanda hem ekonomik nedenlerle (sitelerin para kazanması) oluşan hedefli reklamlar hem de kişilerin ilgi alanlarını tespit edip ona göre paylaşımları öne çıkartan algoritmalar Instagram'da keşfet ya da Facebook'ta akış olarak adlandırılan bölümdeki paylaşımları belirleyen hususlardır. Adı geçen algoritmalar kişilerin beğenileri, izleme süreleri ve yorumları üzerinden etkileşimi algılar ve etkileşimin fazla olduğu paylaşımları daha çok karşılarına çıkartır.

Yukarıda görülebileceği gibi literatürde bu siteler hem sosyal paylaşım siteleri hem de sosyal ağ siteleri olarak tanımlanır. Bunun nedeni bu sitelerin yeni medyanın hipermetinsellik, etkileşimlilik ve multimedya gibi özelliklerden faydalanarak kullanıcılarının paylaşım yapmasına izin verirken aynı zamanda onlara bu sanal uzamda kimlik ve ağ oluşturma iznini vermesidir. Bu sanal uzamdaki kimlik Facebook gibi sitelerde anonim olmaktan ziyade nonim yani ismi ve cismi belli olan şekilde daha çok karşımıza çıkmaktadır. Bu durum rastlantısal tanışmalardan, arkadaş ilişkilerine ve ailevi bağlara kadar uzanan ilişkiler yumağı olarak tanımlanabilecek sosyal ağ kavramının sanal uzamda da benzer bir biçimde vuku bulduğunun göstergesidir. İnsanların Facebook'ta arkadaşlarını ve ailelerindeki bireyleri sosyal ağlarına arkadaş olarak eklemeleri, benzer şekilde Instagram'da yine bu kişileri takip etmeleri sosyal ağ mantığı ile örtüşmektedir. Mevcut sosyal bağların sürdürülmesi kadar yeni bağların oluşturulması da bu araçlarla mümkündür.

Sosyal Medyanın Özellikleri

Sosyal medyayı oluşturan sosyal paylaşım/ağ siteleri pek çok farklı alanda tematikleşmiştir. Facebook, Youtube, Twitter ve Instagram gibi sosyal paylaşım/sosyal ağ siteleri kendi aralarında multimedya paylaşım ağları (Instagram fotoğraf ve Youtube video) ve mikroblog sitesi gibi ayrımlarla konumlandırılabilir. Öte yandan Linkedin iş dünyası adına oluşturulmuş bir paylaşım/ağ sitesiyken Quora bilgi paylaşım/ağ sitesi ve Academia da bir akademi paylaşım/ağ sitesidir. Altının çizilmesi gereken nokta tüm bu sitelerin hem paylaşım hem de ağ oluşturmaya izin vermesidir. Paylaşım ile kastedilen nokta kullanıcıların durum, link, fotoğraf ve video gibi içerikleri paylaşabilmesi ve paylaşılan içeriklere yorumda bulunabilmesidir. Ağ oluşturma ise kullanıcıların sanal olmayan hayatta tanıdıkları ya da tanımadıkları kişilerle arkadaş olabilmeleri, onları takip edebilmeleri ve farklı amaçlarla topluluklar kurmaları ya da var olan topluluklara dâhil olabilmeleridir.

Bu temel özelliklere ek olarak Mayfield'ın (2008) ele aldığı özellikler önem taşımaktadır. Mayfield'e göre sosyal medya katılımcıdır. Eş deyişle sosyal medya, ilgili olan herkesi katkıda bulunma ve geribildirim verme hususlarında cesaretlendirmektedir. Böylece medya ve izleyici arasındaki farklılıkları temelinden sarsmaktadır. Sosyal medyanın bir başka özelliği ise açık olmasıdır. Çoğu sosyal medya servisi geribildirim ve katılıma açıktır. Paylaşımları oylama, yorumlama ve enformasyonu paylaşmayı teşvik ederler. İçeriğe ulaşma ve ondan istifade etmeye çok sınırlı durumlarda engeller koyarlar.

Sosyal medyanın üçüncü özelliği olan diyalog, geleneksel medyanın aksine onun iki-yönlü iletişimi desteklemesi ile açıklanabilir. Sosyal medyanın dördüncü özelliği olan topluluk ise kullanıcıların hızlı bir şekilde gruplaşabilmelerine ve etkili bir biçimde iletişime geçebilmelerine izin vermesiyle örneklendirilebilir. Adı geçen sosyal medya toplulukları ortak ilgi alanlarını paylaşırlar (fotoğraf sevgisi, politik amaç ya da favori bir TV şovu). Mayfield'a göre sosyal medyanın son özelliği ise bağlantılı olmasıdır. Çoğu sosyal medya platformu bağlantılılık konusuna önem verir. Diğer sitelere, kaynaklara ve insanlara linkler aracılığıyla geçişkenlik sağlayan sosyal medya, siber uzamda kullanıcılarına bir noktadan diğerine gidebilme imkânı tanır. Instagram bu konuda daha kısıtlayıcıyken araştırma kısmında ele alınan Facebook link geçişliliğine imkân tanır.

Yukarıdaki özeliklerin oluşabilmesi adına web 2.0 temelli bazı teknik yöntemler, araçlar ve bunlarla gelişen bir kültürün olması gereklidir. Web 1.0 döneminden farklı olarak oluşan topluluklar, sosyal medya araçlarının bu konuda hem teknik zorlukları aşan arayüzleri hem de kullanıcılarına alt yapı sağlayan imkânları ile gerçekleşmiştir. Örneğin, etiketler ve linkler aracılığıyla kullanıcıların çok boyutlu bir deneyim yaşamasını sağlayan hipermetinsellik gibi özellikler, bağlantılı olma durumunu farklı bir noktaya taşınmıştır. Sosyal medya insanların anonim ya da nonim kimliklerle bulunduğu, hayattaki sosyal ağlarını sürdürmekle beraber yeni kişilerle de iletişim kurabildikleri, bu yeni topluluklarında toplumsal baskının daha düşük oranda olmasından kaynaklı kişisel iletişimden farklı özellikler gösterebildikleri sanal bir uzam olarak konumlandırılabilir. Kullanıcıların hem çevreleri hem de davranışları ile bu ortamda bulunmasının yanı sıra sanal ortamlardaki nispeten düşük toplumsal baskı ve cezalandırılma korkusu nedeniyle normal hayatta olduklarından bile daha fazla kendilerini yansıtabilmeleri de göz önüne alındığında bu ölçümlenebilen yapı kişisel verilerin hem ticari hem de siyasi olarak değerlendirilebilmesi adına ciddi önem arz etmeye başlamıştır. Eş deyişle bu ortamların alt yapı ve arayüz kolaylıkları gibi hizmetlerinden ücretsiz olarak faydalanan kişiler bunun karşılığı olarak ürettikleri her şeyin veri olarak pazarlandığını isteyerek ya da istemeyerek kabul etmiş durumdadırlar. Cambridge Analytica firması Facebook'taki bu tip verilerden faydalanarak hedefli reklam çalışmalarıyla sosyal medyanın etkileme özelliğini ciddi bir biçimde kullanmış ve eşik bekçisi rolünün oynandığı klasik medyadan farklı olarak binlerce farklı sayfadan gelen manipülatif ve dezenformatif enformasyon, ilgili kişilerin Facebook akışlarına gelerek, onların siyasi kararlarını etkilemelerine neden olmuştur. Bu durum sosyal medyanın yukarıda sayılan özellikleri ile örtüşmektedir. Örneğin aşırı sağcı grupların Facebook sayfaları katılımcılık ve açıklık özelliklerine sahiptir. Eş deyişle paylaşımlara sayfa yöneticisi herhangi bir engel koymadıkça herkes geri bildirimde bulunabilir. Bu durum çift-yönlü iletişime izin vererek diyalog özelliğiyle de örtüşür. Aynı zamanda bu sayfalar bir topluluk halini almıştır. Çünkü sayfa içlerinde grup oluşturma özelliğinin yanı sıra ortak siyasi amaçlarla hareket eden insanlardan oluşan bu yapıların takipçileri kendi siyasi ajandaları ile örtüşen paylaşımlara yüksek etkileşim gösterdiğinden Facebook algoritmasının işleyişi nedeniyle bu içerikleri çok sayıda görmektedir. Sosyal medyanın en temel özellikleri eş deyişle paylaşım ve ağ oluşturma ve yukarıda sayılan tüm özelliklerinin kullanıcının eylemliliği ile ilişkili olduğu düşünüldüğünde sosyal medyanın kullanıcı açısından özelliklerine göz atmakta fayda vardır.

Yukarıdaki kısımda belirtildiği gibi sosyal medya ortamları kişilerin verilerini pazarladıkları için onların daha otantik eş deyişle daha fazla kendileri olabilmesi adına çalışmalar yapmaktadır. Kullanıcıların ister Fuchsçu (2014) anlamda bedeli ödenmeyen şekilde dijital emek ürettiği düşünülsün ister kişilerin kişisel veya grup ilişkilerinden elde ettiği yararlar olarak tanımlanabilen sosyal kapitallerini geliştirmek amaçlarıyla bu ağlarda oldukları varsayılsın, kullanıcılar ve bu yapılar arasında simbiyotik bir ilişki vardır. Fuchsçu anlamda yaklaşılsa bile eş deyişle kişiler bedeli ödenmeyen şekilde dijital emek üretseler bile, bu kişilerin bir şekilde üreten tüketici durumuna gelmiş, kendi kitlesi olan bir medyaya dönüşmüş (bunun etkileri tartışılmakla beraber belirli bir özgürlük hissi ve öz güven getirdiği ileri sürülebilir), kendi ağlarını yönetebilir pozisyona gelmiş, çeşitli grupların içinde olabilme durumu ortaya çıkmış, her zaman herkese ulaşabilme hissini yaşar duruma gelmiş, toplumsal hayatta olduğundan farklı olarak daha sert söylemleri dillendirme açısından psikolojik bir rahatlama yaşamış ve toplumsal sorunlarda tembel aktivist yani slacktivist konumu kazanmış durumda oldukları ileri sürülebilir. Tüm bu eylemliliklerin toplamı olarak ortaya çıkan profilleri ise bu ortamların hem kendi içlerinde hem de başka yapılarla işbirliğine giderek pazarladıkları bir meta haline dönüşmüştür. Bu ticari işletmelerin algoritmalarını kullanıcıların davranışları üzerine şekillendirmesi, eş deyişle onların hoşlanabilecekleri içerik veya hedefli reklamları onlara göstermesi bu araçların en temelinde kullanıcıların özelliklerine göre şekillendiğinin göstergesidir.

Facebook'un Doğası

Facebook'un sosyal medya ortamları arasında en önemlisi olduğu istatistiki olarak kabul görmüştür. Bir milyar kullanıcı barajını aşan ilk sosyal medya sitesi olan Facebook, Statista (2021) sitesinin verilerine göre 2021 yılında 2,8 milyarlık aylık aktif kullanıcı ile sosyal medyalar arasında birinci sıradadır. Facebook da şirket bilgilerini verdiği internet sayfası Newsroom'da (2018) Facebook'un misyonu, insanlara topluluk kurabilme ve dünyayı beraber daha yakın bir hale getirebilme gücünü vermek olarak açıklanır ve insanların Facebook'u arkadaşları ve aileleri ile bağlantılı kalabilmek, dünyada neler olduğunu keşfetmek ve önemsedikleri şeyleri paylaşıp kendilerini ifade etmek için kullandıkları söylenir. Bu açıklamadaki dünyada neler olup bittiğini öğrenmek kısmı hariç her kısım sosyal medya açısından Facebook'un öncülüğünü yaptığı nonim yani gerçek kimlik devrimine gönderme yapar. Bir şirket olarak içinde sadece Facebook platformunu değil Instagram, WhatsApp ve benzer yapıları da barındıran Facebook adını Meta olarak değiştirmiştir.

Facebook insanları eski arkadaşlarını bulabileceği eş deyişle unutulmuş sosyal ağları canlandırabilen, hâlihazırdaki sosyal ağlarımızı korumamızı sağlayan ve yenilerini eklememizi izin veren bir yapıdadır. Bu bağlantıları oluşturabilmemiz ve koruyabilmemiz için online sohbet, gönderilere etkileşim (beğeni-yorum), etiketleme, dürtme ve oyun oynama gibi etkileşimli araçları kullanmamıza izin verir. Facebook'ta arkadaşlık özelliği olduğu gibi takip etme ve ilgi alanları belirleme gibi özellikler de vardır. Kişiler böylece çeşitli kurum, grup ve ünlü kişileri, politik amaçla kurulan yapıları ve ticari firmaların paylaşımlarını takip edebilir. Multimedya özelliği ile uyumlu olarak link, video ve fotoğraflar Facebook'ta açılabilir ve paylaşılabilir. Kullanıcı link, video, fotoğraf ve yazıdan herhangi biri ya da birkaçından oluşan şekilde paylaşım yapabilir. Facebook üzerindeki herhangi bir paylaşım eş zamansız olarak görüntülenebilir. Bu durum Facebook'un aynı zamanda bir arşiv özelliği taşıdığı anlamına gelir. Facebook'un, bir fotoğraf uygulaması olan Instagram ve video uygulaması olan Youtube'un aksine kategorize edilmesi daha zordur. Onlar gibi önüne bir unvan almaktan ziyade onu karma bir ortam olarak konumlandırmak daha doğru olabilir. Lukashina'ya göre Facebook iletişimi kullanıcılar adına özel anlamlar taşır. Onları sadece enforme etmez aynı zamanda onlara kişisel iletişim ve sosyalleşme adına bir platform sağlar. Bu yüzden kullanıcılar kendilerini bu sosyal ağdaki yaşama dâhil hissederler ve Facebook'un enforme etme fonksiyonu basit bir enformasyon tüketiminin ötesine geçerek kullanıcılara zaman tünellerinde paylaştıkları dijital yapılar (paylaşımlar ve linkler) sağlar. Bu yapılar kullanıcıların online kimliklerinin bir parçası olmakla beraber offline kimliklerinin de bir uzantısı halini alır (2017).

Eğlence, sosyalleşme, mesajlaşma gibi pek çok fonksiyonu bir arada sunan Facebook'un siyasal iletişim açısından neden incelenmesi gerektiğine dair bir soruya son dönemdeki pek çok gelişme cevap niteliği taşımaktadır. Cambridge Analytica'nın Facebook kullanıcılarının verilerini izinsiz olarak kullanarak Donald Trump'ın başkan seçilmesine yardım etmesi ile ilgili patlak veren skandal, Facebook'un siyasal olarak kullanıcılarını etkileme gücünü ortaya koysa da Amerika'da her on yetişkinden dördünün haber ihtiyacını Facebook'tan karşıladığını ve Facebook kullanıcılarının dijital kamusal alan olarak nitelendirilen Twitter'dan bile daha fazla siyasi içerik üretip, paylaşıp, beğenip ya da yorumladığını ortaya çıkaran bir rapor (Pew Research Center, 2015) ve Amerika'daki yetişkinlerin %66'sının Facebook kullandığına ve bunların %45'inin haberlerini bu siteden aldığına dair başka ve daha güncel bir araştırma (Shearer ve Gottfried, 2017) adı geçen skandal ortaya çıkmadan önce bile Facebook'un siyasal açıdan etkisini gözler önüne sermiştir.

Facebook Sayfa Mantığı

Facebook'ta oluşturulabilen hesaplar kişi, grup ve sayfa olmak üzere üç adettir. Yukarıdaki kısımlarda belirtildiği gibi kişi hesabı için kullanıcılar nonim bir profil oluşturmalıdır. Bu profilde de yaş, cinsiyet, medeni durum, siyasi görüş, dini inanç ve eğitim durumu gibi bilgilerle beraber hobi ve ilgili alanları bulunmaktadır. Kişiler aynı zamanda tanıdıkları ya da Facebook üzerinden arkadaş oldukları kullanıcılar ile bir ağ oluşturur ve bu kitleye yönelik bir tür yayıncılık olarak adlandırılabilecek şekilde paylaşımlar yapar ve onların paylaşımlarına geri bildirimde bulunur. Grup ve sayfa hesaplarının ise kişi hesabından farklı boyutları vardır. Örneğin kişilerin sahip olabilecekleri arkadaş sayısı beş bin ile sınırlanır. Gruplarda ise üye olarak adlandırılan takipçi sayısına herhangi bir kısıtlama olmamakla beraber gruba yöneticilerin kişi eklemeleri adına bazı kısıtlamalar vardır.

Sayfalarda ise yöneticiler kişi ekleyemezler ancak sayfalarını beğenmeleri ya da takip etmeleri adına arkadaşlarına davet gönderebilirler. Grup ve sayfaların kişi hesabından temel bir farkı bu yapılara özel olan istatistiklerin Facebook tarafından yöneticilere sağlanmasıdır. Sayfanın gruptan temel bir farkı ise hem sayfa takipçisini arttırmak hem web sitesine trafik çekmek hem de herhangi bir gönderiyi öne çıkarmak için hedefli reklam yapabilmektir. Bununla beraber gruplar açık, kapalı ve gizli olabilirken sayfalar kamusal olmak zorundadır. Çünkü sayfaların en temel amacı kitlelere ulaşabilmektir. Sayfa oluşturulurken bir kategori seçilir. Facebook 2018 yılında sayfaların iki temel kategori üzerinden seçilmesine izin verir. İlki ticari amaçlı olarak iş ya da marka kategorisiyken ikincisi topluluk ya da kamuya mal olmuş kişi kategorisidir. Bu kategoriyi Facebook "topluluğunuzdaki insanlarla iletişime geçin ve sizin için önemli olan haberleri onlarla paylaşın" şeklinde tanıtır. Bu araştırmada analiz edilecek olan sayfalar bu ana kategoride yer alan "politikacı", "politik parti", "politik organizasyon", "hükümet yetkilisi" ve "kamuya mal olmuş kişi" alt kategorileridir. Kişiler sayfaları beğendiklerinde otomatik olarak onları takip etmiş olurlar. Ancak sayfaları sadece takip etmek ya da sadece beğenmek de mümkündür. Aynı zamanda bir sayfa takip edilirken "hep ilk başta gör" seçeneği tıklanarak ona haber akışında öncelik verilebilir. Grupla benzer biçimde sayfayı takip eden kişi sayısına bir sınır konmamıştır. Yine gruplara benzer bir biçimde sayfalar da yöneticiler tarafından kontrol edilir. Eş deyişle takipçiler herhangi bir paylaşımda bulunmaz. Ancak gruplarda üyeler ve sayfalarda kullanıcılar yöneticilerin izni ile paylaşımda bulunabilirler. Bununla beraber daha önce de belirtildiği gibi Facebook'ta sayfalar kamusal olduğundan sayfaların paylaşımlarını görmek, beğenmek, yorum yapmak ve paylaşmak için onu beğenmek ya da takip etmek bir zorunluluk değildir. Facebook'un algoritması gereği arkadaşlarının beğendiği ya da yorum yaptığı bir içeriğin kişinin haber akışında çıkma ihtimali vardır. Aynı zamanda sayfayı büyütmek amaçlı pazarlama teknikleri (takipçileri arkadaşlarını etiketleme noktasında teşvik etmek) ve Facebook reklamları ile sayfayı takip etmeyen kişiler paylaşımlardan haberdar olabilir. Sayfa hesapları kişi hesaplarına oldukça benzer bir düzene sahiptir.

Yeni Medya Ortamında Siyasal İletişim

Siyasal iletişim kapsamlı bir şekilde, "belli ideolojik amaçların, toplumda belli gruplara, kitlelere, ülkelere ya da bloklara kabul ettirmek ve gerektiğinde eyleme dönüştürmek, uygulamaya koymak üzere siyasal aktörler tarafından çeşitli iletişim tür ve tekniklerinin kullanılması ile yapılan iletişim" olarak tanımlanabilir (Aziz, 2007). Daha basit bir tanımlamayla siyasal iletişimin adından da anlaşılacağı gibi bir mesajın politik amaçlarla kitleye (kamuoyu) medya aracılığıyla aktarılmasıdır. İnternet ve ona paralel gelişmelerden önce ele alındığında yukarıdaki tanımda kastedilen medya klasik medya olarak tabir edilen televizyon, gazete ve dergi gibi tek yönlü iletişime izin veren yapılardır (bununla beraber açık hava reklamları, el broşürleri ve mitingler gibi farklı enstrümanlar da vardır). Bu medya tipleri etkileşime izin vermediğinden kamuoyu yoklamaları ve seçim performansları partilerin politikalarının geri bildirimi olagelmiştir. Bu hususta, yukarıdaki araçlar önemini korumakla beraber onlara eklemlenen çift yönlü iletişime izin veren internet araçlarının (sosyal medya siteleri de dahil olmak üzere siteler, mesajlaşma uygulamaları vb.) bir paradigma değişimi ortaya koyduğu söylenebilir.

İster klasik medya araçlarını kullansınlar ister yeni teknolojiden faydalansınlar siyasi yapılar, ideolojilerini ve bu ideoloji doğrultusunda gerçekleştirdikleri siyasi faaliyetlerini bir medya aracılığıyla hâlihazırda onları destekleyen kitleyi tutundurma ve yeni kişileri ikna ederek kitlelerini genişletme çabasındadırlar. Hem ana akım partiler hem de irili ufaklı siyasi oluşumlar olsun tüm siyasi yapılar kitlelerin desteğine muhtaçtır. Siyasi katılım olarak adlandırılan bu destek geçmişte sadece oy vermek, kampanya için çalışmak, gösterilerde boy göstermek, parti adına çevresini ikna etmek ve partiye maddi destek sağlamak gibi unsurları içerirken günümüzde bazı düşünürlerin slacktivizm Türkçesiyle tembel aktivizmi olarak da adlandırılan sosyal medyada yorum yapmak, beğenmek ve paylaşmak, change.org'da imza vermek, Twitter'da gündem oluşturmak için tweet atmak ve siyasi hareketin sitesini ziyaret etmek gibi unsurları da içine katmıştır. Benzer siyasi görüşlerin ya da aynı siyasi partinin içinde bile farklı çıkar grupları olduğu göz önünde bulundurulursa online siyasal katılım olarak adlandırılan kavramın politika yapımını etkilemeye yönelik bir eylem olarak tanımlanması da mümkündür.

Yayın araçları olarak adlandırılan radyo ve televizyon öncesinde gazeteler ister demokratik seçimlerle gelsin ister monarşik bir yapıda olsun yönetimlerin propaganda araçları olmuşlardır. Ünlü Fransız basın tarihçisi Prof. Georges Weill bu durumu basın tarihini genel uygarlık tarihinden ayırmanın genellikle mümkün olmadığını, zira bir ülkenin basın ve yayın hareketlerinin, daima o ülkenin siyasal rejimine paralel olarak düzenlene geldiğini söyleyerek açıklar (İnuğur, 2005: 3). Siyasal olarak gazetenin önemi, İngiltere'de Whig ve Tory olarak adlandırılan iki parti arasındaki çatışmalarda gazetenin oynadığı rol ya da Fransız devriminin yayılması için gazetenin bir araç olarak görülmesi ile anlaşılabilir. Bu duruma paralel şekilde radyo ve televizyon yeni teknolojiler olarak siyasal iletişim adına önem arz etmiştir. Bu iki ortamın da siyasal iletişimde ilk kullanımı Amerika'da olmuştur. Benzer biçimde internetin siyasal iletişimde ilk kullanımı Bill Clinton ile 1992 seçimlerinde, sosyal medyanın ilk kez kullanımı ise 2008 başkanlık seçimlerinde Obama ile gerçekleşmiştir. Tüm bu gelişmeler yeni medyada siyasal iletişim ya da web 2.0'a gönderme yaparak siyasal iletişim 2.0. gibi kullanımlara neden olmuştur. Siyasal iletişimi, "yeni medyada siyasal iletişim" şeklinde kullanma ya da "siyasal iletişim 2.0" şeklinde tanımlamak en başta siyasal iletişimin değiştiğine dair bir ön kabulün ortaya konulması anlamını taşır.

Literatürde siyasal iletişimin değiştiğine dair bir ön kabulün olması bu değişimin yönünün ya da algılanışının tüm düşünürler tarafından aynı istikamette olduğunu göstermez. Bu nokta ile ilgili geçmiş teknolojilerden bir örnek vermek gerekirse, yeni medya araçlarının olmadığı dönemde medya, siyaset ve kamuoyu ilişkisine dair, liberal bir aydın olan Lippmann'ın (1922) Rıza Üretimi kavramı, Eleştirel Teori ya da Frankfurt Okulu olarak bilinen Marksist aydınların medyaya eleştirel yaklaşımları, Althusser'in Devletin İdeolojik Aygıtları kavramı, Schiller'in Kültürel Emperyalizm yaklaşımı ve Herman ve Chomsky'nin (2010) Rıza Üretimi-Propaganda Modeli medya ve hükümet ilişkisini hükümet hegemonyası üzerinden okumuştur ve medyanın hükümet adına kamuoyunda rıza ürettiği ileri sürülmüştür. Öte yandan medyayı yasama, yürütme ve yargıdan sonra 4. güç olarak tanımlayan liberal çoğulcu teori ona bu yapıları kamu adına denetleme görevi verildiğini ileri sürer. Bu teoriden kaynaklanan CNN etkisi gibi yaklaşımı, medyanın denetleme görevinden dolayı hükümetlerden üstün olduğunu iddia eder. Tüm bu yaklaşımlara bakıldığında kamuoyuna ulaşmak ya da kamu adına denetlemek gibi tartışmalar üzerinden medya ve siyasetin hangisinin birbirine üstün olduğu ele alınmıştır. Bununla beraber, internet gibi klasik medyanın aracılık rolünün tartışılır hale gelmesini sağlayan bir fenomenin ortaya çıkması ve böylece hem ana akım partiler hem de irili ufaklı siyasi yapıların kamuya direkt olarak ulaşabilmesi yukarıdaki tartışmaların başka bir boyuta taşınmasına neden olmuştur. İster ana akım partiler olsun ister marjinal olarak görüldüklerinden ana akım medyada sesini duyuramayan yabancı karşıtı, ırkçı ya da ana akım siyasete karşı olan ve insan hakları, basın ve ifade özgürlüğü konusunda ilerici fikirleri olan örgütlenmeler gibi siyasal yapılar olsun, yeni medyanın nispeten ucuz, sansür açısından çok daha elverişli, ve etkileşime izin veren doğası ile kamuya direkt ulaşma imkanına kavuşmuştur. Literatürdeki ortak düşünce ise olumlu ya da olumsuz bu araçların toplum, ticaret, bilgiye ulaşım biçimleri ve günlük yaşam pratiklerinde olduğu gibi siyaset adına da ciddi bir etkisi olduğudur. Bunun bir sonucu olarak, ister internet ister yeni medya ya da bilişim ve iletişim teknolojileri olarak adlandırılsın bu fenomenin etkisini arttırıp kamuoyunu etkileyebilen bir güç halini almasıyla beraber hem bu araçların demokratikleştirici hem de anti-demokratikleştirici etkisine dair pek çok görüş ortaya atılmıştır.

İnternet ve demokrasi ilişkisi ile ilgili Lutz vd., (2014) genel olarak üç yaklaşımın varlığından söz etmektedir: Optimistler, pesimistler ve realistler. Rheingold ve Turkle gibi optimistler internetin nüfusun büyük bölümünü siyasi katılıma teşvik ettiğini ve böylece demokrasi ve politik katılımı güçlendirdiğini ileri sürerler. Putnam gibi pesimistler ise eskiden politik katılım için harcanan zamanların artık internette boşa harcandığını savunurlar. Lutz'un son kategorisi olan realistlerde ise Bimber gibi isimler internetin katılımla ilgili pratiklere az katkısı olacağını savunurlar. Onlara göre aktif vatandaşlar interneti kendi amaçları için kullanırken, çevrimdışında da aktif olmayanlar interneti eğlence gibi katılımla alakası olmayan konularda kullanacaktır. Benzer şekilde Curran (2012) gerçek dünyanın unsurlarının yani çatışan değer ve çıkarların sanal dünyayı olumsuz etkilediği ve internetin çok az değişim yarattığını savunur. Bununla beraber İnternetin daha uyumlu, anlayışlı ve adil bir dünya yaratmaya katkı sağlama potansiyeli olduğunu söyler. Aşağıdaki kısımlarda, bu fenomeni hem olumlu hem olumsuz hem de iki boyutuyla da inceleyen yaklaşımlar ele alınacaktır.

Yeni Medyaya Yönelik Tekno-optimist ve Tekno-pesimist Görüşler

20. yüzyılın son on yılında, internet tarafından örneklendirilen küresel interaktif teknolojilerin ortaya çıkışının gelişmiş kapitalist ulusların günlük yaşam alanlarında iletişim ortamlarının kapsam ve doğasını önemli bir ölçüde dönüştürdüğü ileri sürülmektedir. Bu dönüşümler gazete, radyo ve televizyon gibi medya formlarına olan bağımlılıktan kurtulma şansı olarak görülen ikinci bir medya çağının gelişini müjdelemiştir. Merkezi olmayan, devlet kontrolünden kaçınan ve çift yönlü iletişime izin veren bu yapının kamusal alanının yeniden inşası adına limitsiz bir teknik ortam sunduğuna dair genel görüşler vardır (Holmes, 2005). Bu görüşlerin sahipleri tekno-optimistler olarak adlandırılır. Muhlberger'e göre tekno-optimistler ya da siber

optimistler olarak adlandırılan bu kişiler internetin siyasal eşitsizliği, bilgisizliği ve ilgisizliği gözle görülür derecede azaltacağını ileri sürerler (2004). Tekno-optimistlerin internete bu derecede olumlu bakmasının nedeni internet teknolojisinin daha önceki hiçbir teknolojiyle kıyaslanamayacak şekilde özgürlüğe kapı açtığı düşüncesidir. Bu özgürlüğün nedeni 1960'larda Rand Şirketi tarafından geliştirilen bir teknik ağ sistemi olan "paket anahtarlama" bazlı olarak, internetteki mesajlar, imajlar ve seslerin çoklu rotalar aracılığıyla parçalarına ayrılmış biçimde gönderilecek şekilde dizayn edilmesidir. Bu ilke Rand'in askeri bir kargaşada yok edilen veri tabanında saklanan enformasyona dair çözümüdür. Enformasyon her zaman hareket halindedir, çözümlenebilirlik ve çözümlenemezlik arasında dalgalanır ve kendi mobilitesi içinde belirsizdir. Bu teknik yapıya göre internet ne teknik olarak (hackerlar ya da programlar tarafından) ne de politik olarak (devlet ya da şirketler tarafından) kontrol edilebilir (Holmes, 2005). Bu nedenle yayın teknolojisi olarak adlandırdıkları ve devlet ve şirket kontrolünde olduğunu düşündükleri klasik medya çağı ve internet tabanlı yeni teknolojilerle ilgili bir ayrıma giderek birinci ve ikinci medya çağından bahsederler. Bu noktada bahsedilen internet teknolojisinin günümüze kıyasla oldukça farklı olduğunu belirtmekte fayda olacaktır. Günümüzde Google, ziyaret edilen siteler, Facebook ve hatta Whatsapp çerezler sayesinde kullanıcı hakkında bilgileri toplamakta ve interneti bir anlamda kontrol edilebilen bir şekle dönüştürmektedir.

Tekno-optimistlerin aynı zamanda tekno-determinist bir bakış açısına sahip oldukları da düşünülebilir. Mcluhan "toplumlar her zaman iletişimin içeriğinden çok iletişimde kullandıkları iletişim araçlarının doğasınca biçimlendirilmişlerdir" eş deyişle "araç mesajdır" sözünü kendine şiar alarak internet teknolojisi ortada yokken bile telefon ve televizyonun dünyayı küçülttüğü ve insanları işitsel ve görsel medya aracılığıyla birbirine yaklaştırdığını düşünerek "küresel köy" tanımlamasını yapmıştır

(1967). Endüstrileşmiş "Batı ne ise Doğu da o olacak" fikri de tekno-determinist bakış açısına sahip modernleşme teorisinden kaynaklanmaktadır. Tekno-deterministlere göre, 1990'lar ve 2000'lerde aynı zamanda, bilgisayar ve internet teknolojileri sayesinde, küreselleşen dünya enformasyon/bilgi toplumu olmaktadır (Erdoğan ve Alemdar, 2002). Bu noktada internet teknolojisinin siyasal katılım ve demokrasi açısından olumsuz etkilerine distopik yaklaşımlar ve tekno-determinist ya da optimist olarak adlandırılan yaklaşımlara ise ütopik yaklaşımlar denebilir. Bu noktada ütopya ile kastedilen var olan düzenin (devlet ve şirket kontrolündeki yayın teknolojileri) bozuk olduğu ve yeni medya teknolojilerinin teknik imkânlarından dolayı dünyayı daha iyi bir noktaya taşıyacağıdır. Siyasal katılımın artacağı, enformasyona ulaşımın kolaylaşacağı, ana akım medyada ya da siyasette yer bulamayan azınlıkların kendini ifade edebileceği gibi yaklaşımlar üzerinden e-demokrasi ve e-müzakere gibi kavramlar ortaya çıkmıştır. Bireylerin geleneksel kitle iletişiminde olduğu üzere yukarıdan aşağıya işleyen iletişim süreçlerinin pasif algılayıcısı/nesnesi olmaktan çıktıklarını; bu süreçlere aşağıdan müdahale ederek kendilerini ifade edebildiklerini ve gerçekleştirdiklerini vurgulayan Miskinov (Özçetin vd., 2012) bu noktada şunları ileri sürer:

> *"Çevrimiçi kamusal müzakere gündelik yaşamın yeni bağlamında ortaya çıkar ama mevcut toplumsal çerçeveden ve geleneklerden bağımsızdır. Çevrimiçi vatandaş etkileşimi ve tartışma, mevcut siyasal iletişim sistemlerini genişletir ve çoğullaştırır. Böylelikle sosyopolitik meseleler sadece siyasal seçkinlerin kaygısı olmaktan çıkar ve herkesin meselesi haline gelebilir."*

Entman (2004) internet öncesi siyaset medya kamuoyu ilişkisi ile ilgili hiyerarşik düzenin en altında da olsa kamunun da dâhil olduğu Aktivasyonu Basamaklandırma Modeli adında bir model konumlandırır. Eş deyişle Entman, modelinde kamuya az da olsa bir özgürlük alanı tanır. Ancak Miskinov internetle beraber bu durumun çok farklı bir noktaya geldiğini ileri sürer. Onun "meseleler sadece siyasal seçkinlerin kaygısı olmaktan çıkar ve herkesin meselesi haline gelir" iddiasını destekler biçimde internetin bu hiyerarşik yapıyı değiştirmek adına çok şey yaptığı ileri sürülebilir. Örneğin Best ve diğerlerinin (2005) ileri sürdüğü gibi insanların yabancı haber sitelerini okuyabilme şansına kavuşması, irili ufaklı siyasi yapılara ve kişilere Twitter ve Facebook gibi ortamlarda kamuoyuna seslenme şansının doğması ve siyasi elitler de bu ortamlarda bulunduğundan sıradan insanların seslerini onlara daha kolay duyurabilme imkânı doğması gibi hususlar bu konuda örnek gösterilebilir. Sosyal ağların güçlenmesi ile beraber Facebook, Twitter ve YouTube gibi araçlar sayesinde dünyanın birbirine biraz daha yaklaştığı savunulabilir.

Adı geçen ortamlar Arap Baharı, Occupy Wall Street ve Gezi Parkı Olayları gibi hareketlerde hem ulusal boyutta toplanma ve haberleşme adına bir platform olmuş hem de küresel boyutta bu olayların daha fazla duyulmasına ve birbirini etkilemelerine ön ayak olmuşlardır. Bu durum kamuoyu kavramının artık eskisi kadar yerel ya da ulusal olarak adlandırılamayacağının ileri sürülmesine neden olabilir. Volkmer gibi isimler bilişim ve iletişim teknolojilerindeki gelişmeler sayesinde dünya siyasetinde küresel olarak kendini belli etmeye başlayan bir bilinç düzeyinden bahseder.

Konuyu biraz daha derinlikli olarak ele almak gerekirse, Volkmer (2014) küresel, bölgesel ve yerel ile ilgili konularda bilgi almamızı sağlayacak yeni bir siyasal enformasyon akışı olduğunu ileri sürer. Yeni medyanın altyapısı onu takip eden birine dünya üzerinde herhangi bir yerdeki olayları izleme şansını tanır. Enformasyon, bilgi, siyasal değerler, etik, estetik ve yaşam tarzlarının alışverişine izin veren bu küresel süreçler ulus devlet bağlamından gittikçe kopmakta ve siyasal olarak bağlantılı olan bir "küresel kamusal alan" oluşturmaktadır. Jin (2011) Volkmer ile benzer şeyler söylese de olayın kültürel boyutuna daha fazla dikkat çeker. Kültürel yöndeşme olarak adlandırdığı kavram iki kültürün örneğin Amerikan ve Çin kültürünün bir karışımına gönderme yapar. Jin eskiden farklı olarak kültürün sadece Batılı ülkelerden Batılı olmayan ülkelere sirayet etmediğini, tam tersinin de vuku bulduğunu ileri sürer. Volkmer (2014) küresel kamusal alan tezinin dayandığı temeli bireyin güçlendiği iddiasına dayandırır. Ona göre Castells'in ortaya koyduğu ve zamanında çok kapsayıcı olan makro-yapısal ağların yerini bireyleri tüm dünyayla bağlantılı hale getiren kişisel ağ yapıları almıştır. Bu yeni iletişimsel alan artık kitle medyasından farklılaştırmak adına konumlandırılan şekilde dijital ya da başka bir deyişle sanal iletişim alanı değildir. Bu ayrım artık işe yaramaz. Yöndeşen medya alanları içeriksel manada birbirine bağlıdır. Klasik medyadaki içerikler her yerde ulaşılabilir olan sosyal medyada tekrar ortaya çıkar, bu durum da klasik medya yöneticilerini, kendilerini takip edenlere doğrudan ulaşmanın yollarını aramaya iter (1-2). Volkmer en temelinde bireyin güçlendiğini ve enformasyona ulaşma ve onu üretme açısından çok farklı bir medya ortamına girildiğini ileri sürer.

İnternete yönelik optimist iddialar onun bir özgürlük ortamı olduğu, ne teknik olarak (hackerlar ya da programlar tarafından) ne de politik olarak (devlet ya da şirketler tarafından) kontrol edilemediği, internet ile devlet ve şirket kontrolünden kaçınıldığı, internetin katılımcı bir müzakere ortamı yaratabileceği, kişilerin kendi içeriklerini kendileri üretme imkanı ile özgürlüklerinin arttığı, Volkmerci anlamda kişilerin kendi ağlarını oluşturarak dünyaya eklemlediği ve kendi kitlelerinin olduğu, ana akım dışındaki grupların da seslerini duyurabilecekleri, siyasilerin de Twitter ve Facebook gibi ortamlarda bulunduğundan insanların seslerini onlara daha kolay duyurabileceği ve özellikle Twitter'da hashtag savaşları ile canlı bir kamuoyunun olduğu şeklinde özetlenebilir.

Öte yandan internetin özgürleştirici doğasının kısıtlanabileceği ileri sürülebilir. Assange ve arkadaşları (2012) internete iktidarın bakış açısı ile ilgili şunları söyler: "İnternete iktidardaki kişilerin gözünden bakacak olursanız, bugüne kadar sahip oldukları gerçeği, neler olup bittiğini, insanların olup bitenlerin ne kadarını bilebileceği ve gerçeklikle etkileşim kurma becerilerini tanımlama yetisini kendi ellerinden alan bir hastalıktır." Bu açıdan bakıldığında iktidar için internet, kısıtlanması hatta onun aracılığıyla toplumun kontrol edilmesi gereken bir araca dönüşebilir. İktidar elitlerinin interneti kontrol çabasına ek olarak internet şirketlerinin kullanıcılarını veri olarak görmesi, kamuoyunun trol ve botlar aracılığıyla manipüle edilebilmesi, gözetimin içselleştirilmesi, web sayfalarının kitaplar gibi somut şekilde var olmadığından silinerek hafızanın yok edilebilmesi, teknolojilerin gözetim veya denetime hazır şekilde üretilmesi, kişilerin interneti hedonist amaçlarla kullanması ve seçici maruz kalma ve filtre balonları ile kolektif nefret ve komplo teorisyenliği kültürünün oluşması gibi pek çok pesimist unsur ortaya konabilir. Bu çalışmanın sınırlılığı içinde internetteki siyasal iletişim açısından rakibin potansiyel seçmenlerinin oy verme motivasyonunu kırmak anlamına gelen ve bunu yaparken yalan haber, nefret söylemi, aşağılama ya da hedef gösterme gibi yöntemleri kullanan negatif kampanya olarak adlandırılan fenomen yeni medyanın yarattığı en ciddi baskı alanlarından biri olarak görülebilir.

Bununla beraber yeni medyanın hem özgürleştirici hem de baskı unsuru olduğuna dair görüşler göz önüne alındığında bu iki görüşü de içeren bir yaklaşımın ortaya konulması gerekliliği aşikârdır.

Yeni Medyada Siyasal İletişimi Anlamak: Vana Metaforu

Vana metaforunun anlaşılabilmesi için öncelikle Aktivasyonu Basamaklandırma Modelinin ve onun anlaşılabilmesi için de çerçeveleme kavramının anlaşılması gerekir. Bu noktada çerçevelemenin standart bir tanımını yapmak faydalı olacaktır: "Çerçeveleme olayların ve konuların bazı yönlerini seçmek, vurgulamak ve özel bir yorum, değerlendirme ve/veya çözümü desteklemek için bu olay ve konular arasında bağlantılar yapmaktır (Entman, 2004)." Çerçeveyi toplumsal hareketler üzerinden ele alan Snow ve Benford (2000) bu alanda kullanılan çerçeve kavramının çerçeveyi "bireylerin hem kendi yaşam alanlarında hem de tüm dünya adına olayları konumlandırmalarını, algılamalarını, tanımlamalarını ve sınıflandırmalarını mümkün kılan yorum şemaları" olarak ele alan Goffman'ın çalışmaları ile şekillendiğini söylerler. Bu mantığa göre insanlar dünyada ne olduğunu birincil çerçeveleri sayesinde yorumlar. Bu çerçevelerin birincil olarak görülmesinin nedeni verili olmaları ve diğer çerçevelere bağlı olmamalarıdır (Goffman, 1974). Bu çerçeveler olay ve durumları anlamlandırmaya yardımcı olur ve böylece deneyimleri şekillendirme ve eylemleri yönlendirmeye yararlar.

Çerçeveler sosyal ve siyasal olaylarda kullanıldığında kolektif bir hal alır. Snow ve Benford'a (2000) göre kolektif eylem çerçeveleri de "dışarıdaki dünya"yı anlamayı kolaylaştırarak yukarıda adı geçen yorumlayıcı fonksiyonu gerçekleştirirler. Ancak bunu potansiyel taraftar ve seçmenleri mobilize ederek, kararsızları kazanarak ve muhaliflerin mobilizasyonunu engelleyerek yaparlar. Bu açıdan bakıldığında Doğu-Batı çatışması açısından farklı aktörlerin siyasi söylemlerini inceleyen bir çalışmanın çerçeveleme yöntemini kullanması oldukça anlaşılabilir.

Aşırı sağın söylemlerini ele alan bir çalışmada kimliğin ne anlama geldiği, ötekinin onun üzerinden nasıl oluşturulduğu ya da kimliği ötekinin nasıl oluşturduğu tartışması değer taşır. Lukashina'ya (2017) göre "her zaman savaşman gereken bir düşman bulunmalıdır" temasını zorunlu tutan sağ tandanslı ideoloji için "dost ya da düşman" şeması önemli bir unsurdur. Bu durum düşmanı her bir çerçevenin merkezine konumlandırır. Bunun sonucu olarak, çerçeveler her zaman bir aktörün etrafında konumlandırılır ve çerçeveleme analizi de aktörün merkezi rolüne göre yapılandırılır. Eş deyişle çerçeveleme aktörü tanımlayarak başlar. Bu durum yine Doğu-Batı çatışmasındaki "Ben"-"Biz" ve "Öteki" konumlandırması adına önemlidir.

Yine Entman (1993: 52) tarafından yapılan başka bir açıklamada çerçevelerde seçim ve öne çıkarmanın (salience) mutlaka bulunduğu vurgulanır: "Çerçeve, belirli bir problemin tanımlanmasını, olayın nedenine (problemi yaratan aktör) yönelik yorumların ortaya konmasını, ahlaki bir değerlendirilme yapılmasını ve/veya çözüme yönelik önerilerin geliştirilmesini destekleyecek biçimde iletişim metninde algılanan gerçekliğin bazı yönlerini seçmek ve onları daha gözle görünür kılmaktır (salient)." Entman'a göre politik olay, konu ve aktörleri ele alma noktasında sabit (substantive) çerçeveler, yukarıda adı geçen fonksiyonlardan en az ikisini (örneğin belirli bir problemin tanımlanması ve çözüme yönelik önerileri geliştirilmesi) barındırır (2004). Bununla beraber, tek bir cümle bile bu fonksiyonlardan fazlasını sağlayabilirken pek çok cümle bunlardan hiçbirini barındırmayabilir (Entman, 1993: 52). Entman'ın bu yaklaşımları, Snow ve Benford'un (2000) çerçevelerin toplumsal hareketlerin değiştirilmesi gereken durumlara yönelik problemleri tanımlaması (diyagnostik çerçeve: Ne yanlış neden yanlış teşhisi ve kimin suçlu olduğuna dair isnatlarda bulunma) ve teşhiste ortaya konan probleme yönelik bir çözüm sunma (prognostik çerçeve) çerçeveleri ile birebir benzerlik gösterir. Bu ikilinin kolektif eylem çerçevesi açısından üçüncü adımı olan ve insanlara kolektif eyleme katılma adına bir neden verme anlamını taşıyan motivasyon çerçevesi Entman'ın yaklaşımlarında genel olarak ortaya çıkmaktadır.

11 Eylül için problem tanımı Amerika'ya karşı düzenlenen terörist saldırıda hayatını kaybeden binlerce sivilin ölümüdür. Neden ve neden olanlar (aktör) Afganistan'ın Taliban hükümeti ve onun de facto liderleri: Molla Muhammed Ömer, Usame Bin Ladin ve onun terörist El Kaide şebekesidir. Ahlaki değerlendirme, bu unsurları şeytan olarak kınamak ve başlangıçtaki öneri Afganistan'a karşı savaş açmak şeklinde ele alınabilir (Entman, 2004). Bu noktada sabit çerçeveleri başka bir örnekle açıklamak gerekirse, mültecilerin bir ülkeye gelme çabası hem illegallik hem de sorumluluk olarak farklı şekillerde çerçevelenebilir. İlk çerçeveleme şeklinde mülteciler ülkeye yasa dışı yol-

larla sızmaya çalışan suçlular olarak konumlandırılırken ikincisinde zor durumda olan insanlara yardım edilmesinin insani bir görev olduğuna dair bir kapsam vardır. Bu noktada başka bir örnek yine Entman'ın (1991) bir makalesinden verilebilir. SSCB'nin Kore ve ABD'nin İran uçağını düşürmesi ile ilgili Amerikan medyasındaki haber kapsamlarını inceleyen Entman ilk olayın ahlaki bir çöküntü olarak ikinci olayın ise teknik bir problem olarak çerçevelendiğini ileri sürer. Bu noktadan bakıldığında çerçevelerin olayın bazı boyutlarını vurgularken diğer boyutlarını ya da alternatif çerçeveleri görmezden geldiği ileri sürülebilir. Alternatif çerçeveleri görmezden gelme durumu bu çalışma gibi kıyaslamalı çalışmalarda önemlidir. Çünkü bir politik yapının başka bir yapıya kıyasla benzer aktörler ve olaylarda nasıl bir çerçeveleme stratejisi uyguladığı ortaya çıkartılabilir.

Entman çerçevelemeyi yaratan kelime ve görsellerin politik çatışmaya destek ya da köstek veren kapasiteleri nedeniyle metnin geri kalanından ayırt edilebildiğini ileri sürer. Ona göre bu kapasite kültürel benzerlik (cultural resonance) ve kültürel ehemmiyet (cultural magnitude) aracılığıyla ölçülebilir: "Kültürel benzerlik terimlerini daha fazla kullanan çerçeveler etki adına en büyük potansiyele sahiptir. Bu çerçeveler kültürel açıdan oldukça görünür, eş deyişle fark edilebilir, anlaşılabilir, hatırlanabilir ve duygu yüklü kelime ve görselleri kullanırlar. Ehemmiyet çerçeveleme kelimelerinin ve görsellerinin önem ve tekrarını anlatır. Daha fazla benzerlik ve ehemmiyet ile çerçevelemenin büyük bir izleyici yığınının benzer duygularına çağrışım yapması daha olasıdır (Entman, 2004)."

Entman'ın Aktivasyonu Basamaklandırma Modeli'nde şema kavramı önemli bir yer tutar ama bu kavram çerçeve kavramından farklı bir anlamda kullanılır. Entman şema terimini insan aklında oluşan yorumlayıcı bir süreç ile ilgili görürken çerçeveleri metinler ile ilgili olarak değerlendirir. Bu çalışmada ele alınan seçici maruz kalma ve filtre balonları ile ilgili olduğu ileri sürülebilecek şekilde "maruz kalma kuralı"na göre bir metinde kültürel olarak benzer kelime ve imajları görmek izler kitlede eşleşen düşünceleri harekete geçirmeye meyillidir (2004). Bu açıdan bakıldığında metindeki kelimeler, görseller ve onların sunuluş biçimi çerçeveyi oluştururken şemalar onu okuyan kişinin zihninde oluşan şeyleri temsil eder. Daha açık bir ifadeyle Entman'a göre (2004) şemalar, hafızada birbirine bağlı şekilde bulunan fikirler ve duyguların kümeleri (clusters) ya da düğümleridir (nodes).

Kintsch, şemaların bilgi ağlarında bağlantılı olduklarını ileri sürer. Bir 11 Eylül şeması Dünya Ticaret Merkezi'ni, uçak korsanlarını, Usama Bin Laden'i, New York İtfaiyesi'ni ve New York Belediye Başkanı Rudolph Guiliani'yi (diğerlerinin yanında) barındırabilir. Bu olay şemasının bir insanın bilgi ağının küçük bir kısmını işgal eden, kısmi bir diyagramı Tablo 3'teki gibi gözükebilir. Her bir düşünce hızlı bir şekilde duygusal bir bağlantı oluşturabilir. Örneğin büyük olasılıkla Amerikalıların zihninde uyanan her bir düşünce Dünya Ticaret Merkezi, itfaiye ve Guiliani için pozitif ama korsanlar ve Usama Bin Laden için negatif olacaktır. 11 Eylül şeması o günün olaylarına dair haberlerden ve hâlihazırda var olan bilgi ağından (örneğin Cumhuriyetçi Parti ve yabancılar hakkındaki görüşler) yararlanır. Yeni şema uzun süreli bellekte depolandığında, bu fikirlerden herhangi biri ile ilgili olan ve daha sonra alınan enformasyonun bağlantılı duyguları ve bilgi ağından kavramları akla (kısa süreli belleğe) getirme potansiyeli vardır (Entman, 2004). Bu açıdan bakıldığında Facebook'ta bir sayfada ikiz kulelerin yanan halini gösteren bir görsel ile beraber "Bir daha yaşamamak için" yazan bir paylaşım bu sayfanın yayın politikası ve takipçilerinin kim olduğuna bağlı olarak, bu takipçilerin bilgi ağlarındaki kavramları ve bağlantılı duygularını açığa çıkaracaktır.

Lodge ve Stroh akla düşünceleri ve duyguları getirme sürecinin aktivasyonu yayma mekanizması aracılığıyla çalıştığını gözlemlemiştir. Aktivasyonu yayma fikri basamaklandırma modelinde merkezi bir rol oynar. Böylece Usama Bin Ladin'in resmini gösteren yeni bir haber büyük ihtimalle izleyicilerin negatif duygularını yeniden aktifleştirecek ve akla Dünya Ticaret Merkezi'nin yanan görüntülerini, itfaiye erlerinin kahramanlıklarını ve benzer şeylere dair bilinçli ve bilinçsiz görüntüleri getirecektir. Aktivasyonu yayma teorisi enformasyonun sunulduğu sıranın öneminin altını çizer. Yeni olaylardan ve durumlardan kaynaklanan ilk uyarıcı genellikle önceliğe sahiptir çünkü aktivasyon başlangıçtaki fikirden hareketle yayılır. Bu yüzden tıpkı Bush'un 11 Eylül sonrası en başından beri kendi çerçevelerini dikte etme eyleminde olduğu gibi politik liderlerin endişelenmesi adına gerçekçi bir neden vardır. Bir olayın haber kapsamında en erken şekilde yer alan dominant bir çerçeve bireylerin bilgi ağlarındaki uyumlu (congruent) düşünce ve duygularını aktifleştirebilir ve yayabilir bununla beraber gelecekteki tüm haberlere yönelik yanıtlara rehberlik edecek yeni bir olay şeması inşa edebilir. İlk izlenimleri akıldan çıkarmak daha zordur. Bununla beraber tanıdık eş deyişle bilgi ağında hâlihazırda var olan bir konu söz konusu olduğunda uyarıcının güncelliği ve tekrarı daha önemli olacaktır (Entman, 2004).

Tablo 3 Bilgi Ağı

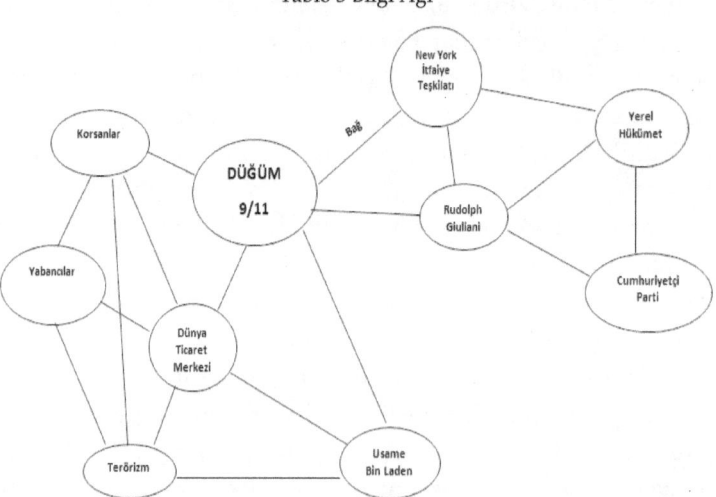

Entman çerçeve, şema ve düğüm gibi kavramlarla beraber bir enformasyonu alımlama sürecini anlatma gayretindedir. Bu gayretin temel amacı siyasal iletişim sürecinde çerçevelenen mesajların kim tarafından nasıl ortaya konduğu, onları kimin alımladığı ve bu aktörler arasında nasıl bir ilişki olduğudur. Hiyerarşik olan bu modelin yapısı Tablo 4 ve Tablo 5 ile incelenmektedir. Entman ve Usher'ın (2018) internetin etkisini göz önünde bulundurarak güncellediği bu modelin ilk versiyonu bir çerçeveyi destekleyen düşünce ve duyguların ne derecede aslına sadık kalarak Beyaz Saray'dan sistemin kalanına doğru yayıldığını ve böylece çerçeveleme yarışını kimin kazanıp ve politik galibiyetin kime gittiğini açıklamaya yardım etmek için dizayn edilmiştir (Entman, 2004). Bu modelde yönetim, diğer elitler, medya, haber çerçeveleri ve kamu olarak adlandırılan unsurlar gerçek dünyanın basamaklı şelalelerinde olduğunu gibi sıralanır. Bununla beraber metaforik basamaklardaki her bir düzey fikirlerin karışımı ve akışına kendi katkısını yapar. Her biri hem politik ortamı etkilemek adına çekişen ve hem de birbirlerinden etkilenen birey ve organizasyonların ağları olarak düşünülebilir. Tablo 4'ten anlaşılabileceği gibi bu model hiyerarşik bir modeldir, eş deyişle basamağın üstündekiler alttakilere daha fazla enformasyon gönderiminde bulunurlar.

Basamak modelinin işleyişi adına dört değişken; motivasyonlar, kültürel uyum, güç ve strateji önem taşır. Bu değişkenler güncellenmiş bir basamak modeli adına da tartışmalıdır. Motivasyonlar şu şekilde sıralanabilir: Bilişsel bedeli (cognitive costs) minimize etmek, duygusal uyumsuzluktan (emotional dissonance) kaçınmak, temel değerlere (core values) yönelik tehditleri izlemek ve onlara tepki vermek, kamusal yaşama katılmak ve vatandaşlık, güncel olaylar ve sorunların tartışılması aracılığıyla kişisel ilişkileri sürdürmek ve kariyere yönelik çıkarları geliştirmek -bu motivasyon çoğunlukla politik etki ve somut politik amaç güden elitler ve mesleki başarı amaçlayan gazeteciler için geçerlidir- (Entman, 2004). İnternet ve sosyal medya bilişsel bedeli minimize etme açısından belki de televizyon ve gazetenin olduğundan bile daha güçlüdür. Haberler Facebook akışından sürekli kullanıcı için görünür durumdadır. Aynı zamanda bu durum filtre balonları açısından okunursa duygusal uyumsuzluktan kaçınma motivasyonu da bu yeni medya ortamında tatmin edilebilen bir motivasyona dönüşür. Diğer motivasyonlar da internet ortamında karşılıklarını bulmuştur.

Kültürel uyum en temelinde bir metnin onu alımlayan kişinin hâlihazırdaki şemaları ile ne derecede benzerlik gösterdiğine gönderme yapar. Entman (2004) bu hususta şunları söyler: " Çerçeve politik kültürü domine eden şemalarla daha uyumlu oldukça, daha başarılı olur. Tabiatı gereği güçlü çerçeveler toplumun üyeleri tarafından bir alışkanlık olarak kullanılan şemalarla (habitual schemas) tam anlamıyla bir uyum içinde olanlardır. Bu tür çerçeveler çoğu Amerikalının arasındaki benzer tepkileri harekete geçiren azami bir içsel kapasiteye sahiptir (14)." Kültürel uyum, basamak modelinin yeni medyayla ya da sosyal medyanın algoritma mantığıyla en çok örtüşen unsurlarındandır. Çünkü bir içeriğin kültürel uyumu arttıkça daha fazla etkileşime sahip olacak, böylece bir anlamda gündeme gelecek ve bir olayın belirli özelliklerini ön plana çıkartıp diğer yanlarını görmezden gelme yani çerçeveleme şansına sahip olacaktır. Entman'a göre bir metnin alışılagelmiş şemalarla iyi bir şekilde eşleşmesinin insanları motive edici bir yanı vardır. İnsanlar böylece hemen hemen hiçbir bilişsel bedel olmaksızın eş deyişle hemen hemen hiç düşünmeden ya da konunun ne anlama geldiğini çözmek adına yorucu bir biçimde hafızayı yoklamadan bir çerçeveyi alımlayabilirler (2004).

Entman'a göre 11 Eylül terörist saldırıları burada bir örnek oluşturur. Terörist uçak korsanları bütün yönleriyle tanıdıktır, aynen diğer konseptler gibi, örneğin; gökdelenler (Dünya Ticaret Merkezi bunlar adına spesifik bir örnektir), itfaiyeciler, belediye başkanları (Guiliani) ve diğerleri. Bu durum yönetim tarafından olaya dair ortaya konan bağlantıları kurmak açısından hemen hemen hiçbir bilişsel çabayı gerektirmemiştir. Önceki enformasyon geçmişteki benzer ya da aynı konseptleri birbirine bağlayan mental patikaların çoğunu tekrar tekrar aktive eder. Lodge ve Taber'in çalışmaları bize tekrar edilen kullanımın bu tür mental ilişkilendirmeleri ya da görselleri daha kolayca erişilebilir hale getirdiğini söyler. Bu bize tekrarın bir hususun daha iyi algılanmasındaki önemi aktarır. Ortak bir politik kültürü paylaşan gazeteciler, kaynaklar ve izler kitle 11 Eylül olayları gibi muğlak olmayan olaylar hakkında uyumlu bir biçimde düşünür ve konuşurlar. Muhabirler halkın düşünme alışkanlıkları ile örtüşen ilişkilendirmeleri (associations) seve seve haberlerde oluşturur. Gazetecilik motivasyonları alışılagelmiş çerçevenin haberler üzerindeki nüfuzunu pekiştirmeye ayrıca yardımcı olur. Uyumlu çerçeveyi aktarmak gazetecilerin editörleri, iş arkadaşları ya da kamu tarafından kariyer geliştirici şekilde (ya da kariyere zarar vermeyecek şekilde dikkat çekmemek ya da eleştirilmemek) bir ilgiye mahzar olmalarına neden olur (2004). Bu noktada Entman'ın bu söylediklerinin internet öncesi durumu ele aldığını tekrar etmek faydalı olacaktır. Örneğin Simas (Remnick, 2016) sosyal medyanın kabul edilebilir söylemin sınırlarını geliştirdiğini ve ayrımcı söylemleri dile getirenlerin kendilerine benzer kişileri bulmasını sağladığını ileri sürer. Barbera ve arkadaşları (2015) ise bazı ulusal konularda birlik olmakla beraber bir kültürel uyumdan ziyade farklı filtre balonlarında yer alan kamuların farklı kültürel uyumlarından bahsederler. Bu anlamda Entman'ın kültürel uyumsuz olarak ele aldığı fikirler bu farklı kamularda engellenecektir. Çünkü bu fikirler her bir kamu adına dominant şemalarla ters düşmektedirler. Entman (2004) 11 Eylül olayının, Amerika'nın dışında popüler olan fikirlerin Amerika'da nasıl bir kültürel uyumsuzluk yarattığını anlatır:

> "Bunlar, uçak korsanlarını şeytani teröristler olarak değil kibirli, emperyalist ve yozlaşmış Amerikan imparatorluğuna karşı adalet adına bir saldırı gerçekleştiren özgürlük savaşçıları olarak çerçevelediler. Bu tür bir

mesaj, kendisinin diğer tüm eksiklikleri bir yana, gazeteciler de dâhil olmak üzere çoğu Amerikalıya hemen hemen akıl almaz- düşünülemez- olarak gelmektedir. Böylece, bu versiyon medya tarafından ciddi bir ilgiye mahzar olsa da, hoşa giden bir versiyon olamamıştır ve bu çerçeveyi yayınlayanların Amerikalıları ikna etme ihtimali oldukça kısıtlıdır (15-16)."

11 Eylül gibi çok yoğun düzeyde kültürel uyum içeren olaylarda, dominant çerçeve ortaya konduğunda basamak modelinin her aşamasında olanlar bu çerçeveye uyma davranışı göstermeye motivasyonları gereği meyillidir. Örneğin Entman'ın ileri sürdüğü gibi sıradan bir vatandaş bile eğer 12 Eylül'de işe gidip bir gün önce olanlarla pek ilgilenmeseydi toplumsal dışlanma ile karşı karşıya kalabilirdi (2004).

İster 11 Eylül gibi toplumdaki herkesi ilgilendiren bir olay ister günlük bir siyasi tartışma olsun, olaylar çeşitli medya ortamlarında bu medya ortamlarının ideolojik çizgisine göre yer almaktadır. Klasik medya ortamında seçici maruz kalma mantığıyla örtüşen şekilde kişilerin kendileriyle kültürel olarak uyumlu enformasyon veren yapıları takip etme isteği olduğu ileri sürülebilir. Klasik medyadaki seçici maruz kalma kavramına ek olarak algoritmalar sayesinde filtre balonlarının da oluştuğu yeni medya ortamında karşıt enformasyona ulaşmanın daha zor olduğu ileri sürülebilir. Bununla beraber yeni medya ortamları klasik medyaya kıyasla çok daha karmaşık yapıdadır. Bu ortamlarda klasik medyadan farklı olarak gündem olan konunun nasıl çerçeveleneceği hakkındaki yarışta hem kullanıcılar hem troller hem de botlar gibi aktörler ciddi rol oynar.

Çerçeve şema ilişkisinin birbirini tetikleyen bir yapıda olduğu ileri sürülebilir. Örneğin bir olay belirli şekilde çerçevelendikçe o konudaki dominant şema yıllar süren bu çerçevenin etkisinde kalır. Örneğin Soğuk Savaş döneminde uzun yıllar boyunca üretilen çerçeveler sonucu oluşan Kızıl Korku hemen hemen tüm Amerikan toplumunu etkileyen dominant bir şema oluşturmuş ve bu şemada Beyaz Saray'ın medya aracılığıyla kamunun rızasını üretmesine yardımcı olmuştur. Kızıl Korku şemasının artık onu işleyen çerçeveler azaldıkça eski gücünü kaybettiği ileri sürülebilir. Bu çerçeveler yerini Müslümanlarla ilgili çerçevelerin aldığı iddiası ile beraber Kızıl Korku'nun yerini Yeşil Korku'nun aldığı iddia edilebilir. Entman bu hususta neredeyse 200 kişinin ölümüne neden olan Murrah Federal binasındaki patlamayı örnek olarak ele alır ve olayın hemen sonrasında medyanın Orta Doğulu teröristlerin muhtemel rolü hakkında pek çok spekülasyon yaptığını söyler. Ona göre bu, tanıdık bir mental patika olan "masum insanları hedef alan İslamcı fanatikler" patikasıdır. Öncesinde aşina olunmayan bir yorumun bombalama eylemini açıklaması, önce liderlerin sonrasında medyanın ve en sonunda Amerikan halkının algılaması noktasında biraz zaman geçmesine neden oldu. Az sayıdaki Amerikalı Amerika içinde yetişen teröristler olan Timothy McVeigh ve Terry Nichols'ı doğuran yerel milis alt kültür hakkında bir şeyler duymuştu. Bombalamayı takip eden haftalarda, yeni bir şema yerel terörizm hakkında fikir ve duyguları birleştiren Amerikalıların bilgi ağlarında yerini aldı. Belki de pek çok Amerikalı için biraz uyumsuz olmakla beraber diğer motivasyonlarla uyum sağladı, karmaşık değildi ve gerçek tehdidi açıklıyordu. Dolayısıyla Oklahoma City bombalama eyleminin bu depolanmış yorumu 11 Eylül'ün en erken canlı haber yayınlarını etkiledi, pek çok muhabir Orta Doğuluların bu vahşeti gerçekleştirdiğine dair bir sonuca balıklama atlama ihtimaline karşı izleyicilerini tekrar tekrar uyardılar (2004). Bununla beraber 11 Eylül gibi tüm ulusu birleştiren bir olayın İslamcı radikaller şemasına uyan kişiler tarafından gerçekleştirilmesi onu takip eden her olayda bu şemanın tekrar tekrar ortaya çıkmasına neden olduğu ileri sürülebilir.

Güç ve strateji, adlarından da anlaşılabilecek şekilde tanımlanabilir. Eski model üzerinden örnek verilirse başkanın diğer elitleri ve medyayı etkileyebilmesi ve tüm hükümet aygıtlarını kontrol edebilmesi güç unsuruna en açık örneklerdir (Entman, 2003). Günümüz medya ortamında tüm bu özelliklere ek olarak kamuya direkt ulaşabilme ve trol ve botlarla kamuyu manipüle edebilme gibi güç unsurları eklenmiştir. Entman eski modelinde, mental bağlantıların planlı aktivasyonu olarak tanımladığı stratejilerin elitlerin tekelinde olduğunu söyler. Bu stratejiler kelime seçimlerinden, enformasyon dağıtımına ve enformasyonun ne zaman verilip verilmediğine kadar geniş bir yelpazededir (2003). Bu unsurlar da eski güç unsurlarına benzer şekilde yerlerini korumakla beraber yeni medya ortamı yeni stratejileri de gündeme getirmiştir. Örneğin Trump'ın kampanya stratejisi sadece genel kamuyu ya da kararsızları ikna üzerine gerçekleşmemiş Cambridge Analytica ile yapılan işbirliği sonucu Facebook üzerinden Hillary Clinton'a oy verme potansiyeli olan kişilerin oy verme motivasyonu kırılmaya çalışılmıştır.

Entman ve Usher sosyal medyanın bir iletişim formu olarak gelişimi ve ana akım gazeteciliğin zayıflamasıyla beraber enformasyonun üretimi, dağıtımı, algılanması ve harekete geçirici özelliklerinin yeniden değerlendirilmesi gerektiğini savunurlar. Bu ikili çalışmalarında dijital medyanın çıkışından önce ortaya konulan Aktivasyonu Basamaklandırma Modeli'ni yeniden değerlendirirler ve oluşturdukları yeni modelin dijitalleşme ile gelen bu özelliklerin (vanalar) elitler, geleneksel medya ve bireyler arasındaki ilişkiyi nasıl etkilediğini aydınlattığını iddia etmişlerdir (2018). Entman ve Usher bu çalışmanın amaçlarından biri olan sosyal medyanın enformasyon kontrolü hiyerarşilerini düzleştirip düzleştirmediği eş deyişle demokratikleştirip demokratikleştirmediği ya da hâkim yapıyı sağlamlaştırıp sağlamlaştırmadığı sorularına bu modelin yaklaşımlarının cevap verebileceğine inanmaktadırlar.

Entman ve Usher (2018: 299) çerçevelemeye yönelik siyasal iletişim yaklaşımının Amerika ve diğer geç-kapitalist demokrasilerindeki derin bölünmeleri anlama çabasındaki başlangıç noktaları olduğunu söyler. Bu amaç doğrultusunda Aktivasyonu Basamaklandırma Modeli'ni yeniden değerlendirirler. Ortaya koydukları değişiklikler sol ve sağın söylemleri arasındaki dengesizlikleri, hegemonik teknoloji firmalarının yükselişini ve geç-kapitalist ülkelerdeki sivil katılımı ihtimalini düşünme açısından yollar önerir. Gözden geçirilmiş modelleri disiplin adına temel bir soruyu tartışmaktadır: "İnsanlar ister aracılı ister diğer iletişim araçlarıyla olsun alımladıkları çerçeveler aracılığıyla dünyayı bilme ve anlama noktasına nasıl gelirler?" Entman ve Usher siyasal iletişimi en geniş şekilde ele alırlar. Örneğin, temel bilimsel gerçekler büyük ölçüde konsensüse varılmış olarak değil de komplo olarak çerçevelenirse, bu durum sağlık ve risk iletişimini etkiler. Hatta daha da geniş bir biçimde, çerçeveleme sürecinin dijitalleşmesi kişiler arası, aile ve organizasyon içi iletişimi online ve offline olarak önemli ölçüde etkiler: Grupların nasıl oluştuğu, nasıl ayrıldığı, yeni enformasyona nasıl açık olduğu ve yanlış bilgilenme konusunda nasıl korumasız olduklarını. Geleneksel elitlerin köklü güçleri, yeni elitlerin yükselişi ve haydut aktörlerin gücü düşünüldüğünde iletişimsel hiyerarşilerin ortadan kalkıp kalkmayacağı tartışılır hale gelmiş ve ağ toplumu hayali kötü bir noktaya ilerlemiştir. Sonuç olarak bu ikili elitlerin enformasyon sistemini etkileme hususunda artan gücünü eleştirme noktasında ekonomi politik bir yaklaşım ortaya koyarlar ve iletişimin sosyal bütünlüğüne nasıl zarar verebileceğine dair alandaki endişelere cevap vermeye çalışırlar

Entman ve Usher (2018) siyasal enformasyonun akışında yeni dijital vana olarak adlandırdıkları 5 unsur ortaya koyarlar: platformlar (Google, Facebook, Twitter ve vb.), dijital analitik (kullanıcı davranışı hakkındaki veriler), algoritmalar, ideolojik medya (Fox, Limbaugh, Breitbart.com) ve haydut aktörler (hackerlar ve botlar). Vana metaforu özellikle seçilmiş olup bu yeni özellikler ve aktörlerin iletişimsel akışı hem açıp hem kapayabileceklerini anlatır.

Entman orijinal modeli konumlandırırken Amerikan örneğini ele almıştı. Bu modelde yine Amerika'ya odaklanır. Bunun nedeni ampirik verilerin de ortaya koyduğu şekilde çeşitli boyutlarda toplumsal kırılmaların yaşandığı bir ülke olmasıdır. Bu modelde ideolojik medyada sadece sağ kanattan örneklerin olmasının nedeni ise Entman ve Usher'a göre sol tandanslı medyanın ekosisteminin henüz dijital olgunluğa ulaşamamasıdır. Aynı zamanda bu ikili böyle bir ortamda dijital imkânlar hakkındaki optimizmin henüz iddialarını doğrulamaya uzak olduğunu ileri sürerler (2008).

Entman'ın (2004) önceki modelinde yönetim, diğer elitler, medya, haber çerçeveleri ve kamu olarak adlandırılan unsurlar gerçek dünyanın basamaklı şelalelerinde olduğunu gibi sıralanır. Bununla beraber metaforik basamaklardaki her bir düzey fikirlerin karışımı ve akışına kendi katkısını yapar. Her biri hem politik ortamı etkilemek adına çekişen ve hem de birbirlerinden etkilenen birey ve organizasyonların ağları olarak düşünülebilir. Tablo 4'ten anlaşılabileceği gibi bu model hiyerarşik bir modeldir, eş deyişle basamağın üstündekiler alttakilere daha fazla enformasyon gönderiminde bulunurlar.

Tablo 4 Ağ Aktivasyonunu Basamaklandırmak

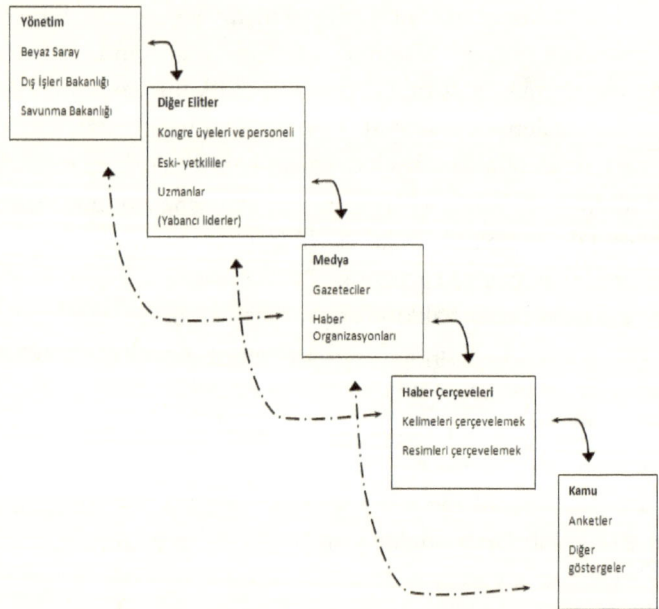

Tablo 5 Orijinal Aktivasyonu Basamaklandırma Modeli

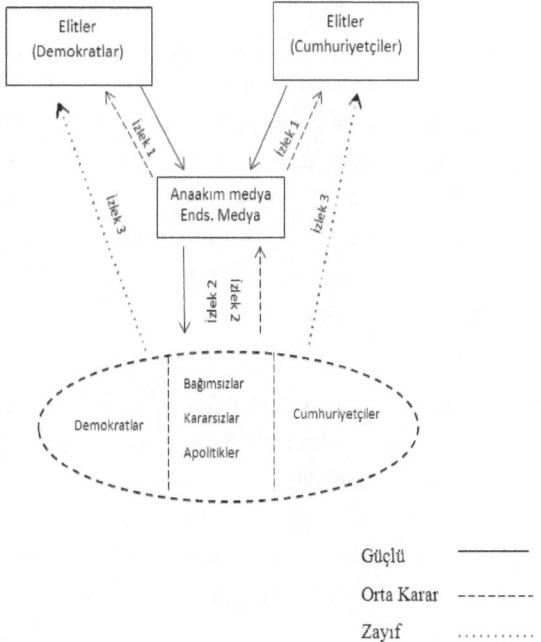

Tablo 5'te, Tablo 4'te tam olarak verilen aktörlerin birbirleriyle ilişkilerinin etki oranları ortaya konmuştur. Çeçen'in (2015) ileri sürdüğü gibi internetin ve sosyal medyanın hüküm sürdüğü ve insanların tek bir tweetle klasik medyayı by-pass ederek Amerikan başkanına bile ulaşabildikleri bir dünyada bu hiyerarşik model eski ağırlığını koruyamaz. Hatta Artwick'e göre bu yeni dönemde, okuyucuların düşüncelerini değiştirme konusunda yetersiz olan geleneksel medya organizasyonları artık gündem belirleme yetisine bile sahip değildir (Aruguete ve Calvo, 2018). Bu durum bir anlamda çerçevelerin akışının demokratikleştirilmesi olarak anlaşılabilir ama yukarıdaki kısımlarda da belirtildiği gibi bu durum eşik bekçisi olmayan bu ortamda yanlış bilginin yayılımı, komplo teorilerinin normalleşmesi, seçici maruz kalma ve filtre balonlarıyla kutuplaşmanın artması gibi tehlikeleri de beraberinde getirir. Bu noktada önemli olan bir husus sosyal medya şirketlerinin algoritmalarını gazetecilik mantığıyla değil etkileşim mantığıyla oluşturmalarıdır. Bu durum tüm sosyal medyaya hakim olmuş ve etkileşim getiren içerikler ve sunum biçimlerinin bu platformlardaki gazeteciler ve siyasal yapılar için de geçerli olmuştur. Aşağıda Entman ve Usher'ın özgürlüğü, siyasal katılımı ve demokrasiyi destekleyebildikleri gibi benzer şekilde bunları engelleyebilecek şekilde kapatabilen yanları dolayısıyla vana metaforuyla anlatılan unsurlara yer verilecektir.

Platformlar

Entman ve Usher'a göre elitler, medya ve kamu arasındaki enformasyonel değişim adına bir iletişim ve enformasyonel dağıtım aracı olarak platformların varlığı belki de en büyük değişimdir (2018). Platformları klasik medyadan ayıran temel farklar kullanıcılarının üretime dâhil olabilmesi ve göreceli seçim özgürlüğüdür. Bu noktada üretim kavramı çok boyutlu olarak anlaşılmalıdır. Bir örnek vermek gerekirse Google Play'deki bir ürün hakkında yazan bir kullanıcının yaptığı eylem de bir üretimdir. Göreceli seçim özgürlüğünden kasıt ise kullanıcıların klasik medyanın (şifreli kanallar göz ardı edilerek) aksine platformlarda mutlak bir dolaşım hakkına sahip olmamasıdır. Farklı kullanıcıların kısıtlamalarına göre belli içerikleri göremez. Aynı şekilde üretim de platformların standartlarına göre kısıtlanabilir. Örneğim Google'ın standartlarına uymayan bir site gösterimlerde yer alamaz. Aynı şekilde kişiler, sayfalar ve gruplar ya da içerikleri Facebook'tan banlanabilir. Televizyon mantığına benzer olarak Google, Facebook, Twitter ve WhatsApp gibi başat platformlar ücretsizdir. Ancak Televizyon seyircisi reklam verenlere çok daha amorf bir yapıda pazarlanabilirken kullanıcıların verilerini pazarlayan platformlar reklam verenlere çok daha fazla hedefli reklam yapma şansı tanır ve böyle para kazanırlar.

Yukarıda da belirtildiği gibi platformların doğrudan kamuyla buluşup endüstriyel medyayı by-pass etme özelliği vardır. Facebook gibi platformlar klasik medyanın pek çok içeriğine ev sahipliği yaparak onların gelir ve dağıtım sistemlerini baltalarlar. Entman ve Usher'a göre bu trend özellikle sağda nesnelliği umursamayan ve uyumlu ideolojik anlatıları önemseyen bir iş modeli olan yeni medya oluşumları ve elitlerin çerçeveleme stratejileri arasında simbiyotik bir ilişkinin oluşmasına izin vermiştir. Buna ek olarak, platformlar endüstriyel medyanın eşik bekçisi fonksiyonunu aşındıran bir zamansal etkiye sahiptir: Örneğin elitler mesajlarını Twitter'dan eş zamanlı olarak verdiğinde önceden haberi ilk olarak alan gazetecileri bu durumu takip etmek zorunda kalan bir pozisyonda bırakır. Siyasal iletişimde eş zamanlılığın bu yükselişi (hız ve verimin artışı) demokrasi adına farklı sonuçlara gebedir. Ayrıca kamusal düzeyde, platformlar vatandaşlara geniş ölçüde birbirleriyle etkileşim kurma şansını verirken aynı zamanda elitler ve medyayla da doğrudan bir etkileşim şansını tanır (2018).

Günümüz internet ortamının Google, Youtube ve Facebook gibi hâkim platformlarının farkında olmadan ayrımcı söylemleri ana akıma taşıdığını düşünenler de vardır. Örneğin Klein (2012) enformasyonu aklama olarak adlandırdığı süreçle ırkçı nefret söyleminin ve ona bağlı yalan ve komplo teorisi tipi enformasyonların adı geçen platformlar sayesinde meşrulaştığını ileri sürer.

Algoritmalar

Facebook gibi günde milyarlarca verinin akış halinde olduğu, kullanıcıların sürekli içerik üretip tükettiği sosyal medya platformları, bu içeriklerin kime nasıl ve ne kadar gösterileceği konusunda otomatik bazı işlemlere ihtiyaç duymaktadır. Kullanıcının geçmişte neler yaptığı ve diğer verileri üzerinden oluşturulan profilini kullanan algoritmalar bu şekilde kullanıcılarına platformda oldukları her an kişiselleştirilmiş bir kullanıcı deneyimini sunarlar. Algoritmalar eş zamanlı oldukları kadar eş zamansız da çalışabilirler. Buna bir örnek vermek gerekirse kullanıcıyla ilgili olan ve 6 saat önce paylaşılan bir içerik kişinin karşısına çıkabilir. Van Dijck (2012: 163-165) algoritmaların yeni bir şey ortaya koymadığını var olan sosyal kuralları kullandıklarını söyler. Daha açık olmak gerekirse, Van Dijck "hangisi-seksi-hangisi-değil" bazlı bir algoritma kullanan Facebook'un öncüsü olan FaceMash'in aslında sosyal bir kodu teknik bir koda dönüştürdüğünü söyler ve sözlerine şöyle devam eder: "Harvard'daki gibi erkekler aslında her zaman kızların çekiciliklerini kıyaslarlar. Eş deyişle Harvardlı kadın öğrencilerin sinirlendiği durum kıyaslama değil, hep var olagelen bu gayriresmi davranışın bu site sayesinde kamusallaşması ve kötüye kullanılmasıdır. Gayriresmi söylem, kıyaslama sürecine herkesi dâhil edebilen yeni bir yayın kanalı tarafından oluşturulmuş ve bir anlamda devralınmıştır. Kolektif bir fikrin oluşmasını sağlayan FaceMash bu anlamda Facebook'un gerekçesi olmuştur."

Platformda ortaya konan şeylerin algoritma mantığına göre işlediğini söyleyen Entman ve Usher (2018: 301) algoritmaların kullanıcıların deneyimlerini ve hatta dünya hakkındaki görüşlerini belirlediğini söylerler. Bu mantığa göre zamanında endüstriyel medyanın büyük oranda tekel olduğu çerçevelerin dağıtımı hususunda ciddi bir etkiye sahip olurlar. Aruguete ve Calvo (2018) bu noktada şunları söylerler: "Algoritmalar trendleri belirlediğinden ve gazeteciler bu trendlerden anında haberdar olup neye öncelik vermeleri gerektiğini bildiklerinden, konuların dikkat çekmesi ciddi oranda kullanıcıların yayınlamaya ya da paylaşmaya değer gördükleri içeriklere dayanmaktadır." Phillips ve arkadaşları (2010) Google ve gazeteler arasındaki bu durumu şu şekilde açıklarlar: "Haberler online olarak görünüm kazandıkça, gazeteciler Google'nın arama motoru ile okuyucuları cezbetmenin yollarını arama noktasında cesaretlendirilmiş olur çünkü reklam tarifeleri giderek artan hit sayısı ile alakalı olmaktadır." Phillips ve arkadaşları (2010) Satirik bir dergi olan Private Eye'ın bu işin Daily Telegraph'ta nasıl yürüdüğüne dair açıklamasını verir:

> "Haberlerle ilgili bilgiler son birkaç saatte Google'da en çok aranan konuları listeleyen kurumlar aracılığıyla günde üç dört kez bir hafızaya aktarılır. Bundan sonra gazetecilerden bunlara uygun şekilde haber yazmaları veya haberlerine ve haberlerinin ilk paragraflarına bunlara uygun en çok anahtar kelimeyi yerleştirmeleri istenir. Böylece, eğer Google'da aranan bu gündemdeki konu 'Britney Spears' ve 'göğüs kanseri' ise, aniden 'Britney Spears'ın göğüs kanseri riski' gibi bir haberle karşılaşmanız mümkündür."

Temel olarak Yahoo, Yandex ve Bing gibi bir arama motoru olan Google üzerinden arama motorlarının mantığını biraz daha açmak gerekirse, bir arama motoru en temelinde kullanıcılarına çoğunlukla sitelerin "popülerliği" ve "güncelliği" bazlı olarak "en ilgili siteleri" sunan bir sıralama yapmak için dizayn edilen özelleştirilmiş algoritmadır. Siteler daha popülerleştikçe daha fazla görünüm kazanabilir ve daha geniş kitlelerin ilgi alanına girer.

Aruguete ve Calvo (2018) çalışmalarında sosyal medya ortamında kabul görmenin yayılma ile eş anlamlı olduğunu çünkü paylaşmanın daha fazla sayıdaki kullanıcının bu içerikleri görmesi anlamı taşıdığını söylerler. Kullanıcılar diğer kullanıcıların paylaşımlarına tepki verdiğinde ya da görmezden geldiklerinde politik olayları çerçeveleyen belirli yorumları öne çıkarmak adına kolektif şekilde olay ya da durumların bazı yönlerini vurgularlar.

Dijital Analitik

Karpf dijital analitiği, "online hareketleri izlemeye, iletişim hareketlerini test edip ayırmaya ve fikir ve etkileşimi nicelleştirmeye izin veren bir dizi teknolojidir. Bunlar profesyoneller tarafından görülebilen, kullanıcılardan gizlenen arka plan teknolojileridir ve stratejik amaçlar için kullanılırlar" şeklinde açıklar (Entman ve Usher, 2018). Günümüzde sadece Google değil,

Facebook, Twitter ve Youtube kendilerini kullanan profesyonellere analitik hizmeti vermektedir. Bu açıdan bakıldığında hem platformların her biri adına özel hem de daha büyük veri yoğunlukları ile kitlelerin genel olarak profillerinin çıkartılıp onlara göre eylem planlarının oluşturulması ise dijital analitik ile mümkün olmaktadır. Facebook, Google ve Twitter gibi teknoloji devleri müşterilerine kitlelerin demografik bilgilerinden, beğenilerine ve ilgi alanlarına kadar geniş yelpazede bilgiler sağlar. Bu durum da doğru kitleye doğru propagandayı yapıp sonuç almayı sağlar.

Kullanıcılar yukarıdaki platformlardaki faaliyetleri ile onları etkilemek isteyenlere önemli veriler bırakırlar. Elitler ve medya, analitik araçları sadece mesajlarını kimin alımladığını görmek için değil aynı zamanda takipçilerinin verileri üzerinde madencilik yapmak ve kişiselleştirilmiş reklamlarla seçici bir biçimde kullanıcıları hedeflemek için kullanırlar. Analitik ile organizasyonlar vatandaşların verilerinden faydalanıp tam olarak onların yaklaşımları, hobileri ve dünya görüşlerine uygun olan içerikleri onlarla buluşturabilir. Analitik böylece daha hiyerarşik bir modelde en yukarıdakilerin en aşağıdakilere yani oy veren ve tüketicilere daha verimli bir biçimde ulaşmasını mümkün kılar. Haber organizasyonları bu imkanlarla hangi haber hikayelerinin en popüler olduğuna dair anlık ve detaylı bir geri bildirim alabilir. Ancak bu durum daha hafif haberlerin daha artacağı ve elitleri kontrol eden haberlerin azalacağı anlamını taşırsa demokrasi bundan zararlı çıkar (Entman ve Usher, 2018).

İdeolojik Medya

Çerçevelemenin ilk aşaması olan gündem belirlemeyi ele alan Neuman ve arkadaşları (2014) yeni medya ortamında gündemi kimin belirlediği ile ilgili sorunun oldukça karmaşık olduğunu söylerler ve şöyle devam ederler: "Geleneksel ticari medya ve sosyal medya etkileşimli şekilde siyasal tartışmayı yönlendirir. Bu ikisi farklı yankılanmalar olarak adlandırılabilir. Çünkü her birinin günün olaylarına yönelik kendi yaklaşımları vardır. Bir blog yazarı bir olayı başka bir blog yazarından alabilir o da bunu profesyonel bir gazeteciden almış olabilir (211)." Bu durum yeni medya ortamındaki etkileşimi ve geçişkenliği gösterir.

Sosyal medya ortamları klasik medya ortamlarının siyasiler ve kamu arasında oynadığı aracı rolünü ortadan kaldırdığından artık siyasi partiler de siyasi oluşumlar da hatta kullanıcılar da bir anlamda medyadır. Bununla beraber tüm bu kullanıcıları politikaları teknik açıdan da algoritmalarıyla yöneten sosyal medya platformlarının kendisinin de medya olduğunu ileri sürenler vardır. Tüm bu iddialar, internetin klasik medyanın aracılık rolünün tartışılır hale gelmesini sağladığını ortaya koyar. Böylece hem ana akım partiler hem de irili ufaklı siyasi yapıların kamuya direkt olarak ulaşabilmesi yukarıdaki tartışmaların başka bir boyuta taşınmasına neden olmuştur. İster ana akım partiler ister marjinal olarak görüldüklerinden ana akım medyada sesini duyuramayan yabancı karşıtı, ırkçı ya da ana akım siyasete karşı olan ve insan hakları, basın ve ifade özgürlüğü konusunda ilerici fikirleri olan örgütlenmeler gibi siyasal yapılar olsun, siyasi oluşumlar yeni medyanın nispeten ucuz, sansür açısından çok daha elverişli, ve etkileşime izin veren doğası ile kamuya direkt ulaşma imkanına kavuşmuştur.

Tüm bu gelişmeler eşliğinde kimin medya kimin siyasal oluşum olduğu artık oldukça muğlak bir durumdadır. Örneğin Britain First bir siyasi parti olarak görülse de seçimlerde etkili bir faaliyet gösterememesine rağmen Facebook tarafından hesapları kapatılana kadar Facebook'ta Birleşik Krallık'ın siyasi parti olarak en çok takipçisi olan sayfası olmuş ve çok ciddi etkileşim sayıları yakalamıştır. Bu yapıyı bir siyasi partiden ziyade ideolojik bir medya olarak tanımlamak daha doğru gözükmektedir. Bu açıdan bakıldığında, Britain First liberal basın değerlerinden uzak ideolojik olarak sağ ya da sol eğilimli yapılar olarak tanımlanan ideolojik medya kavramsallaştırmasıyla uyum göstermektedir.

Entman ve Usher'a (2018) göre ideolojik medyanın doğrulukla ilgili zorunlulukları göz ardı etmesi mutlak bir durum olmamakla beraber, bu yapılar nesnellikten uzak durmaktadır. Bu yapıların yükselişi 20. yüzyılda endüstriyel medya tarafından oluşturulan ortak kamusal alanın kutuplaşmasını ve bölümlenmesini arttırmaktadır. Vatandaşlar tarafsız ve bilimsel habercilik normları olduğu ileri sürülen habercilikten farklı olan ideoloji yüklü medya mesajlara kolay bir biçimde ulaşabilirler.

İdeolojik medya seçici maruz kalma ve filtre balonu kavramlarıyla da derinden ilişkilidir. Seçici maruz kalma kavramı internet ya da sosyal medyanın ortaya çıkmasından önce ortaya çıkmıştır. En temelinde izleyicilerin kendi inanç ve düşüncelerinden farklı olan medya araçlarından kaçındıklarını ve kendilerine uyan medya organlarına yöneldiklerini anlatan bir kavramdır. Bu kavram aynı zamanda ortak referans noktalarına göndermede bulunur. Bu, sosyal medyaya daha açık bir biçimde Facebook'a uyarlanırsa bir kullanıcı haber akışında görmek istediği sayfayı takip eder, onun içeriklerini beğenir ve yorumlar yani etkileşime geçer ve algoritma da ona bu tip içerikleri daha fazla gösterir ve kullanıcı beğenmediği kişi ve grupları takipten çıkar ya da bir içeriği sakla fonksiyonunu kullanarak o tip içerikleri daha az görme şansını elde edebilir. İster klasik medyada olsun ister yeni medyada olsun bu durum kutuplaşmayı arttırıcı bir fonksiyona sahiptir. Himelboim ve arkadaşlarının bu konudaki çalışmasını inceleyen Aruguete ve Calvo (2018) çerçeveleme açısından seçici maruz kalmayı şöyle açıklarlar: "Sosyal medya içeriğine yönelik seçici maruz kalma, bireyler tercihleri ve inançları ile bilişsel olarak uygun olan içeriği aktif olarak aradıklarında ortaya çıkar." Bununla beraber sosyal ağ sitelerinin diğer internet araçlarına kıyasla kazara maruz kalmaya yatkın olduğuna dair görüşler de vardır. Onlara göre paylaşarak, beğenerek, yeniden tweetleyerek, enformasyona kazara maruz kalma gerçekleşebilir. Çünkü bireyler sosyal ağ sitelerinde her zaman ne tüketeceklerini seçmezler (Casteltrione, 2014). Sosyal ağ sitelerinde seçici maruz kalmanın ötesine geçtiğine dair görüşlerin çıkış kaynağı olan filtre balonu kavramı ise Google'ın (Google aynı zamanda web enformasyon şirketi olan Alexa.com'a (Klein, 2017) göre ırkçı sitelere ulaşım açısından tünel görevi gören siteler açısından başı çeker) kişiye özgü arama motoru sonucu ilkesiyle tartışılmaya başlanan bir kavramdır. Sosyal ağlar da kişilerin bıraktığı izler eş deyişle çıkartılan profilleri üzerinden, onların siyasal eğilimleri üzerinden kişiselleştirilmiş bir deneyimi onlara sunar. Bir anlamda kişilerin seçici maruz kalma ile beğenilerini daraltmasına ek olarak bu platformlar da onlara daha dar ve bir anlamda kendisi gibi olan insanlar ve deneyimler sunarak onları mutlu eder.

Bu kavramlarla beraber internetin bireyi özgürleştirdiğine yönelik ilk zamanlardaki olumlu yaklaşımların yerine bireyleri radikalleştirdiği ve kutuplaşmaya yol açtığı tartışılmaya başlanmıştır. Facebook gibi platformlarda nonim kimlikler yer alsa da aynı ortamda bulunmama durumu nedeniyle ötekileştirmenin daha kolay olduğu internetin bu özelliklerini kullanan aşırı sağ partiler ve aktörler doğrudan nefret söylemleri ya da yoruma açık şekilde hedef gösteren paylaşımlarla takipçilerini de yorum sürecine katarak memnun edecek şekilde ana akım mantığında herhangi bir sansüre maruz kalmadan ya da eşik bekçisi fonksiyonu olmadan kitlelere ulaşabilirler.

Filtre balonu açısından ele alındığında Facebook'un Anasayfa ve Instagram Keşfet kısımları ticari algoritmik yapıları nedeniyle kullanıcıların beğenilerine göre şekillenir. Bu açıdan örnek vermek gerekirse aşırı sağ sayfaları takip eden ve onların gönderileri ile etkileşime geçen kişiler bu tip paylaşımları oransal olarak daha fazla görecektir. Benzer şekilde bu kişiler Facebook'un reklam panelinde hedefli reklam olarak daha önceki beğenileri, demografik bilgileri, lokasyonları vb. açılardan kategorileştirilebildiklerinden yine reklam açısından da filtre balonlarının içine girerler. Bu durum ideolojik medyanın içeriklerine meyilli kişileri konsolide edebilmesini ve toplumsal olarak bir kutuplaşmayı beraberinde getirir.

Bununla beraber Gözden Geçirilmiş Basamak Modeli'ndeki ideolojik medya sadece online olarak anlaşılmamalıdır. Entman ve Usher ideolojik medyayı açıklarken muhafazakâr elitlerin bu konudaki başarısına dikkat çekerler. Onlara göre sol ve muhafazakâr ideolojik medya arasında ciddi bir fark vardır. Çünkü muhafazakar elitler ana akım medyayı gayri meşru hale getirmek adına uzun dönemli çalışmalar yapmış, Fox News, konuşma bazlı radyolar (Limbaugh, Glenn Beck) ve Brietbart.com gibi adı geçen online platformlar yaratmaya yardımcı olmuş ve algoritmik yapıları kendi çıkarlarına göre kandıracak şekilde liberallere kıyasla daha iyi bir koordinasyona sahip olmuşlardır. Entman ve Usher aynı zamanda sol tandanslı medyanın sağ tandanslı medyayla kıyaslandığında sadakat, etki, dogmatizm ve erişim açısından güçsüz olduğunu söylerler (2018).

Haydut Aktörler

Haydut aktörler, eskiden egemen medyayı ve siyasal iletişimi domine eden elitleri sınırlandıran normların dışında hareket edebilirler. Teknoloji, hackerları, "sahte haber" üreticilerini ve botları haber eko sitemini baltalayabilmeleri noktasında güçlendirmiştir. En iyimser ihtimalle, Edward Snowden gibi sistemin dışından çalışan hackerler hükümeti şeffaflaştırabilir. En kötümser bakışla, hackerlar devlet aktörleri ile iş birliğine girebilir, komplo teorilerinin artmasına yardımcı olabilir, yanlış bilgileri yayabilir ve hatta seçim sonuçlarını etkileyebilir (Entman ve Usher, 2018). Foucaultcu (2011) anlamda Julian Assange ve Edward Snowden gibi hükümetleri açan isimler çeşitli şekillerde hem fiziki hem de sanal olarak pek çok baskıya maruz kalmıştır. Öte yandan hükümetlerin kendi adlarına, benzer aktörleri kullandığı pek çok çalışmada ortaya konmuştur.

İnternette Facebook'un like butonu, Twitter'daki gündem olma ya da retweet mantığı ve Youtube izleme süresi niceliğe dayanmaktadır. Bu platformların mantığı, iyi olan içeriğin çok beğenileceği, yorum alacağı, paylaşılacağı ya da retweet edileceğine, eş deyişle etkileşim alacağına dayanır. Kullanıcılar hesaplarının tamamen kendi kontrollerinde olduğunu düşünseler de en temelinde şirketlerin algoritmalarına mahkûmlardır. Bu nedenle Facebook ve Twitter gibi platformlar Amerika'da hem demokratların hem de Cumhuriyetçilerin hedefinde yer almışlardır. Demokratlar Trump'ın seçimi kazanma nedeninin Facebook olduğunu ileri sürerken (Bump, 2018), Trump Twitter'ı Cumhuriyetçileri susturmakla suçlamıştır (Salinas, 2018).

Botlar otomatik ve tekrar eden rutin işleri (örneğin bir websitesinde tüketici chat hizmeti gibi) yapan programlardır. Botlar, Twitter gibi platformlarla kombine olduklarında insanları ve algoritmaları kandırabilir, ihtilafları körükleyebilir ve kolektif hareketleri baltalayabilir (Çoğu Rusya bazlı olan cinsiyetçi Bernie Sanders trolleri gibi). Görüldüğü gibi troller destekli, tamamen temelsiz ve asılsız enformasyon, geleneksel bir haber gibi öne sürülüp düzenbaz elitler tarafından desteklenip "sahte haber" olarak ağ basamağına dâhil olur. Bu noktadaki önemli husus "sahte haber"in sadece izler kitlenin şemaları ile uyduğunda işe yaramasıdır (Entman ve Usher, 2018). Endüstriyel medyaya güven düzeyi düşük olan yüksek oranda parzitan vatandaşlar bazen kendi geniş ağlarında uyumlu çerçevelerini yayarlar. Bu kandırmacalara inanmak, bu konuda zaten motivasyonu olan kişiler için geçerli olan bir durumdur. 2016 yılında Hillary Clinton'ın pizza dükkanı bazlı çocuk istismarı halkası gibi aldatmacalar sağ tandanslı ideolojik medyanın takipçileri arasında ciddi biçimde yayıldı ve buna gerçekten inanan birinin bir pizza dükkanına saldırı yapmasıyla sonuçlandı. Normları çiğneyen aktörler aynı zamanda ana akımda yer alan gazetecilerin ve politikacıların gözünü korkutmak için botları kullandı. Bazı gazeteciler Trump karşıtı hikâyelerinden dolayı ölüm tehditleri aldı ve bazı kadın adaylar sözlü tacize uğradı (Entman ve Usher, 2008).

Teknoloji şirketleri, Facebook'un Cambridge Analytica örneğinde olduğu gibi ticari kazanç beklentisiyle kullanıcıların manipüle edilmesine isteyerek ya da istemeden neden olabilir. Devletler ya da trollerin ya da botların parasını karşılayabilecek herhangi bir güç önce algoritmaları dolaylı olarak da kamuoyunu manipüle edebilir. Hükümetlerin troller ve botlar kullandığı hatta Rusya'nın Amerika'nın seçimini bu vasıtalarla manipüle ettiği uzun süreden beri tartışılmaktadır. Morozov (2012) bu konuda siber ütopiklerin otoriter hükümetlerin interneti nasıl kullanabileceklerini, propaganda amaçlı olarak internetin nasıl kullanılabileceğini, diktatörlerin internet sayesinde nasıl gözetim sağlayacağını ve internet sansürünün modern sistemlerinin ne kadar sofistike olabileceğini algılama noktasında yetersiz kaldıklarını ileri sürer.

Aşağıdaki Tablo 6 dijitalleşme sonrası yeni iletişim yollarının ve ağlarının varsayılan gücünün ve yönünün işleyişini ortaya çıkartır. Gözden Geçirilmiş bu basamak modeli, çerçevelerin dijitalleşmiş iletişiminin, nasıl ve hangi şartlar altında gücü yeniden dağıttığını ve demokrasiyi güçlendirdiğini ya da bunları yapıp yapmadığını kavramsallaştırmak ve araştırmak için bir rehber ortaya koyar (Entman ve Usher, 2018). Entman ve Usher ağ aktivasyonunun basamaklandırılmasında 5 vananın etkisinin, elitlerin dikkatini tabana çekmeye çalışacak şekilde çerçeveleri ortaya koyanlara kıyasla, kamuyu yukarıdan gelen çerçevelerin alıcısı konumuna getirdiğini düşünmektedir. Ancak bu durumun sadece araştırma ile ortaya konabileceğini ileri sürerler.

Tablo 6 Gözden Geçirilmiş Basamak Modeli

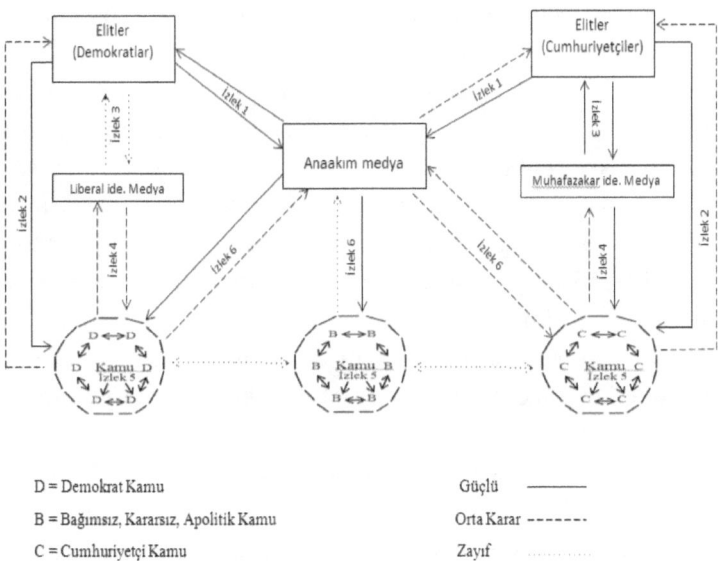

D = Demokrat Kamu
B = Bağımsız, Kararsız, Apolitik Kamu
C = Cumhuriyetçi Kamu

Güçlü ————
Orta Karar - - - - - -
Zayıf ....

Gözden Geçirilmiş Basamak Modeli, dijital sistemdeki ekonomik yapının insanlara istediklerini veren bir içerik üretimini teşvik ettiğini ileri sürer. Entman ve Usher'ın dikkatini çektiği bu durum aslında çalışmada algoritmaların ticari mantıkla oluşturulup filtre balonlarını oluşturacak şekilde insanların isteklerine göre şekillendirildiği şeklinde açıklanmıştı. Benzer şekilde modelde ideolojik medya olarak adlandırılan yapıların sadece ideoloji yaymaktan ibaret olmadığı aynı zamanda Poell ve arkadaşlarının (2015) ileri sürdüğü "aktivizmi pazarlamak" olarak adlandırılan kavramla benzerlikler taşıdığı ileri sürülebilir. Bir işten para kazanabilmek adına onun pazarlanması ve ortada bir marka konumlandırılması olması gerekir. Bu yapıların "Shop Now" kısımları ile alışverişe yönlendirmeleri, yardım talepleri ile para toplamaları ve reklam almaları "aktivizmi pazarlamak" kavramıyla örtüşmektedir. Entman ve Usher'a göre insanlar istediklerini alır ama demokrasinin ne istediği başka bir konudur (2018). Medya boyutunda (izlek 1) platformlar, izler kitle ve endüstriyel haber organizasyonları arasına girerler, eski gazetecilik iş modelini güçsüzleştirir ve geleneksel haber dağıtım sistemini parçalarlar. Elit düzeyinde, dijital öncesi izlekte iletişimin akışının geleneksel medya aracılığıyla olması zorunluyken, elitler artık kendi mesajlarını kendileri yaymaktadır ya da şu ana kadar bilinmeyen bir ölçüde ideolojik medyanın içeriğini doğrudan kamuya servis ederek güçlendirmektedir (@realDonaldTrump). Elitler ve kamu, ana akım medyanın aracılığı olmaksızın birbiriyle doğrudan bağlantı kurabilir (izlek 2), öte yandan ideolojik medya, elitler ve kamu arasında güçlü ağlar (sağdaki izlek 3 ve 4) elit çerçevelerini yansıtır ve teşvik eder (Entman ve Usher, 2018: 304).

Entman ve Usher yukarıda belirttikleri gibi burada da kamudan ziyade elitlerin çerçevelerinin etkisini öncelerler. Kamu düzeyinde, vatandaşların birbiriyle etkileşime geçebileceği yeni bir imkân (izlek 5) vardır. Bununla beraber kamular arası geçişlerin modelde de gösterildiği gibi zayıf olması filtre balonu mantığıyla örtüşür. Ana akım medyayı ve kamuyu birbirine bağlayan izlek 6 hala önemini korur (Entman ve Usher, 2018). Bu noktada bu modele katkı olarak ana akım medya ve ideolojik medya arasında da belirli bir ilişki olduğu söylenebilir. Ana akım medya ideolojik medyanın habercilik anlayışını ve sahte haberlerini yerecek şekilde haberler yapar. Özellikle Trump'ın seçim başarısı ve kamuyu etkileme hususunda ideolojik medyaya pay çıkartacak şekilde analizler ortaya koyar ve ırkçı protesto ve eylemlerle ideolojik medya arasında bağlantı kurar. Muhafazakâr ideolojik medya ise ana akım medyanın insanları kandırdığını ve sahte haber üretip sadece demokratlara hizmet ettiğini söyler ve aynı zamanda ana akım medyanın kendi içindeki tartışmaları haberleştirerek buradan bir kazanım elde etme gayretine girer. Platformlar ciddi şekilde bağlantıları zayıflatır (orijinal modeldeki 1,2 ve 3 izlekleri). Geleneksel gazetecilerle elitler ve kamu arasındaki bağlar zayıflarken, yepyeni ideolojik medya güçlenir. Ancak orijinal basamak modeline benzer biçimde elitler paylaştıkları enformasyonu kontrol ederek çerçeveleme sürecini genel anlamda harekete geçirirler. Elitler hala geleneksel şekilde çerçeveleri şekillendiren kritik enformasyonu saklayabilir ya da serbest bırakabilir -konuşmalar, basın konferansları, açıklamalar, fotoğraf çekimlerine izin vermeleri, senato oturumları, medya etkinlikleri ve sızdırmalar- (Entman ve Usher, 2018: 304).

Sol, merkez ve sağ kamuların (Tablo 5'teki eski basamak modelinde daha yekpare bir kamusal alan olarak konumlandırılır) birbirinden ayrılması sadece kutuplaşmayı değil aynı zamanda dijitalleşmeyi de yansıtır ve politik yelpazede birbirinden ayrı iletişim süreçlerini yaratır. Yekpare çizgiler güçlü iletişim izleklerini simgelerken, kesikli çizgiler orta karar izlekleri ve noktalı çizgiler zayıf izlekleri simgeler. Dijital iletişimin verimliliğine bağlı dönüşümler bazı şeyleri güçlendirirken endüstriyel medyanın hâkimiyeti altında var olan bazı sınırları zayıflatmaktadır (Entman ve Usher, 2018: 304). Kendileri ve medya arasındaki ayrımlar bulanık bir hal alırken (özellikle muhafazakârlar arasında, örneğin Cumhuriyetçilerin liderliği ve Fox News arasında) bazı elitler güçlenmektedir. Bununla beraber kamular arasındaki sınırlar daha az geçirgen gibi gözükmektedir. Bu yüzden, Entman ve Usher ticari olarak başarı düzeyi daha düşük olan liberal alt sisteme kıyasla muhafazakâr alt sistemin elitler, medya ve kamular arasında daha sıkı bağlantıları ortaya koyduğunu düşünmektedir ((2018). İkili güncellenmiş modeldeki izlek 2'yi kullanarak sağdaki güçlü ideolojik ağların liderlerin ideolojik saflığına katkıda bulunma noktasında vatandaşları güçlendirebileceğini ileri sürerler. Ancak eğer aynı liderler önceden izlek 2,3 ve 4 aracılığıyla bozucu çerçeveleri üretmiş ve dağıtmışsa demokrasi gerçekten ilerlememiştir. Bu noktada dikkat çekilmesi gereken başka bir unsur ise yukarıdaki kısımlarda kullanıcıların içerik üretimi ile ilgili öne sürülen üretilenin yeniden üretimi konusudur. Kullanıcılar paylaşımın çok önemli bir faktör olduğu bu ortamda içerikleri yeniden paylaşarak elitlerin ya da ideolojik medyanın içeriklerini yeniden üretebilir. Cumhuriyetçi liderlerin izlek 2,3 ve 4 aracılığıyla bozucu çerçeveleri üretip dağıtmasını diyakronik (eskiden planlanıp sürekli devam eden) bir dinamik olarak tanımlayan Entman ve Usher bu dinamiğin Cumhuriyetçi liderlerin geleneksel pazarlık ve taviz verme ile ilgili normları reddetmesine ve sistemin kilitlenmesine yol açtığını ileri sürerler. Fonksiyonelliğini kaybeden hükümet kamudaki kızgınlığı besler, iletişim ağları daha fazla kutuplaşma yaratır ve demokrasi sürekli bir düşüş evresine girer. Buna ek olarak haydut aktörler bilinçli bir şekilde medya ve kamu arasındaki iletişim izlekleri olan 4 ve 5 ile beraber kullanıcıların kendi içindeki iletişim ağını yani izlek 5'i kirletir, böylece vatandaşların rasyonel kolektif eyleme izin veren nitelikli enformasyon alabilmesinin önünü tıkar. Silverman, Strapagiel, Hamza, Hall ve Singer-Vine (2016) sağ kanattaki 3 büyük Facebook sayfasının %38 oranında yanlış ve yanıltıcı enformasyon yayınladığını söylerken bu oran sol kanattaki üç büyük sayfa için %20'dir. Bu oranlar ve filtre balonları göze alındığında farklı görüşteki kişilerin birbirlerine tolerans oranlarının düşeceği ileri sürülebilir.

Her ne kadar gözden geçirilmiş modelde gösterilmese de her düzeydeki izleklerde vanalar bulunmaktadır. Gözden geçirilmiş modelde, sosyal ve arama motoru platformlarının elit çerçevelerinin haberleştirilmiş versiyonlarını tahmin edilemeyecek şekilde dolaşıma sokan opak algoritmaları devrededir. Gazeteciler kar mantığıyla bazı hikâyeleri ve çerçeveleri vurgulayıp bazılarını görmezden geldiğinden bu durum haber tercihlerini şekillendirir. Çoğu zaman tıklanma sayısını arttırma amacıyla kullanıcıları takip etmek için kullanılan analitikten alınan geri bildirim nüans ve detayların atlanmasına, böylece haber kalitesinin düşmesine ve potansiyel olarak elitlerin üzerindeki baskının azalmasına neden olur. 24/7 haber ortamındaki hız ve hazırcılık ile ilgili takıntı endüstriyel medyanın faydasını daha da baltalar (Entman ve Usher, 2018). Entman ve Usher'a göre medyanın yeni medya ortamındaki bu konumlanışı elitlerin gücünü arttırabilir. Aynı zamanda algoritmalar Facebook'ta elit çerçevelerinin etkisini arttırabilir. Örneğin Trump çerçeveleri ile karşılaşanlar bu tip içeriklere daha fazla rastlayacaktır (Usher, 2018: 305). Algoritmaların filtre balonu etkisinin yanı sıra, hedefli reklamlar, kitlenin sürekli takip edilmesini sağlayan analitik, botlar ve trollerle gündem belirlenebilmesi ve geleneksel medyanın kitlenin istediğini verebilmek adına bu gündeme yönelmesi yine elit çerçevelerini güçlendirecektir. Çalışmada daha önce örnek verildiği şekilde Cambridge Analytica gibi firmaların yükselişi Entman ve Usher adına elitlerin dijital analitiği nasıl kullanabileceklerinin bir örneği olmuştur. Bu ikili dijital analitik vasıtasıyla elitlerin, platformları ve algoritmaları kendi etkilerini partizan kişiler üzerinde artırmak ve rakiplerini kötülemek için kullandıkları görüşündedirler (2018). Entman ve Usher aynı zamanda platformların demokratik normlara daha az bağlı olan otoritelerin (örneğin Trump) ve hatta normlara daha da az bağlı olan aktörlerin yanlış bilgileri daha etkili bir biçimde yaymalarına izin verdiğini söylerler (2018: 305). Bununla beraber Entman ve Usher'a göre elitlerle yakın ilişki içinde olmanın avantajını kullanan ideolojik medya elitlerin hareketlerini tetikleyebilir ve güçlendirebilir. Trump sık sık Fox News ve Breitbart.com'un tweetlerini ve hatta aslında haber organizasyonu olmayan komplocu ve gerçek karşıtı yapıları da yeniden tweetlemiştir. Trump, bu çalışmada da incelenen Britain First'ün liderlerinden Jayda Fransen'in İslam karşıtı 3 tweetini yeniden tweetlemiş ve sonrasında da "adil olan şey eğer bana onların korkunç insanlar, korkunç ırkçı insanlar olduğunu söylerseniz, ben özür dilenmem istenirse kesinlikle özür dilerim" açıklamasını yapmıştır.

Bu noktada bu çalışmada ele alınan "yeni medya ortamında aşırı sağın ya da genel olarak ideolojik görüşlerin birbirinden beslenerek evrenselleştiği" yaklaşımı açısından Trump'ın Britain First'ün bir tweetini yeniden tweetlemesi dikkat çekicidir. Entman ve Usher başkanın apaçık yalanları (Obama Trump'ı dinletti) doğrudan yayabildiği ve hem kongreyi hem endüstriyel hem de ideolojik medyayı haftalarca meşgul eden ve daha fazla hükümet fonksiyonsuzluğuna neden olan sahte skandal iddialarını ortaya atabildiğini ileri sürerler (2018). Yalanların bu yeni medya ortamında bu kadar gündemi belirleyebilmesinin nedeni hem yeni medya ortamının hem de onun bir parçası olan sosyal medyanın özellikleri kaynaklıdır. Yeni medya eşik bekçisi kavramını ortadan kaldırmakla kalmaz, aynı zamanda artık gündem belirleyemeyen geleneksel medya ortamlarının da haberleri daha az ciddi şekilde, hızlı ve bağlamından kopuk biçimde yer vermesine neden olur.

Bununla beraber yeni medya ortamının haberleri bağlam içinde verme hususunda daha etkili olabileceğini ileri sürenler de vardır. Örneğin Pavlik bağlam içinde kullanılan gazetecilik olarak isimlendirdiği bu yapının çok boyutlu olduğunu ve demokrasiyi geliştirme sürecinde küresel vatandaşları daha iyi enforme ederek daha cazip haberciliği ve daha bütünsel enformasyonu üretebildiğini ileri sürer. Ona göre bu etkiyi yaratabilecek özellikler yeni medyanın teknik özellikleri olan 1: Multimedya (iletişim kipliklerinin derinliği) 2: Hipermedya (ya da hipermetin); üst düzey izler kitle dahiliyeti (interaktiflik); 3: Dinamik içerik (flaş ve sürekli güncellenen haberler); ve 4: İçeriğin uyarlanması (ya da kişiselleştirmesi olarak sayılabilir) (Franklin vd, 2016). Haberin bağlam içinde ve tüm tarafların görüşlerine yer verecek şekilde verilebilmesini sağlayan bu tip teknik özelliklerin olması kuruluşların haberleri bu şekilde verdiklerini göstermez. Yeni medya ortamının yarattığı kültür (yeni medya derinlikli okumaya yönelik bir ortam olmadığından bağlam içinde verilen haberlerin bile ciddi bir etki yaratma şansı azalmaktadır), SEO mantığıyla kullanıcıları bilgilendirmekten ziyade Google'ı tatmin etme çabası, hız baskısı ve muhabirlerden ziyade hazır haberleri yeniden yazan editörlerin bu tip yapılarda çalışması geleneksel medyanın da sorgulanmasına neden olmuştur. Bununla beraber, endüstriyel medya ne olursa olsun hukuki ve toplumsal sorumlulukları taşımakla yükümlüdür. Haberlerde imzası olan gazeteciler ya da sorumlu yazı işleri müdürü genel olarak yaptıkları işin cezai ve toplumsal yükümlülükleri olabileceğinin farkındadır. Ancak platformlarda yapılan "habercilik" ise hem çok basit hem de bu tip sorumluluklardan kaçınan bir yapıdadır. Entman ve Usher platformların enformasyonun yayılımı açısından oldukça kolaylaştırıcı imkânları sayesinde farklı aktörlerin gazeteci olarak davranabildiğini ve böylece partizan izler kitleye ulaşabildiklerini ileri sürerler.

Gözden geçirilmiş modelde izlek 5'te görülebileceği gibi herkes Facebook sayfaları, Facebook canlı yayınları ve podcatsler yaratabilir (2018). Bununla beraber, bu sıradan insanlar ya da gruplar sonrasında ideolojik medya olarak da konumlandırılabilecek kadar güçlenebilir. Bu çalışmada da hem önceden ünlü olan siyasiler, medya organları ve hem internet sayesinde üne kavuşan yapıların Facebook sayfaları incelenecektir. Bu noktada elitlerin kamuyla doğrudan ilişkisini anlatan izlek 2, ideolojik medyanın kamu ile doğrudan ilişkisini açıklayan izlek 4 ve Entman ve Usher'ın kamu kısmına koyduğu izlek 5 çalışma için önem arz eder. Entman ve Usher algoritmaların yardımı ve elitlerin desteğiyle etkili partizan yanlış bilgi balonlarının büyüyeceğini ileri sürerler (2018). Bu durumda, sıradan insanlar Facebook sayfaları aracılığıyla hâlihazırda kutuplaşmış olan kitlelere yönelik yayınlar yapıp, tek tipleşmeyi destekleyen algoritmalardan faydalanıp elitlerin dikkatini çekebilir ve bunu statü ve para açısından avantaja dönüştürebilir. Benzer şekilde dijital analitik kullanılarak izler kitle erişimi ve ekonomik kazanç arttırılabilir. Partizan web sitelerini motive eden şey çoğu zaman ideolojiden ziyade paradır (Entman ve Usher, 2018: 305).

Bu durum Poell ve arkadaşlarının (2015) sosyal medya açısından ileri sürdüğü "aktivizmi pazarlamak" yaklaşımı ile benzerlik gösterir. Poell ve arkadaşları Kullena Khaled Said adlı Facebook sayfası üzerinden şu geniş analizi yaparlar: *"Kullanıcılar Kullena Khaled Said sayfasındaki içerikleri beğenip yorum yapabilmekle beraber, sayfa yine de geleneksel medya organizasyonları ile birkaç göze çarpan özelliğe sahiptir. Sayfanın dizaynı yayın teknolojilerine benzer biçimde tekten çok kişiye mesajları duyurma üzerinde şekillendirilmiştir. Facebook'un genel mimarisi gereği yöneticilerin paylaşımları sayfa zaman tünelinde doğrudan takipçilerin görebileceği şekilde konumlandırılır. Dahası, bu yorumlar her zaman ilgili paylaşımların altındadır."* Eş deyişle sayfadaki gündemi belirleme açısından yönetim çok güçlü konumdadır. Bununla beraber bir sayfanın kendi alanındaki yönetimsel gücü mutlak değildir. Facebook gibi platformlarda bu tip milyonlarca yapı vardır. İnternette bir yapının etki alanının geniş olması eş deyişle kitlelere ulaşabilmesinin yolu ise kuralları doğru oynamasına bağlıdır. Bu durum ise içinde bulunulan yapıların algoritmasını iyi çözmek, internette kişilerin istedikleri gibi (sansasyonel) içerikler sunmak ve backlink mantığına uygun şekilde başka yapılardan destek almak (aslında bu da algoritmik bir işlemdir) gibi unsurlara dayanır. Entman ve Usher da yanlış bilgi temelli partizan yapıların yükselişini benzer biçimde algoritmik yardım ve elit desteğine bağlamış ve dijital analitiğin izler kitle erişimini ve ekonomik getirileri daha da arttırdığı belirtmişti (2018). Araştırma kısmından çıkan sonuçlarla beraber Gözden Geçirilmiş Basamak Modeli ile ilgili bu çalışmanın önerileri de ele alınacaktır.

Facebook ve Politik Partiler

Etkileşime izin veren yapısıyla Facebook'un gruplar ve sayfalar aracılığıyla siyasal söylemin yayılması açısından bir araç olabileceği görüşü yukarıdaki kısımlarda belirtilmiştir. Williams ve Gulati'ye göre Facebook'un kendisi de politik söylemin sitedeki gelişimini Seçimin Nabzı (Election Pulse) adlı bir kısma yer vererek desteklemiştir ve pek çok aday ve grup Facebook'u kampanyalarının iletişim stratejisinin bir parçası olarak konumlandırmıştır (Mascaro vd., 2012). Siyasal kampanyaları yöneten kişiler de geleneksel kampanya araçlarına kıyasla sosyal medyanın önemine değinmişlerdir. Örneğin senatör John Sununu kampanya ekibinden Ryan ve Roger Wicker'ın kampanya sorumlularından Ryan Anniston (Williams ve Gulati, 2013) Facebook'un niş kitlesi hakkında şunları söylemiştir:

"Biz daha genç oy verenlere, üniversite öğrencilerine ve son beş sene içinde mezun olmuş genç çalışanlara ulaşmaya çalışıyoruz... Facebook'u kullanan çoğu kişi 18-22 yaş arasındaki genç öğrenciler."

"Diğer kampanyalar maliyetli oluyor. Facebook'un en büyük artısı ücretsiz olması. Facebook oy verenlerle temasa geçebilmek adına büyük ihtimalle elimizdeki en iyi şey."

Bununla beraber literatürde politik partilerin sosyal medyada bulunma amaçlarını araştıran çalışma sayısı azdır. Düşünürler bu amaçları partilerin Facebook sayfalarında paylaştıkları içeriklere uyguladıkları içerik analizleri sayesinde kategorileştirmişlerdir. İlginç bir şekilde Morin ve Flynn, Çay Partisi'nin paylaşımlarına yönelik kullanıcı yorumlarında aynı sonuçları elde etmişlerdir. Eş deyişle kullanıcıların da yorumlarıyla siyasi partilerin sosyal medya yönetimi paylaşımlarında olduğu gibi bazı fonksiyonları yerine getirdiklerini ileri sürmüşlerdir. Tablo 3 farklı düşünürlerin fonksiyonları nasıl tanımladıklarını ve kullanıcıların yorumları ve partilerin paylaşımlarının ne derecede kesiştiğini karşılaştırmaktadır (Lukashina, 2017: 26).

Tablo 7 Politikacılar ve politik partiler tarafından paylaşılan Facebook içeriklerinin fonksiyonları

Çalışmanın yazarları, yayım tarihi, sayfa aralığı	Goh ve Pang, 2012: 32	Larsson, 2015: 461-463	Morin ve Flynn, 2014: 122-127
Ülke ve zaman aralığı	Singapur'daki 2011 genel seçimleri	2013'deki 'kısa kampanya' döneminde Norveçli parti liderlerinin Facebook paylaşımları	2010 Amerika kongre seçimleri, Çay Partisi
Fonksiyonlar	Takdir (partiye desteği ifade etmek)		Bir adayın ya da partinin cesaretlendirilmesi
	Tartışma (seçimle ilgili bir konudan konuşmak)	Bilgilendirmek (siyasal bir açıklama ve tartışmayı sunmak)	
	Diğerlerinin paylaşımlarına cevap vermek		
	Medya takibi (ana akım medyadaki yayınları tartışmak)		Medyaya saldırmak (ana akım medyadaki yayınları eleştirmek)
	Politik katılım (oy verenleri harekte geçirmek)	Harekete geçirme (oy verenleri harekte geçirmek)	
	Miting ve kampanya bilgileri		
	Diğer		
		Eleştiri (rakiplere yönelik)	Muhaliflere saldırma (Obama Cumhuriyetçiler)
		Kişisel paylaşımlar	
		Takdir etme	

Lukashina (2017) Alman aşırı sağ partilerinin ana akım medyanın haberlerini Facebook'ta yeniden paylaşıp çerçeveleyerek ideolojilerini nasıl konumlandırdıklarını ele alır. Lukashina aynı zamanda medya içeriğindeki bilişsel yapıları inceleyen bir yaklaşım olarak tanımladığı çerçeveleme yaklaşımı ile sosyal medyada üretilen içeriklere odaklanır ve çerçeveler üzerine konumlandırılan Aktivasyonu Basamaklandırma Modeli'ni, Facebook'u göz önünde bulundurarak yeniden değerlendirir. Lukashina aynı zamanda çalışmasını gerçekleştirdiği zamanda Facebook ile ilgili var olan literatürün kısıtlılıklarını dile getirir. Ona göre var olan literatür (bknz. Tablo 7) iletişimi sosyal bir süreç olarak ele alma konusunda yetersiz kalmıştır ve Facebook'taki iletişimin arkasındaki sosyal anlamı gözden kaçırarak enformasyonun mekanik bir biçimde iletilmesi gibi sunmuştur (2017). Aslında bu durum Tablo 7'deki iletişimin tek yönlü olarak gösterilmesi açısından da anlaşılabilir. Adı geçen çalışmalar Facebook'taki siyasal iletişimi geleneksel medya mantığıyla ele alıp çift yönlülük ve etkileşim özelliklerini atlamışlardır. Facebook'un algoritmasına göre etkileşim almayan içerikler hem görülme açısından çok kısıtlı kalır hem de sayfanın genel olarak değerini düşürür. Bu durum dijital analitik ile çok rahat bir şekilde sayfa sahipleri tarafından görülebilir. Eş deyişle Facebook gibi platformlarda sayfa sahipleri kitlelerini nasıl aktif tutacaklarını dijital analitik sayesinde takip edebilirler. Bu bir anlamda televizyonlar için yapılan reyting ölçümlerinin gelişmiş bir versiyonuna karşılık gelir.

Elter'a göre bazı partiler seçmenleri ile bir diyalog kurabilse de politikacıların Facebook sayfaları bilgi verme odaklıdır, eş deyişle bir tür tek yönlü iletişim vardır (Lukashina, 2017: 26). Lukashina'ya göre bilgi verme fonksiyonuna yönelik vurgu, kullanıcıların bilgi edinme motivasyonları ile çelişmez, ancak partiler bu fonksiyonu önceleyerek seçmenlerle daha sıkı kurabilecekleri bağları gevşek tutmuş olurlar. Tablo 3'te görülebileceği gibi sadece üç fonksiyon (takdir -partiye ya da adaya desteği ifade etmek-, muhaliflere saldırma ya da eleştirme ve medya takibi) hem partiler hem de kullanıcıların yorumlarında gözlemlenmiştir. Yukarıdaki tablodaki sonuçlar Facebook çalışmaları ve aşırı sağın online iletişim pratikleri arasında bir bağ kurmaya yardımcı olabilir. Bu tablodaki sonuçlar politik partilerin Facebook'u neden kullandığını ve izler kitleyle doğrudan iletişim, etkileşim, kullanıcılarla temas halinde olma, aşırı sağ ile işbirliği halinde aşırı sağ tipi içerik üretme ve bu içerikleri geliştirme ve medya içeriğini izleme ve eleştirme imkânı gibi hususlar açısından Facebook'un ana akım medyadan nasıl farklılaştığını gösterir (2017: 27).

Kullanıcılar açısından durumu değerlendiren Lukashina'ya göre Facebook onları sadece enforme etmez, aynı zamanda onlara kişisel iletişim ve sosyalleşme adına bir platform sağlar. Onların Facebook'taki faaliyetleri online kimliklerinin bir parçası olmakla beraber offline kimliklerinin de bir uzantısı halini alır. Örneğin bir kullanıcı bir Facebook sayfasını beğendiğinde tüm arkadaşları bundan haberdar olur. Politik partiler, kendi oy verenlerine ya da genel olarak kamuya ulaşmak için online sayesinde bir genişleme yaşayan bu kimliği kendi çıkarı için kullanabilir (2017).

Facebook ve Aşırı Sağ Partiler

Bornschier'in (2010) belirttiği gibi geleneksel medya açısından, sağ tandanslı popülist partiler açık ırkçı görüşler ve etnik çoğulculuğun farkı konusunda halkı ikna etmek istiyorsa medyanın onlara bunu yapabilecek imkânı vermesi gerekir. Bununla beraber partilerin genellikle ana akım medyaya çok kısıtlı bir erişimleri vardır (174). Ancak bu kısıtlı erişime rağmen aşırı sağın başarısını arttırması internet fenomeni ile açıklanabilir. Bu açıdan bakıldığında eşik bekçisi pozisyonunun bulunduğu ve belirli hukuki ve toplumsal yaptırımlar ile mesleki kodlar nedeniyle daha sorumlu bir yayıncılık yapılması beklenen endüstriyel medya şirketlerine kıyasla bu yeni medya ortamı, nefret söylemi ve ayrımcı dilin gelişmesine zemin hazırlayabilecek özellikleri içinde barındırır.

İster nefret söylemi ister ayrımcı pratikler olarak adlandırılsın aşırı sağ gibi ayrımcı yapılar tarafından Facebook'ta bir inanç, kimlik ya da ırkı hedef alan pek çok grup kurulduğu ortaya konmuştur. Facebook'ta Yahudilere yönelik nefret söylemlerini inceleyen Oboler'e (2008) göre bu gruplar anti-seminist nefreti toplumsal olarak kabul edilmiş bir duruma sokarak eş deyişle politik bir söylem olarak meşrulaştırma amacındadırlar.

Sosyal medyanın seçici maruz kalma ve filtre balonu özelliklerinden ötürü ayrımcı ve nefret diline uygun olduğu, her ne kadar Facebook gibi platformlarda nonim kimliklerle (Burke ve Goodman, 2012) yer alınsa da aynı ortamda bulunmamadan ötürü gerçek hayattaki normların işlememesiyle ötekileştirmenin daha kolay olduğu (Klein,2017), internetin bu özelliklerini kullanan aşırı sağ partiler ve aktörlerin doğrudan nefret söylemleri ya da yoruma açık şekilde hedef gösteren paylaşımlarla takipçilerini de yorum sürecine katarak onları memnun edebildiği (Ben-david ve Matamoros-Fernandez, 2016) ve bu yapıların ana akımın aksine herhangi bir sansüre maruz kalmadan ya da eşik bekçisi fonksiyonu olmadan kitlelere ulaşabildiği ileri sürülebilir.

Marmura (2010) internetin marjinal bireylerle beraber ana akım medyanın haber kapsamında yer bulamayan ve politik etkisi kısıtlı olan aşırılıkçı grupların dikkatinden kaçmadığını söyler. Ona göre internet bu grupların mesajlarını iletmelerine izin verir ve potansiyel olarak daha büyük kitlelere sansüre maruz kalma korkusunun çok daha az olduğu bir biçimde hitap etmelerini sağlar (1). Bununla beraber nefret söylemi sosyal medya ortamlarında internetten bile daha güçlü biçimde ifade edilebilir haldedir. Bunun nedeni internet siteleri, internet servis sağlayıcıları gibi yapılar sayesinde kontrol edilebilirken sosyal medya ortamlarında bu denetimin çok daha kısıtlı olmasıdır (Citron ve Norton, 2011). İnternetin ırkçılık adına fırsatlar yarattığını ileri süren Jakubowicz ve arkadaşlarına (2017) göre günümüz sosyal medya ortamında ister bir Instagram paylaşımında ister bir Facebook sayfasında ya da Twitter'da olsun, birilerini ya da bir grubu küçük düşürmek ya da sindirmek için ırkçı materyallere rastlamamak pek mümkün değildir (3). Bu bağlamda nefret söylemi birini ya da bir grubu ırkı, etnisitesi, cinsiyeti, dini, cinsel yönelimi ya da fiziksel ve zihinsel engelini aşağılayıcı göndermelerde bulunan söylem ya da temsil biçimlerinin nefreti teşvik eder şekilde vuku bulması olarak tanımlanabilir (Yar, 2013).

Facebook Topluluk Standartları'nın Nefret Söylemi bölümünde sindirme ve dışlamayı sağlayan bir ortam yarattığından ve bazı durumlarda gerçekten şiddete yol açtığından nefret söylemine izin verilmeyeceği söylenir. Facebook da nefret söylemi için yukarıdaki tanımla hemen hemen aynı hatta daha geniş bir tanım yapar: "Nefret söylemi korunan karakteristiklere - ırk, etnisite, ulusal orijin, dini inanç, cinsel yönelim, sosyal sınıf, cinsiyet, cinsel kimlik ve ciddi hastalık ve engeller – yönelik doğrudan saldırılardır." Bu tanımdaki dini nefret biçimlerine örnek olarak Klein Facebook'un Holocaust inkar grupları için bir cennet haline dönüştüğünü ileri sürer (2017: 41). Awan, Facebook'un duvar özelliğini bir metaforik olarak nefret duvarına benzetir ve İslamofobinin Facebook'ta kendini gösterdiğini söyler (2016). Klein gelen taleplere rağmen Facebook'un hizmet şartlarını ihlal etmedikleri gerekçesiyle Holocaust inkâr gruplarını silmediğini ortaya koyar. Facebook'un nefret söylemlerini silme konusunda Topluluk Standartları kısmında belirttiği kadar hassas olduğu düşünülse bile Facebook'un nefret söyleminin yayılmasını kolaylaştıran yapısından faydalanmak da mümkündür. Örneğin Facebook'un nefret söylemi politikasını aşmak için nefret söylemi barındıran dış bir bağlantıya yönelten link kullanımı bilinçli bir strateji olarak ele alınabilir. Linkte var olan ırkçı içerik diğer kullanıcılar, filtreleme algoritması ya da Facebook'un insan editörleri tarafından fark edilmeden yayınlanabilir.

Facebook'un bu tanımına rağmen yukarıda belirtildiği gibi nefret söylemi hala kendini platformda gösterebilmektedir. Ben-david ve Matamoros-Fernandez'e (2016) göre bu durum aşırıcı unsurların Facebook'un kullanım şartlarına adapte olmaları ile açıklanabilir. Bu ikilinin belirttiği gibi aşırı sağcı partilerin üstü kapalı ayrımcı pratikleri ile kullanıcılarını aleni nefret söylemlerine yönelttikleri iddiası önem kazanır. Çünkü Facebook ayrımcı ve doğrudan ırkçı söylemler için sayfaları ve grupları cezalandırırken kişileri cezalandırmaz.

Klein ve Muis Batı Avrupalı aşırı sağ grupların Facebook aktivitelerini ağ analizi yaparak inceledikleri çalışmalarında, aşırı sağ mobilizasyonunun politik fırsatçılık adını verdikleri kavram üzerinden şekillendiğini ileri sürmüşlerdir. Bu ikili aşırı sağ bir partinin çevrimdışı alanda güçlü olmamasının siyasi partilerin aksine kurumsal olmayan grupların en önemli aktörler olduğu online alana yansıdığını ve bunun sonucu olarak da online ortamdaki söylemi bu tür aktörlerin belirlemekte olduğunu iddia etmektedirler. Klein ve Muis bu sayfaların takipçilerinin yorumlarına yapılan içerik analizinde partiler ve aşırı sağ aktörlerin takipçileri arasında açık farklılıklara rastlamışlardır. Partilerin takipçileri, aşırı sağ hareketlerin takipçilerine kıyasla ulusal ve Avrupalı elitleri daha fazla tartışmakta ve göç ve İslam'a toplumsal hareketler ve topluluklara kıyasla daha az odaklanmaktadırlar. Buna ek olarak "Öteki"lerine yönelik aşırıcı söylemler açısından partilerle ilişkili sayfalar aşırı sağcı hareketlerin sayfalarına kıyasla genel olarak daha az aşırıcıdır (2018).

Silverman ve arkadaşları araştırmalarında internet sitelerinin Facebook'ta nasıl bir partizan haber dünyası kurduğunu ele aldılar. Onlara göre yalnızca 2016 yılında bile 187 haber sitesi ortaya çıktı ve Donald Trump'ın hem adaylık süreci hem de seçimi Facebook'ta çok büyük kitlelere ulaşan agresif ve bölünmeye neden olan politik içeriklerin altın çağına neden oldu. Yaptıkları analizde 667 web sitesinin 452 Facebook sayfası ile ilintili olduğunu bulan araştırmacılar bu sistemin temel çarklarının para ve öfke olduğunu ileri sürerler. Bununla beraber bu siteler sadece muhafazakâr ve liberaller tarafından değil aynı zamanda internet pazarlamacıları ve bunu bir iş fırsatı olarak gören diğerleri tarafından da yönetilmektedir. Bu manada öfke ve onun vasıtasıyla ulaşılan gelirin bölünmeye neden olan politik içeriklerle derinden bağlı olduğu ileri sürülebilir. Örneğin muhafazakâr YesImRight.com sitesinin ve ona bağlı "Yes I'm Right" Facebook sayfasının sahibi Freddy Hernandez şunları söylemiştir: *"Occupy Democrats ve diğer Facebook sayfalarının ciddi oranda etkileşim ve trafik elde ettiğini gördüm ve ben de bunu yapabilir miyim diye merak ettim. Politika perspektifleri değiştirir ama para bunu gerçekten yapar. Bu yüzden bu konuda fazla konuşmamayı tercih ediyorum (2017)."* Freddy Hernandez'in bunu bir iş modeli olarak gördüğü, sayfasındaki ürün satış temalı yapı ve buna yönelik içeriklerden anlaşılabilir. Aynı zamanda sayfadan yapılan link paylaşımları ile siteye trafik sağlanması da başka bir gelir yöntemidir. Bu noktada hiçbir ideolojik yönelimi olmayan kişiler bile Facebook'taki kitlelerin öfkesinden faydalanarak bu öfkeyi sitelerine etkileşim ve trafik yani gelir olarak kazanabileceklerinden ötürü Facebook'ta nefret söylemini ve kutuplaşmayı arttırıcı yayıncılığı tercih edebilirler.

Aşırıcı gruplar olarak da adlandırılan bu yapıların bazı karakteristikleri vardır. Bunlar bu çalışmanın sınırlılığı içinde Müslümanları terörist ve bütün sorunların kaynağı olarak görmek, beyaz ırkın üstünlüğüne göndermeler yapmak ve Müslümanların aşağı bir topluluk olarak gösterilmesi, çok kültürlülüğü reddetmek, Müslümanlara hakaret ve küfür etmek ve Müslümanları toplu olarak göndermek ya da yok etmek gibi aşırı talepleri dile getirmek şeklinde belirlenmiştir.

DÖRDÜNCÜ BÖLÜM
İSLAMOFOBİYE DAİR SÖYLEMSEL
PRATİKLERİ İNCELEMEK

Araştırmanın Problemleri

Batı'daki İslam karşıtlığının internette siyasal olarak var oluşunu inceleme amacında olan bir çalışma internette siyasal iletişimin demokratikleştirici ve anti-demokratikleştirici yönleri üzerine de pek çok bulgunun ortaya konmasında yardımcı olabilir. Batı'nın Müslüman sorunu olarak adlandırılan fenomen içinde göç, terör ve kültürel uyumsuzluk gibi pek çok unsuru barındırmasından ötürü politik fırsatçılık adına kullanışlı bir araç olarak görülebilir. Bu aracın internetteki daha spesifik olmak gerekirse Facebook'taki görünümü ise bu çalışmanın odak noktasını oluşturmaktadır.

Çalışmanın ilk problemi İslam karşıtlığının politik fırsatçılık açısından kullanışlı bir araç olup olmadığı ile ilgilidir. Çalışmanın sınırlılıklarından ötürü bu problem internet daha özelinde Facebook üzerinden ele alınacaktır. Bu problem altında bu çalışma kapsamında ele alınan ve derinlemesine bir şekilde incelenen Donald J. Trump, Tea Party, Breitbart, Theresa May, UKIP ve Britain First Facebook sayfalarında ilk olarak Orlando ve Manchester Arena saldırılarının nasıl ele alındığı ve tartışıldığı; bu olayın sayfa içeriklerinde nasıl çerçevelendiği ve bu çerçevelerin İslam karşıtlığı açısından politik fırsatçılık üzerinden değerlendirilip değerlendirilmediği sorgulanacaktır.

Çalışmanın ikinci probleminde Batı'da iktidardaki siyasi parti ve elitlerin Müslümanlar hakkında söylemleri aşırı sağ parti ve elitlerin söylemleri ile benzerlik gösterdiğine ve bu aktörlerin aralarında olumlu olarak tanımlanabilecek bir ağ ilişkisi olduğuna dair iddialar üzerine yoğunlaşılmıştır. Yukarıda adı geçen Facebook sayfalarının içeriklerinin olayları çerçeveleme açısından karşılıklı olarak analiz edilmesi ve bu sayfaların birbirileri ile ilgili paylaşımlarının incelenmesi ile bu problem ele alınmıştır.

Çalışmanın üçüncü probleminde Batı'da İslam karşıtı aşırı sağ söylemlerin evrenselleştiği ve ana akım ile aşırı sağ aktörler arasında olumlu olarak tanımlanabilecek bir ağ ilişkisi olduğuna dair iddialara yoğunlaşılmıştır. Çalışmada kısıtlı bir örneklem üzerinden İslam karşıtlığı açısından ana akım ve aşırı sağ yapıların içeriklerini çerçevelemelerindeki benzerlikler anlaşılmaya gayret edilmiştir.

Çalışmanın dördüncü probleminde sosyal medya ortamında, platformların sansürü gibi nedenlerden ötürü siyasi partiler ve diğer aktörlerin kodlanmış pratiklerle herhangi bir sansür ya da yaptırıma maruz kalmayan kitlelerini açık ayrımcı pratiklere yönlendirdikleri ile ilgili iddialar ele alınmıştır. Yukarıda ele alınan sayfaların kodlanmış çerçevelerle kitlelerini açık ayrımcı pratiklere yönlendirip yönlendirmedikleri anlaşılmaya çalışılmıştır.

Çalışmanın beşinci probleminde açık ayrımcı pratikleri yaymak isteyen aktörlerin sosyal medya platformlarının bu tip söylemlerin yayılmasını kolaylaştıran yapısından faydalanıp faydalanmadığı anlaşılmaya çalışılmıştır. Çalışmanın sınırlılığı açısından incelenen sosyal medya platformu olan Facebook'un teknik yapısındaki yetersizliklerinden ötürü yukarıda adı geçen sayfalar tarafından sunulan içeriklere verilen linklerle açık ayrımcı pratikler, manipülasyon ve sahte haber barındıran dış bağlantılara yönlendirme yapılıp yapılmadığı incelenmiştir.

Yukarıdaki politik sınıflandırmalarda ülkelerin seçim sistemlerindeki farklılık ve yıllardan beri gelen politik alışkanlıklar gibi nedenlerden ötürü her kategori tam olarak birbiriyle uymamaktadır. Örneğin Amerika'daki başkanlık sisteminin getirdiği dominant iki partili sistem nedeniyle Çay Partisi (Tea Party) bir partiye dönüşmekten ziyade siyasi bir hareket olarak kalmıştır. Ancak bu yapı endorsement, Türkçesiyle bir siyasi onaylama süreci ile siyasette etkili olmaktadır. Bununla beraber Birleşik Krallık'ta da Muhafazakâr Parti ve İşçi Partisi olarak iki güçlü parti olsa da parlamenter sistem nedeniyle UKIP gibi siyasi hareketler partileşmiş ve mecliste yer alabilmiştir. Bununla beraber Britain First ise Tea Party'ye benzer biçimde bir sokak ve sosyal medya hareketi olarak kalmış ve onun gibi siyasi onaylamalar yapmıştır. Sosyal medyada incelenirken bu yapılar parti olma iddiası kadar ideolojik medya olarak da ele alınabilir.

Araştırmanın Yöntemi

Bu araştırmada Gözden Geçirilmiş Basamak Modeli (Entman ve Usher, 2018) göz önünde bulundurularak çerçeveleme analizi yapılmıştır. Çerçeveleme Vana Metaforunun ele alındığı bölümde detaylıca anlatılmıştır. Ancak burada kısa bir tanım yapmak gerekirse, bir olayın bir alternatifini ele alıp diğer alternatifleri çerçeve dışı bırakmaktadır. Çalışmaya yönelik bir örnek vermek gerekirse, Suriye savaşından kaçan göçmenlere yönelik insani çerçeve ortaya konulabileceği gibi onları işgalci ya da illegal olarak da çerçevelemek mümkündür. Klein'ın belirttiği gibi bir grubun ya da kimliğin nasıl çerçevelendiği, çerçevelenmenin gerçekleştiği bağlama bağlıdır. Başka bir ifadeyle bir organizasyonun çerçeveleme tercihleri sadece organizasyon içindeki dinamiklere değil organizasyon dışındaki dinamiklere de bağlıdır. Bu dinamikler bağlamsal dinamikler olabilir. Örneğin bir ülkenin tarihi, siyasal kültürü, hukuki yapısı. Buna ek olarak güncel olaylar da önemli dinamikler olarak görülür. Örneğin göç, ekonomik durgunluk, işsizlik, enflasyon ve son olarak terörist saldırılar gibi olaylar (2016). Çerçeveleme yaklaşımının bu esnek tutumu, onun bu çalışma açısından kullanması en optimum yöntem olmasını sağlamıştır.

Batı'daki İslam karşıtlığı ile ilgili online çerçeveleri inceleyen bir çalışmanın yukarıdaki tüm dinamiklerle beraber yeni medya ve Facebook'un doğasını da ele alan geniş bir literatür kısmına sahip olmasının önemi anlaşılabilir. Çünkü bu literatür sayesinde problemler belirlenebilmiş, analiz kısmında gerekli olan prosedürler uygulanabilmiş ve kodlama cetvelleri oluşturulabilmiştir. Kodlama cetvellerinde yer alan kategoriler öncelikle literatürden alınmış sonrasında sayfaların içeriklerinin incelenip bu kategorilere uyumlarının arandığı açık kodlama safhasında bazı kategorilerin birbiriyle örtüştüğü ve bazı yeni kategorilerin gerektiği belirlenmiştir. Adı geçen kategoriler Ek Tablo 1 (Kodlama Cetveli 1) ve Ek Tablo 2'de (Kodlama Cetveli 2) açıklamalı şekilde görülebilir. Çalışmada sayfaların her paylaşımı sadece bir kategoriye dâhil edilmiştir. Bir kelime, paragraf, metnin bütünü ya da fotoğrafla beraber sunumu bir birim olarak değerlendirilip bu kategorilerden yalnızca birinin içine dâhil olur. Örneğin tüm metinde nötr bil dil kullanılırken bir cümlede Obama yönetimi altındaki Beyaz Saray'da gizli bir Müslüman kardeşliği olduğu ileri sürülürse bu birim işbirlikçi elitler kategorisine girer.

Facebook ortamında yapılan bir çerçeveleme analizi bir gazetede yapılan ile bazı ciddi farklıklar gösterir. Örneğin gazetede Facebook'ta olduğu gibi okuyucuyu başka bir ortama götüren hipermetinsellik özelliği yoktur. Eş deyişle Facebook'ta bir içeriği gören kişinin karşısına çıkan kısımda ya sadece bir yazı ya da bir tanıtım yazısı ile görsel, video ve link olabilir. Linke tıklandığı takdirde kullanıcı Facebook ortamını terk ederek başka bir siteye gitmektedir. Bu da Facebook'un nefret sitelerine aracılık ettiği eleştirilerini gündeme getirir. Bu çalışma açısından bu durumun önemi çerçevelemenin sadece Facebook arayüzünde değil link ile ulaşılabilen sitede de yapılabileceğinin bir ilke olarak ele alınmasıdır.

Bu gibi çalışmalarda oldukça yoğun veri yığınları söz konusu olduğundan bir veri kazıma aracı olan ve Facebook API'sine (Application Programming Interface- Uygulama Programlama Arayüzü) uyumlu olarak çalışan Netvizz (Rieder, 2013) ile veriler çekilmiştir. Netvizz ile ilgili problem, veriler görselleri olmadan çekildiğinden bir sayfa kapatıldığında ya da herhangi bir içerik sayfa sahibi tarafından silindiğinde onun nasıl çerçevelendiğini anlama noktasında bazı zorlukları beraberinde getirmesidir. Bazen sayfalar sıradan bir yazıyı bir resimle beraber sunduklarında yazı çok bir anlam ifade etmese bile resimle beraber nasıl çerçevelendiği anlaşılabilir. Netvizz programı ile paylaşılan resimlerin çekilememesi çerçeveleme adına zor bir durum ortaya koyar. Bu araçla beraber Facebook'un arama panelinden de faydalanarak belirlenen tarih aralığında konu ile alakalı içeriklerin gözden kaçmaması sağlanmıştır.

Çalışmada incelenen problemlerle ilgili bazı kriterler ve sınırlılıklar ortaya konmuştur. Çalışmada öncelikle İslam karşıtlığının, siyasi yapıların kitlelerini arttırma ve konsolide etmelerini sağlayan bir politik fırsatçılık statüsü kazanıp kazanmadığı anlamak adına aktörlerin Müslümanlarla ilgili konuları politik fırsatçılık üzerinden gündemde tutup negatif çerçevelediklerine yönelik problemle ilgili kriter ve sınırlılıklar aşağıda belirtilmiştir. Sayfaların terör olayları gibi kamunun hassas olduğu dönemlerde bu hassasiyetten fayda elde edebilmeleri adına içeriklerinin yarısını bu olaylara yönelik paylaşmaları (pozitif değil, negatif ya da nötr olarak) ve bu paylaşımlarının yarısının da negatif olmasını beklemek fırsatçılık yapıldığına dair bir kriter olarak ele alınabilir. Bu açıdan bakıldığında sayfaların tüm paylaşımlarının en az yarısı kadar bir konuya yer vermesi ona birincil önem verdiği anlamını taşır. Facebook'ta sayfalar çok fazla içerik paylaşırsa doğal olarak genel içerik sayılarının etkileşim oranlarının düşmesine neden olurlar. Örneğin saldırının olduğu 1 haftalık dönemde 50 içerik paylaşan bir sayfa bu içeriklerinden 7'sini saldırı ile ilgili yaptığında bu sayfanın kendi kitlesinin bu 7 içeriğe etkileşim gösterme oranı, aynı süre içinde 14 paylaşım yapıp 7'sini saldırı ile ilgili yapan bir sayfaya göre çok daha düşüktür. İçeriklerinin yarısının konuyla alakalı ve onların yarısının da negatif olması kıstasının nedeni ise seçici maruz kalma ve filtre balonu mantığına uygun olarak bu sayfaları takip eden kitlenin hâlihazırda belli bir ideolojik yoğunlukta olması ve sayfaların içeriklerine etkileşim gösterme konusunda mevcut bir pratik geliştirmeleriyle açıklanabilir. Müslümanlarla ilgili kodlanmış ya da açık ayrımcı içerikler paylaşan bir sayfa başka bir içerikte nötr bir şekilde bir haber paylaşsa bile kitle nötr olan içeriğe de benzer tepki verme eğilimindedir. Aynı sayfanın paylaşımları açısından bir devamlılık olması durumu ele alındığında bir negatif paylaşımdan sonra gelen nötr paylaşım bir önceki paylaşımda ortaya konan negatif şemaların tekrar uyanmasına neden olabilir. Bununla beraber nötr içeriklerle ilgili tüm bu açıklamalara rağmen ilgili içeriklerin en az yarısının negatif olması kıstası konulmuştur. Bunun nedeni terör saldırılarının gerçekleştiği bir dönemde bir sayfanın toplam içeriklerinin %25'ini bile Müslümanlar hakkında negatif şekilde çerçeveleyememesinin, politik faydacılık açısından anlamlı bir veri olamayacağı göz önünde bulundurularak ortaya konulmuştur.

Batı'da iktidardaki siyasi parti ve elitlerin Müslümanlar hakkında söylemleri aşırı sağ parti ve elitlerin söylemleri ile benzerlik gösterdiğine ve bu aktörlerin aralarında olumlu olarak tanımlanabilecek bir ağ ilişkisi olduğuna dair ikinci problemin anlaşılabilmesi adına aktörlerin Facebook sayfalarında bu tür bir söylemsel benzerlik olup olmadığı Muslim-Islam anahtar kelime aramasında en çok etkileşim alan 10 içeriğin nasıl çerçevelendiği üzerinden ele alınmıştır. Genel olarak sosyal medyada spesifik olarak Facebook'ta bir sayfanın diğer bir sayfanın yaptıklarını paylaşması, onun hakkında görüş bildirmesi, içeriklerini beğenmesi ve genel olarak sayfa beğenisi yapması diğer sayfanın öne çıkartılmasına ve etkileşiminin artmasına yardımcı olur. Bu çalışmada aktörlerin aralarında olumlu olarak tanımlanabilecek bir ağ ilişkisi olup olmadığı birbirlerine yaptıkları referanslarla anlaşılmaya çalışılacaktır. Bunun için aktörlerin incelenen dönemler ve arama fonksiyonuyla birbirlerini nasıl çerçeveledikleri incelenmiştir. Bununla beraber birbirlerine yapılan referanslar pozitif bile olsa bir sayfa eğer Müslümanlar açısından negatif bir paylaşım pratiğine sahip değilse bu referansların pozitif olması ağ ilişkisi açısından anlam taşımamaktadır.

Sosyal medya ortamında, platformların sansürü gibi nedenlerden ötürü siyasi partiler ve diğer aktörlerin kodlanmış pratiklerle herhangi bir sansür ya da yaptırıma maruz kalmayan kitlelerini açık ayrımcı pratiklere yönlendirdikleri ile ilgili iddialara yönelik dördüncü problemin anlaşılabilmesi adına açık ayrımcı pratikler ve kodlanmış ayrımcı pratikler ayrımından faydalanılmıştır. Kodlanmış çerçeveler açık bir şekilde bir topluluğu suçlamak, ayrıştırmak, genellemek ya da nefret söylemi uygulamak yerine bunları ima edecek şekilde örtük bir söylem içeren çerçevelerdir. Başka bir deyişle bunlar negatif çerçevelere gönderme yaparak takipçilerini bilerek ya da bilmeyerek olumsuz yorum yapmaya teşvik eden çerçevelerdir. Örneğin "Saldırı Müslüman Terörist Tarafından Gerçekleştirildi" bir topluluğa yönelik genel bir sonuç içermediğinden "Tüm Müslümanlar Teröristtir" cümlesindeki gibi açık bir nefret söylemi içermez. Ancak kitlesinin tepkisini bilen sayfa yöneticileri kitlelerinin bu örtük söylemden bu sonuca varacağını deneyimlediklerinden sonucu kestirebilmektedirler. Bu çerçeveler örtük yapıları nedeniyle Facebook gibi platformların nefret söylemi karşıtı politikalarını etkisiz kılmaktadır. Örneğin barbar sıfatı ile bir grubu tanımlamak açık nefret söylemi olarak konumlandırılırken "Müslüman sığınmacıdan barbarca saldırı" tanımlaması ise kodlanmış bir tehdit çerçevesidir. Benzer şekilde "Beyaz Saray'da Müslüman Kardeşliği" ima yoluyla düşman olan Müslümanların Beyaz Saray'da etkili olduğuna gönderme yapar ancak açık bir nefret söylemi barındırmaz. "Tüm İslamcı aşırıcıları sınır dışı edin" cümlesi "tüm Müslümanları sınır dışı edin" cümlesindeki kadar genel bir kapsama sahip olmadığından açık ayrımcılık olarak sınıflandırılmaz. Kodlanmış çerçevelerin bir sayfada bir pratik olarak uygulanabilmesi için sayfaların öncelikle Müslümanlarla ilgili belirli sayıda negatif çerçeve ortaya koyması ve benzer şekilde belirli pozitif çerçeve ortaya koyan sayfaların bu sınıflandırmadan muaf tutulması beklenebilir. Bu çalışma açısından bu kıstas Muslim-Islam anahtar kelime aramasında en az 5 negatif çerçeve bulunması ve 5 pozitif çerçevesi bulunan sayfaların bu sınıflandırmadan muaf tutulması olarak belirlenmiştir. Eğer anahtar kelime aramasında açık ayrımcı pratikler kodlanmış pratikleri geçerse sayfanın Müslümanlarla ilgili incelenen tüm içerikleri göz önünde bulundurulacaktır.

Son problem olarak açık ayrımcı pratikleri yaymak isteyen aktörlerin Facebook'un bu tip söylemlerin yayılmasını kolaylaştıran yapısından faydalanıp faydalanmadığı anlayabilmek adına Facebook'un nefret söylemine karşı politikasına uyumlu şekilde sunulan içeriklerin açık ayrımcı pratikleri, manipülatif ve yalan haberleri rahatça yayabilen sitelere link bağlantısı yapıp yapmadığını anlamak adına içinde link bulunan içeriklerin yönlendirme yaptığı siteler incelenmiştir. Bir sayfanın linklerle kitlesini açık ayrımcı pratikler, manipülasyon ve sahte haber barındıran dış bağlantılara yönlendirip yönlendirmediğine dair kriter sayfanın paylaştığı linklerin en az yarısının yukarıdaki unsurları barındıran sayfalara yönlendirilmesidir. Bununla beraber sayfanın link paylaşımını da bir paylaşım pratiği olarak benimsemesi gerekmektedir. Örneğin incelenen dönemler ve anahtar kelime aramasında toplamda 100 paylaşım yapan bir sayfanın bu paylaşımlardan sadece 8'ini link olarak yapması link paylaşımının sayfa açısından başat bir yöntem olmadığının göstergesidir. Bu noktada bir sayfanın bu açıdan değerlendirilebilmesi adına paylaşımlarının en az %25'ini link olarak yapması kıstas olarak alınmıştır. Kitlelerini tanıyan Facebook sayfa yöneticileri yaptırımlardan kaçınmak için Facebook sayfalarında hiçbir nefret söylemi barındırmayacak şekilde linklerle nefret söylemi içeren sayfalara hiperlink sağlayabilir. Dış linkte bulunan açık ya da kodlanmış nefret söylemine yönelik etkileşim yine Facebook sayfasında gerçekleşebilir.

Kodlama Cetveli 1'de yer alan kategoriler kendi içlerinde pozitif, negatif, tanımlanamayan ve nötr olmak üzere 4 farklı kategoriye ayrılmaktadır. Bazı içeriklerin tanımlanmamasının nedeni içeriklerde anlamı tamamlayıcı bir unsur olarak linklere ulaşılamaması yani kırık link olmasıdır. Nötr çerçeveler tanımlanamayan çerçevelerle benzer şekilde ele alınmamalıdır. Pozitif ya da negatif çerçeveler çerçeveleme mantığıyla örtüşen bir biçimde olayın bir boyutunu ön plana çıkartarak alternatif çerçeveleri görmezden gelir. Eş deyişle bir konu hakkında nasıl düşünüleceğini dikte ederler. Bununla beraber gündem belirleme yaklaşımının ana düşüncesi olan "ne hakkında düşünülmesini sağlama" fonksiyonu açısından nötr çerçeveler önem arz eder. Sayfalar politize olup belli bir gruba yönelik ön yargılı yaklaşımları olan kitlelere sahip oldukları zaman, bu kitlenin ön yargılı olduğu gruplara yönelik yapılan nötr bir içerik bile onları nefret söylemi noktasında harekete geçirebilmektedir. Birimlerin bir kategorizasyona yerleştirilme sürecindeki objektiflik çalışmanın başka bir araştırmacı tarafından tekrarlandığında aynı sonuçları vermesini sağlayan önemli bir unsurdur. Bu noktada aktörlerin nasıl bir çerçeveleme stratejisi izlediği kodlama süreci öncesi ve sırasında gözlemlenmelidir. Örneğin bir Müslüman tarafından gerçekleştirilen bir terör eylemini İslamcı terör olarak tanımlayan bir aktör beyaz ya da Hristiyan biri tarafından gerçekleştiren eylemi Beyaz terör ya da Hristiyan terörü (örneğin Anders Behring Breivik ve milletvekili Jo Cox'ın katili Thomas Mair) olarak adlandırmıyorsa bu kullanım ile Müslümanların güvenlik tehdidi şeklinde çerçevelendiği ortaya çıkar. Bu durum Entman'ın (1991) Amerika'nın İran ve Sovyetler'in Kore uçaklarını benzer şekilde düşürdüğü olaylarda basının farklı çerçeveler uygulamasını ortaya koyduğu çalışmasındaki örnekle örtüşmektedir, eş deyişle aynı tip olaylar için farklı çerçeveler kullanılmıştır.

Çalışmada incelenen içerikler üç farklı tabloda değerlendirilmiştir. Bunlardan birincisi "Facebook Sayfalarının İslam Karşıtlığı Bağlamında Çerçeveleri" tablosudur. Kodlama Cetveli 1'de yani Ek Tablo 1'de yer alan pozitif, negatif ve nötr kategorilerin içinde yer alan örneğin sorumluluk çerçevesi ve güvenlik tehdidi çerçevesi gibi çerçeveler sayfalarda yer alan her bir içerik için bu tabloya işaretlenmiştir. Örneğin "Saldırı Müslüman Terörist Tarafından Gerçekleştirildi" şeklinde bir tanıtım yazısıyla sunulan bir içerik güvenlik tehdidi çerçevesi içinde yer almaktadır.

Çalışmadaki bir diğer tablo ise '"Facebook Sayfasının İncelenen Diğer Aktörlerle İlgili Çerçeveleri" tablosudur. Bu tabloda incelenen aktörlerin birbirleri hakkındaki çerçeveleri incelenmektedir. Aktörlere ait tablolardaki son tablo ise "Facebook Sayfalarının Paylaştığı Link ve Videoların Kaynağı" adlı tablodur. Bu tabloda yer alan sitelerin ayrımcı pratikleri yayıp yaymadığı ve hangi ideolojik tarafta yer aldığı Silverman ve arkadaşlarının (2017) çalışmalarındaki site kategorizasyonundan ve bu çalışmada yer almayan siteler ise incelenerek belirlenecektir.

Evren, Örneklem ve Sınırlılıklar

İngilizce konuşulan ülkeler olan Amerika ve Birleşik Krallık'ta iktidardaki partiler ve aşırı sağ aktörler olmak üzere farklı Facebook sayfalarını incelemek İslam karşıtı aşırı sağ söylemlerin geçişliliğini incelemek adına ciddi bir değer taşır. Bu iki ülkede Facebook'ta faaliyet gösteren aşırı sağ açısından çok geniş bir evren bulunmaktadır. Ancak Facebook'un politikası gereği nefret ve ayrımcı söylem pratiklerini sürdüren yapılar faaliyetlerine uzun süre devam edememektedir. Bu incelemenin yapıldığı zaman diliminde Amerika ve Birleşik Krallık'ta, sırasıyla bu ülkelerin iktidar partilerinin liderleri Donald J. Trump ve Theresa May, aşırı sağ olarak kategorize edilen Tea Party siyasi oluşumu (Amerika'nın siyasi yapısı gereği Birleşik Krallık'ta incelenen şekilde bir siyasi parti olmasa da iktidar partisi olan Cumhuriyetçi Parti'de ciddi etkisi olan ayrı bir siyasal yapı) ve yine aşırı sağ bir parti olarak konumlandırılan UKIP ve aşırı sağ bir medya olarak tanımlanan Breitbart ile aşırı sağ siyasi parti olarak bilinen ancak siyasi bir başarısı olmamakla beraber Facebook ve Twitter'daki etkisiyle Entman ve Usher'ın (2018) ideolojik medya tanımına uyan Britain First örneklem olarak seçilmiştir. Bu sayfalar aynı zamanda ciddi etkileşim almaları ve problemlerin ele alınmalarını kolaylaştırmaları açısından örnekleme dâhil edilmiştir.

Batı'daki İslam karşıtlığı çalışmanın odak noktası olduğundan iki farklı ülkedeki iki IŞİD saldırısına dair paylaşımların analizini içeren iki örnek olay ele alınmıştır. Bu olaylar 12-19 Haziran 2016 tarihinde Amerika'nın Orlando kentindeki gece kulübü saldırısı ve 22-29 Mayıs 2017 tarihinde İngiltere'nin Manchester kentinde yer alan Manchester Arena Saldırısıdır. Bu aralıkta sayfalarda yer alan tüm içerikler Kodlama Cetveli 1'e göre kategorilere ayrılmıştır. Aynı zamanda ne kadar konu dışı çerçeve olduğu da belirtilerek sayfaların tüm paylaşımları arasında bu olayların ne derecede yer aldığı eş deyişle gündemin ne derecede bu konularla belirlendiği ortaya konulmuştur. Bu olaylara ek olarak sayfalarda İngilizce "Muslim" ve "Islam" (Türkçesiyle Müslüman ve İslam) anahtar kelimeleri aratılmış çıkan içerikler arasından en fazla etkileşim alan on tanesi Kodlama Cetveli 1'e göre incelenmiştir.

Bulgular
- **Donald J. Trump Facebook Sayfası**

Donald J. Trump 8 Kasım 2016 tarihinde yapılan Amerikan seçimlerinde rakibi Hillary Clinton'ı geride bırakarak seçimi kazandı. Bu zafer özellikle Cambridge Analytica skandalı ve Trump'ın sosyal medyayı klasik medyayı bypass ederek kullanması nedeniyle çok tartışma yarattı. Araştırmanın yapıldığı sırada Trump'ın https://www.facebook.com/DonaldTrump/ URL'li sayfası 23.647.343 beğeni ve 24.991.519 takipçiye sahiptir. Trump'ın hem terörle ilgili neler olduğunu anlayana kadar Müslümanlara Amerika'nın kapılarını kapatmaya yönelik çağrısı, hem çalışmada ele alınan Britain First gibi aşırı sağ gruplardan paylaşımlar yapması ve onlarla olan ilişkisi hem de evrensel düzeyde Batılı olma bilincine dair mesajları çalışma açısından önem arz etmektedir.

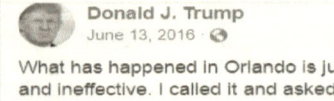

Görsel 1 Donald J. Trump Facebook Sayfasının Kodlanmış Bir Güvenlik Tehdidi Çerçevesi Uyguladığı İçerik Örneği

Tablo 8 Donald J. Trump Facebook Sayfasının İslam Karşıtlığı Bağlamında Çerçeveleri

Toplam Çerçeve Sayısı	34		
Ele Alınan Dönemler ve Anahtar Kelimeler	Orlando Gece Kulübü Saldırısı 12-19 Haziran 2016	Manchester Arena Saldırısı 22-29 Mayıs 2017	Anahtar Kelime: Muslim-Islam
Toplam Tanımlanabilen Çerçeve Sayısı	15	9	10
Pozitif Çerçeveler			
Kurban (Sorumluluk) Çerçevesi	-	-	-
Eşitlik Çerçevesi	-	-	-
Fırsat Çerçevesi	-	-	-
Başarı Çerçevesi	-	-	-
Toplam	-	-	-
Negatif Çerçeveler			
Güvenlik Tehdidi Çerçevesi	2	-	7
Kültürel Tehdit Çerçevesi	-	1	
Ekonomik Tehdit Çerçevesi	-	-	-
Illegallik Çerçevesi	-	-	-
Demografik Tehdit	-	-	-
Politik Doğruculuk (İşbirlikçi Elitler/Medya) Çerçevesi	6	-	3
Tersine Irkçılık Çerçevesi	-	-	-
Açık Ayrımcılık Çerçevesi	-	-	-
Irkçılığın İnkârı Çerçevesi	-	-	-
Toplam	8	1	10
Kodlanmış Çerçeve	8	1	10
Nötr Çerçeveler	6	1	-
Tanımlanamayan Çerçeveler	-	-	-
Konu Dışı Çerçeveler	1	7	-

Donald J. Trump Facebook sayfasında Orlando Gece Kulübü Saldırısının olduğu 12-19 Haziran 2016 haftasında toplamda 15 paylaşım yapılmıştır. Bu paylaşımlardan 8'i Müslümanlar açısından negatif şekilde çerçevelenmiştir. Bu 8 içeriğin 2'sinde Müslümanlar güvenlik tehdidi olarak çerçevelenirken 6'sında yönetimin bu saldırıdaki rolü onların "Müslüman saldırganlarla" işbirliği, onlara karşı zafiyetleri ve pasifliklerini ileri süren politik doğruculuk çerçevesi üzerinden ele alınmıştır. Bu negatif çerçevelerin hepsi kodlanmış şekilde eş deyişle açık bir ayrımcılık barındırmayan şekildedir. Geriye kalan 7 çerçevenin 6'sı yine Müslümanlar ve saldırı ile alakalı olmakla beraber herhangi bir şekilde bir aktörün ön plana çıkartılmadığı, ahlaki bir önerinin sunulmadığı ve olayın bir yönünün ele alınıp alternatif çerçevelerin göz ardı edilmediği nötr çerçeve olarak adlandırılan bir yapıda sunulmuştur. Bunlarla beraber Donald J. Trump Facebook sayfasında Orlando Gece Kulübü Saldırısının gerçekleştiği 12-19 Haziran haftasında toplamda 15 paylaşımının 14'ü bu saldırı ve Müslümanlarla ilgilidir.

Donald J. Trump Facebook sayfasında Manchester Arena Saldırısının olduğu 22-29 Mayıs 2017 haftasında toplamda 9 paylaşım yapmıştır. Müslümanlarla ilgili hiçbir olumlu çerçevenin olmadığı bu dönemde sadece 1 adet olumsuz paylaşımda Müslümanlar kültürel tehdit olarak çerçevelenmiştir. 1 paylaşım da yine terör saldırısı ile ilgili olmakla beraber nötr çerçevedir. Kalan 7 paylaşım konu dışıdır.

Donald J. Trump Facebook sayfasında yapılan Muslim ve Islam anahtar kelime aramasında en çok etkileşim alan 10 paylaşımdan hiçbiri olumlu bir çerçeveye sahip değilken hepsi olumsuz olarak çerçevelenmiştir. Müslümanlar 7 kez güvenlik tehdidi olarak çerçevelenirken 3 kez Müslümanlar üzerinden politik doğruculuk eleştirilmiştir.

Tablo 9 Donald J. Trump Facebook Sayfasının Paylaştığı Link ve Videoların Kaynağı

Siteler	Sayı	İdeolojik Pozisyon	Açık Ayrımcı Pratikler/ Manipülasyon/ Sahte Haber
www.breitbart.com	2	Sağ	Evet
www.newyorkpost.com	1	Sağ	Hayır
https://thehill.com	1	Merkez	Hayır
Toplam	3		

Tabloda Donald J. Trump Facebook sayfasının paylaştığı link ve videoların kaynağı belirtilmiştir. Bu tablodaki iki site sağ tandanslıyken bir site ise merkezde yer alır. Bu siteler arasında sadece www.breitbart.com açık ayrımcı pratiklere yer verir.

Tablo 10 Donald J. Trump Facebook Sayfasının İncelenen Diğer Aktörlerle İlgili Çerçeveleri

Toplam Çerçeve	12				
Ele Alınan Aktörler|	Tea Party	Breitbart	Theresa May	UKIP	Britain First
Toplam Tanımlanabilen Çerçeve Sayısı	1	4	7	-	-
Pozitif Çerçeveler					
Takip (Onay) Çerçevesi	-	3	-	-	-
Takdir (Başarı) Çerçevesi	-	1	4	-	-
Kurban (Destek) Çerçevesi	1	-	1	-	-
Toplam	-	4	5	-	-
Negatif Çerçeveler					
Politik Doğruculuk (İşbirlikçi Elitler) Çerçevesi	-	-	-	-	-
Pasiflik Çerçevesi	-	-	-	-	-
İhanet Çerçevesi	-	-	-	-	-
Başarısızlık Çerçevesi	-	-	-	-	-
Toplam	-	-	-	-	-
Nötr Çerçeveler	-	-	2	-	-
Tanımlanamayan Çerçeveler	1	-	-	-	-

Donald J. Trump Facebook sayfasının incelenen diğer aktörlerle ilgili çerçevelerinde sadece üç aktörle ilgili çerçevelere rastlanabilmiştir. Eski UKIP lideri Nigel Farage ve Donald Trump arasında pek çok karşılıklı iltifat ve buluşma olsa da incelenen Facebook sayfasında bu tür bir veriye rastlanmamıştır. Aynı şekilde Donald Trump Twitter hesabından Britain First'ün lideri Jayda Fransen'in İslam karşıtı bir videosunu yeniden tweetlese de Facebook sayfasında herhangi bir referansa rastlanmamıştır. Donald J. Trump Facebook sayfası Tea Party ile ilgili 2 içerik paylaşmıştır. Bunların biri kırık link nedeniyle tanımlanamazken diğerinde Tea Party kurban olarak çerçevelenmiştir. Breitbart toplamda 4 kez ve olumlu olarak çerçevelenmiştir. Bu çerçevelerden 3'ü sayfanın, aktörün çerçevesindeki pozisyonu takip ettiğini, onayladığını ve paylaşmak istediğini gösteren takip çerçevesiyken diğeri Breitbart'ın yaptıklarından ötürü takdir edilmesi gerektiğini gösteren takdir çerçevesidir. Theresa May ile ilgili 7 paylaşım yapılmıştır. Bunlardan 4'ü May'in takdir edilmesine ilişkinken 1 tanesinde May'e destek verilmiştir. Diğer 2 paylaşım nötr olarak çerçevelenmiştir.

- **Tea Party Facebook Sayfası**

Tea Party taban örgütlenmesi 2008 ekonomik krizi ve Obama hükümetine bir tepki olarak 2009 yılında doğdu. Amerikan politik sistemi nedeniyle bu yapı Demokratlar ve Cumhuriyetçiler gibi seçimlerde mücadele etmek yerine muhafazakâr bir yapı olduğundan Cumhuriyetçi Parti içinde güç elde etmeye ve kendi adaylarını yükseltmeye çabalamaktadır. Facebook'ta Tea Party adına pek çok sayıca güçlü sayfa bulunmaktadır. Ancak bunlar arasından https://www.teaparty.org/ sitesinin sahibi olan ve diğer büyük yapıların aksine kendisini politik organizasyon olarak tanımlayan https://www.facebook.com/teapartyorg/ URL'li Facebook sayfası incelenmiştir. Bu sayfa incelemenin yapıldığı sırada 422.609 beğeni ve 388.633 takipçiye sahiptir.

Tablo 11 Tea Party Facebook Sayfasının İslam Karşıtlığı Bağlamında Çerçeveleri

Toplam Çerçeve Sayısı	77		
Ele Alınan Dönemler ve Anahtar Kelimeler	Orlando Gece Kulübü Saldırısı 12-19 Haziran 2016	Manchester Arena Saldırısı 22-29 Mayıs 2017	Anahtar Kelime: Muslim-Islam
Toplam Tanımlanabilen Çerçeve Sayısı	51	14	10
Pozitif Çerçeveler			
Kurban (Sorumluluk) Çerçevesi	-	-	-
Eşitlik Çerçevesi	-	-	-
Fırsat Çerçevesi	-	-	-
Başarı Çerçevesi	-	-	-
Toplam	-	-	-
Negatif Çerçeveler			
Güvenlik Tehdidi Çerçevesi	14	6	-
Kültürel Tehdit Çerçevesi	3	-	3
Ekonomik Tehdit Çerçevesi	-	-	-
İllegallik Çerçevesi	-	-	-
Demografik Tehdit	-	-	-
Politik Doğruculuk (İşbirlikçi Elitler/Medya) Çerçevesi	10	1	6
Tersine Irkçılık Çerçevesi	2	-	1
Açık Ayrımcılık Çerçevesi	-	-	-
Irkçılığın İnkârı Çerçevesi	-	-	-
Toplam	29	7	10
Kodlanmış Çerçeve	29	7	10
Nötr Çerçeveler	10	-	-
Tanımlanamayan Çerçeveler	-	2	-
Konu Dışı Çerçeveler	12	7	-

Tea Party Facebook sayfasının Orlando Gece kulübü saldırısının olduğu 12-19 Haziran 2016 tarihlerinde tanımlanabilen 51 içeriği tespit edilmiştir. Bu 51 içerikten 39'u saldırı ve Müslümanlarla ilgilidir. Bu içeriklerde hiçbir olumlu çerçeveye rastlanmazken 29 negatif ve 10 nötr çerçeve bulunmuştur. 29 negatif çerçevenin hepsi kodlanmış olup açık ayrımcı pratiklere rastlanmamıştır. Müslümanlar 14 kez güvenlik 3 kez de kültürel tehdit çerçevesiyle ele alınmıştır. 10 kez Müslümanlar üzerinden politik doğruculuk eleştirisi yapılmıştır ve 2 kez de söz konusu Müslümanlar olunca Batılılara yönelik ters ırkçılık yapıldığı ileri sürülmüştür.

Manchester Arena Saldırısının olduğu 22-29 Mayıs 2017 haftasında Tea Party Facebook sayfasının 14 tanımlanabilen çerçevesi vardır. Bunların sadece yarısı olan 7 paylaşım konu ile alakalıdır. Orlando saldırısı ile bu saldırı arasındaki fark birinin Tea Party'nin faaliyet gösterdiği Amerika'da diğerinin Birleşik Krallık'ta olması açısından açıklanabilir. Konu ile alakalı 7 çerçeve de olumsuzdur. Bunların 6'sı Müslümanları güvenlik tehdidi açısından ele alırken 1'i Müslümanlar üzerinden politik doğruculuk eleştirisi yapar. Tüm bu negatif çerçeveler kodlanmış şekilde verilmiştir.

Tea Party Facebook sayfasının yapılan Muslim ve Islam anahtar kelime aramasında en çok etkileşim alan 10 paylaşımından hiçbiri olumlu bir çerçeveye sahip değilken hepsi olumsuz olarak çerçevelenmiştir. Ancak bu olumsuz çerçeveler terör eylemleri olan yukarıdaki olayların aksine güvenlik tehdidinden ziyade kültürel tehdit (3), politik doğruculuk (6) ve tersine ırkçılığa (1) yoğunlaşmıştır. Bu çerçevelerin hepsi Tea Party'nin incelenen tüm çerçevelerinde olduğu gibi kodlanmış çerçevelerdir.

Tablo 12 Tea Party Facebook Sayfasının Paylaştığı Link ve Videoların Kaynağı

Siteler	Sayı	İdeolojik Pozisyon	Açık Ayrımcı Pratikler/ Manipülasyon/ Sahte Haber
www.teaparty.org	15	Sağ	Evet
http://www.breitbart.com	20	Sağ	Evet
http://www.infowars.com	5	Sağ	Evet
http://www.angrypatriotmovement.com	4	Sağ	Evet
http://www.newsmax.com/	4	Sağ	Evet
www.thegatewaypundit.com	3	Sağ	Evet
www.infowars.com	1	Sağ	Evet
http://dailycaller.com	1	Sağ	Evet
https://www.jihadwatch.org/	1	Sağ	Evet
http://www.nbcnewyork.com	1	Merkez	Hayır
http://www.wfaa.com	1	Merkez	Hayır
https://www.washingtonpost.com	1	Merkez	Hayır
http://www.palmbeachpost.com	1	Merkez	Hayır
http://www.latimes.com	1	Merkez	Hayır
Toplam	59		

Tea Party incelenen tüm aktörlerden daha fazla dış link veren bir yapıdadır. Daha açık bir şekilde ifade etmek gerekirse Tea Party ekseriyetle paylaşımlarını video, fotoğraf ve salt yazı yerine link veya açıklama yazısı ile beraber link şeklinde yapmıştır. Bununla beraber Tea Party başka bir sitenin haberinin linkini vermek yerine aldığı haberin linkini kendi haberinin aşağı kısmında belirterek vermeyi seçmiştir. Sayfanın kendi sitesi olan www.teaparty.org hariç tam 13 farklı sitede yer alan haberler birebir şekilde yine sayfanın kendi sitelerinde yer bulmuştur. Çalışmada incelenen bir aktör olan Breitbart internet sitesi 20 haber ile en fazla haberi paylaşılan sitedir. Tea Party Facebook sayfası tam 54 içeriğini açık ayrımcı pratiklere, sahte ve manipülatif haberlere yer veren sitelere yönlendirmiştir.

Tablo 13 Tea Party Facebook Sayfasının İncelenen Diğer Aktörlerle İlgili Çerçeveleri

Toplam Çerçeve	34				
Ele Alınan Aktörler	Donald Trump	Breitbart	Theresa May	UKIP	Britain First
Toplam Tanımlanabilen Çerçeve Sayısı	10	10	2	10	2
Pozitif Çerçeveler					
Takip (Onay) Çerçevesi	4	1	-	3	-
Takdir (Başarı) Çerçevesi	1	-	-	2	-
Kurban (Destek) Çerçevesi	4	9	-	1	2
Toplam	9	10	-	6	2
Negatif Çerçeveler					
Politik Doğruculuk (İşbirlikçi Elitler) Çerçevesi	-	-	-	-	-
Pasiflik Çerçevesi	-	-	-	-	-
İhanet (Güvenilmezlik) Çerçevesi	-	-	-	-	-
Başarısızlık Çerçevesi	-	-	-	-	-
Toplam	-	-	-	-	-
Nötr Çerçeveler	1	-	2	4	-
Tanımlanamayan Çerçeveler	-	-	-	-	-

Tea Party incelenen aktörler arasında Birleşik Krallık'ta yer alanlar da dâhil olmak üzere tüm aktörlerle ilgili çerçeveleri bulunan tek sayfadır. Sayfada incelenen aktörlerle ilgili hiçbir olumsuz çerçeve yer almazken Breitbart için 10, Donald Trump için 9, UKIP için 6 ve Britain First için 2 olumlu çerçeve vardır. İncelenen aktörler arasında olumlu bir çerçeve bulunmayan Theresa May için 2 nötr çerçeve bulunmaktadır.

- **Breitbart Facebook Sayfası**

2007 yılında Andrew Breitbart tarafından kurulan www.Breitbart.com internet haber sitesi Silverman ve arkadaşlarının (2017) partizan haber sitelerinin içinde yer alan bir sitedir. Ancak burada yer alan pek çok sitenin aksine devamlılık ve trafik açısından ön plana çıkmıştır. Alexa verilerine göre www.Breitbart.com incelemenin yapıldığı dönemde dünyada 254 Amerika da ise 64'üncü sırada yer almaktadır. Bu yapı Entman ve Usher'ın (2018) *"doğrulukla ilgili zorunlulukları göz ardı etmeleri mutlak bir durum olmamakla beraber, bu yapılar nesnellikten uzak durmaktadır"* şeklinde ele aldığı ideolojik medya tanımıyla örtüşmektedir. Bu haber sitesinin eski genel yayın yönetmeni olan Steve Bannon'ın Donald Trump'ın danışmanı olması (çalışmanın yapıldığı dönemde kovulmuştu. Sonra Breitbart'taki görevinden yine Trump ile ilgili söylediklerinden ötürü ayrılmak zorunda kaldı) ve Breitbart'ın, Breitbart London gibi ulus ötesi çalışmalar yapması bu yapıyı önemli kılmaktadır. Çalışmanın yapıldığı dönemde https://www.facebook.com/Breitbart/ URL'li Facebook sayfasını 3.954.719 kişi beğenip 3.728.313 kişi takip etmektedir.

Tablo 14 Breitbart Facebook Sayfasının İslam Karşıtlığı Bağlamında Çerçeveleri

Toplam Çerçeve Sayısı	61		
Ele Alınan Dönemler ve Anahtar Kelimeler	Orlando Gece Kulübü Saldırısı 12-19 Haziran 2016	Manchester Arena Saldırısı 22-29 Mayıs 2017	Anahtar Kelime: Muslim-Islam
Toplam Tanımlanabilen Çerçeve Sayısı	30	21	10
Pozitif Çerçeveler			
Sorumluluk (Kurban) Çerçevesi	-	-	-
Eşitlik Çerçevesi	-	-	-
Fırsat Çerçevesi	-	-	-
Başarı Çerçevesi	-	-	-
Toplam	-	-	-
Negatif Çerçeveler			
Güvenlik Tehdidi Çerçevesi	7	2	1
Kültürel Tehdit Çerçevesi	1	2	5
Ekonomik Tehdit Çerçevesi	-	-	-
İllegallik Çerçevesi	-	-	-
Demografik Tehdit Çerçevesi	-	-	-
Politik Doğruculuk (İşbirlikçi Elitler/Medya) Çerçevesi	13	1	3
Tersine Irkçılık Çerçevesi	-	-	1
Açık Irkçılık Çerçevesi	-	-	-
Irkçılığın İnkârı Çerçevesi	-	-	-
Toplam	21	5	10
Kodlanmış Çerçeve	21	5	10
Nötr Çerçeveler	3	1	-
Tanımlanamayan Çerçeveler	-	-	-
Konu Dışı Çerçeveler	6	15	-

Breitbart Facebook sayfasının Orlando Gece kulübü saldırısının olduğu 12-19 Haziran 2016 tarihlerinde tanımlanabilen 30 içeriği vardır. Bu içeriklerden 24'ü Müslümanlar ve saldırı ile ilgilidir. Bu 24 içerikten 21'i olumsuzken 3'ü nötrdür. 21 içeriğin hepsinde kodlanmış çerçeve uygulanmıştır. 21 negatif içeriğin 13'ünün politik doğruculuk çerçevesi olduğu göz önüne alındığında, sayfanın Müslümanlar üzerinden daha ziyade elitleri ve basını eleştirdiği görülmektedir.

Manchester Arena Saldırısının olduğu 22-29 Mayıs 2017 haftasında Breitbart Facebook sayfasının 21 tanımlanabilen içeriği vardır. Bunların yalnızca 6'sı Müslümanlar ve saldırı ile ilgilidir. Bu durum bu sayfanın kendi ülkesi olan Amerika'daki bir saldırıya çok daha duyarlı olduğunu gösterir. Sayfanın ikişer güvenlik ve kültürel tehdit çerçevesi ve bir de politik doğruculuk çerçevesi olmak üzere toplam 5 negatif çerçevesi vardır. Tüm negatif çerçeveler kodlanmıştır.

Breitbart Facebook sayfasının yapılan Muslim ve Islam anahtar kelime aramasında en çok etkileşim alan 10 paylaşımından hiçbiri olumlu bir çerçeveye sahip değilken hepsi olumsuz olarak çerçevelenmiştir. Bu negatif içerikler arasında en fazla olan 5 ile kültürel tehdit çerçevesi olmuştur. Başka bir ifadeyle Breitbart Facebook sayfasının takipçileri en fazla Müslümanları kültürel tehdit olarak çerçeveleyen içeriklere etkileşim göstermiştir. Bunun yanında 3 adet politik doğruculuk ve 1'er adet güvenlik tehdidi ve tersine ırkçılık çerçeveleri bulunmaktadır.

Tablo 15 Breitbart Facebook Sayfasının Paylaştığı Link ve Videoların Kaynağı

Siteler	Sayı	İdeolojik Pozisyon	Açık Ayrımcı Pratikler/ Manipülasyon/ Sahte Haber
www.breitbart.com	15	Sağ	Evet
https://www.thetimes.co.uk/	2	Merkez (Sağ)	Hayır
https://www.theguardian.com/	1	Merkez (Sol)	Hayır
www.bbc.co.uk	1	Merkez	Hayır
https://www.breitbart.com/europe/	1	Sağ	Evet
Toplam	20		

Breitbart Facebook sayfası incelenen dönemler ve anahtar kelime aramalarından gelen 61 içerikte 20 link paylaşımı yapmıştır. Sayfa bu yöntemde 16 kez kendi sitelerini (www.breitbart.com 15 ve www.breitbart.com/europe 1 kez) kullanmıştır.

Tablo 16 Breitbart Facebook Sayfasının İncelenen Diğer Aktörlerle İlgili Çerçeveleri

Toplam Çerçeve	37				
Ele Alınan Aktörler	Tea Party	Donald J. Trump	Theresa May	UKIP	Britain First
Toplam tanımlanabilen Çerçeve Sayısı	10	10	7	10	-
Pozitif Çerçeveler					
Takip (Onay) Çerçevesi	-	1	1*	2	-
Takdir (Başarı) Çerçevesi	6	3	-	2	-
Kurban (Destek) Çerçevesi	4	4	1*	4	-
Toplam	10	8	2	8	-
Negatif Çerçeveler					
Politik Doğruculuk (İşbirlikçi Elitler) Çerçevesi	-	-	-	-	-
Pasiflik Çerçevesi	-	-	-	-	-
İhanet Çerçevesi	-	-	2	-	-
Başarısızlık Çerçevesi	-	-	1	-	-
Toplam	-	-	3	-	-
Nötr Çerçeveler	-	2	2	2	-
Tanımlanamayan Çerçeveler	-	-	-	-	-

* Theresa May'in başbakan olmadığı dönemden Breitbart'ın yayın politikası ile örtüşen söylemleri için.

Breitbart Facebook sayfasında Britain First hariç tüm aktörlerle ilgili çerçeveler bulunmaktadır. Breitbart sitesinde Britain First aşırı sağ grup olarak tanımlasa da ve pek çok olumsuz haber yapılsa da bu haberler Facebook'ta yer bulmamıştır. Amerika'daki diğer aktörlerden Tea Party 10 içeriğin hepsinde pozitif olarak çerçevelenmiştir. Benzer şekilde Donald Trump 10 içeriğin 8'inde pozitif 2'sinde ise nötr olarak çerçevelenmiştir. Birleşik Krallık Başbakanı Theresa May'in İçişleri Bakanı'yken mültecilerle ilgili yaptığı açıklamalar Müslümanlar üzerinden çerçevelenerek birinde May'in pozisyonunun haklılığı savunulmuş, diğerinde ise May'e bu konudaki eleştiriler konusunda destek verilmiştir. Birleşik Krallık'tan başka bir aktör olan UKIP, Trump'la aynı şekilde 10 içeriğin 8'inde pozitif 2'sinde ise nötr olarak çerçevelenmiştir.

- **Theresa May Facebook Sayfası**

Muhafazakâr Parti'nin önemli isimlerinden olan 2010-2016 yılları arasında İçişleri Bakanı olarak görev yapan Theresa May, Brexit referandumundan sonra istifa eden David Cameron'dan boşalan başbakanlık koltuğuna 13 Temmuz 2016 tarihinde oturmuştur. Theresa May'in https://www.facebook.com/TheresaMayOfficial URL'li Facebook sayfası araştırmanın yapıldığı sırada 496.288 beğeniye ve 595.659 takipçiye sahiptir.

Görsel 2 Theresa May Facebook Sayfasının Eşitlik Çerçevesini Uyguladığı Bir İçerik Örneği

Tablo 17 Theresa May Facebook Sayfasının İslam Karşıtlığı Bağlamında Çerçeveleri

Toplam Çerçeve Sayısı	26		
Ele Alınan Dönemler ve Anahtar Kelimeler	Orlando Gece Kulübü Saldırısı 12-19 Haziran 2016*	Manchester Arena Saldırısı 22-29 Mayıs 2017	Anahtar Kelime: Muslim-Islam
Toplam Tanımlanabilen Çerçeve Sayısı	6	10	10
Pozitif Çerçeveler			
Sorumluluk (Kurban) Çerçevesi	-	-	2
Eşitlik Çerçevesi	-	-	5
Fırsat Çerçevesi	-	-	-
Başarı Çerçevesi	-	-	-
Toplam	-	-	7
Negatif Çerçeveler			
Güvenlik Tehdidi Çerçevesi	-	1	3
Kültürel Tehdit Çerçevesi	-	-	-
Ekonomik Tehdit Çerçevesi	-	-	-
İllegallik Çerçevesi	-	-	-
Demografik Tehdit Çerçevesi	-	-	-
Politik Doğruculuk (İşbirlikçi Elitler/Medya) Çerçevesi	-	-	-
Tersine Irkçılık Çerçevesi	-	-	-
Açık Irkçılık Çerçevesi	-	-	-
Irkçılığın İnkârı Çerçevesi	-	-	-
Toplam	-	1	3
Kodlanmış Çerçeve	-	1	3
Nötr Çerçeveler	1	2	-
Tanımlanamayan Çerçeveler	-	-	-
Konu Dışı Çerçeveler	5	7	-

* Theresa May, David Cameron'dan başbakanlık koltuğunu 13 Temmuz'da aldığından ve incelemenin yapıldığı 12-19 Haziran tarihinde Theresa May'in Facebook sayfası aktif olmadığından ötürü Orlando Gece Kulübü Saldırısı ile ilgili içerikler iktidar partisi olan Muhafazakâr Parti'nin The Conservatives adlı Facebook sayfasından alınmıştır.

Theresa May Facebook sayfası diğer tüm sayfalardan farklı olarak (UKIP'in bir pozitif içeriği hariç) Müslümanlarla ilgili pozitif çerçeveler barındıran bir konumdadır. İncelenen dönemlerde ve anahtar kelime aramasındaki toplam 26 çerçevenin 14'ü saldırılar ve Müslümanlarla alakalıdır. Bunların yarısında Müslümanlar pozitif biçimde çerçevelenmiştir. 4 çerçeve negatifken 3 çerçeve de nötrdür. Tüm negatif çerçeveler Müslümanların güvenlik tehlikesi olmasıyla ilişkilidir. Bu çerçevelerin hepsi aynı zamanda kodlanmış şekildedir. 2 pozitif çerçevede

Müslümanlar kurban olarak konumlandırılmış ve 5 çerçeve Müslümanların topluma katkılarını ve eşitliklerini vurgular şekilde oluşturulmuştur.

Theresa May Facebook sayfasında incelenen dönem ve anahtar kelime aramasından elde edilen içeriklerde hiçbir link paylaşımı olmadığından Theresa May Facebook Sayfasının Paylaştığı Link ve Videolarının Kaynağı tablosu oluşturulamadı.

Tablo 18 Theresa May Facebook Sayfasının İncelenen Diğer Aktörlerle İlgili Çerçeveleri

Toplam Çerçeve Sayısı				7	
Ele Alınan Dönemler ve Anahtar Kelimeler	UKIP	Britain First	Breitbart	Donald J. Trump	Tea Party
Toplam Tanımlanabilen Çerçeve Sayısı	-	-	-	7	-
Pozitif Çerçeveler					
Takip (Onay) Çerçevesi	-	-	-	-	-
Takdir (Başarı) Çerçevesi	-	-	-	2	-
Kurban (Destek) Çerçevesi	-	-	-	-	-
Toplam	-	-	-	-	-
Negatif Çerçeveler					
Politik Doğruculuk (İşbirlikçi Elitler) Çerçevesi	-	-	-	-	-
Pasiflik Çerçevesi	-	-	-	-	-
İhanet (Güvenilmezlik) Çerçevesi	-	-	-	-	-
Başarısızlık Çerçevesi	-	-	-	-	-
Toplam	-	-	-	-	-
Nötr Çerçeveler	-	-	-	5	-
Tanımlanamayan Çerçeveler	-	-	-	-	-
Konu Dışı Çerçeveler	-	-	-	-	-

Theresa May Facebook sayfasında Amerikan Başkanı Donald J. Trump hariç hiçbir aktöre yönelik bir içerik bulunamamıştır. Bununla beraber May'in sözcüsünün Trump'ın Britain First'ün liderlerinden Jayda Fransen'in İslam karşıtı bir tweet'ini yeniden tweetlemesi sonrası bu oluşumu nefret söylemini yaymakla suçlaması mevcuttur. Aynı zamanda Trump'a yönelik bu eleştiri de Facebook sayfasında yer almamıştır. Trump sayfada 2'si pozitif 5'i nötr olmak üzere 7 kez yer almıştır.

- **UKIP Facebook Sayfası**

UK Independence Party (UKIP) Türkçesiyle Birleşik Krallık Bağımsızlık Partisi Avrupa Birliği göçmen karşıtı aşırı sağ bir parti olarak görülmektedir. Bu parti seçimlerde Britain First'e kıyasla en azından belli bir oranda etkisi olan bir yapıda olsa da (2015'te oyların %12.6'sını alırken Farage'ın gidişiyle oyları %1.8'e düştü) ana akım bir parti ya da mecliste etkin bir güç olamamıştır. Bununla beraber bu yapının Muhafazakar Parti'nin lideri David Cameron'ı Brexit referandumunu yapmaya iten yapı olduğu ileri sürülmektedir. Nigel Farage yönetiminde çok başarılı bir kampanyayla referandumda ciddi rol oynayan partinin Farage'ın ardından yaşadığı lider krizi ve en son lideri olan Gerard Joseph Batten ile giderek aşırı sağa hitap eden bir yapıya bürünmesi ve Tommy Robinson gibi İslamofobik figürleri bünyesinde barındırması partinin önceki liderleri Nigel Farage ve Paul Nuttall gibi isimlerin istifa etmesiyle sonuçlanmıştır. Tezin yazıldığı dönemde parti Muhafazakar Parti lideri Theresa May'in Brexit'e ihanet ettiğini ileri sürerek Tommy Robinson liderliğinde Brexit Betrayal March, Türkçesiyle Brexit'e İhanet Yürüyüşü'nü düzenlemektedir. Parti pek çok lider değişimi yaşadığından bir liderden ziyade partinin Facebook hesabı incelenmiştir. Partinin https://www.facebook.com/UKIP/ URL'li Facebook sayfası araştırmanın yapıldığı sırada 580.630 beğeni ve 542.558 takipçiye sahiptir.

Tablo 19 UKIP Facebook Sayfasının İslam Karşıtlığı Bağlamında Çerçeveleri

Toplam Çerçeve Sayısı	43		
Ele Alınan Dönemler ve Anahtar Kelimeler	Orlando Gece Kulübü Saldırısı 12-19 Haziran 2016	Manchester Arena Saldırısı 22-29 Mayıs 2017	Anahtar Kelime: Muslim-Islam
Toplam Tanımlanabilen Çerçeve Sayısı	16	13	10
Pozitif Çerçeveler			
Kurban (Sorumluluk) Çerçevesi	-	-	1
Eşitlik Çerçevesi	-	-	-
Fırsat Çerçevesi	-	-	-
Başarı Çerçevesi	-	-	-
Toplam	-	-	1
Negatif Çerçeveler			
Güvenlik Tehdidi Çerçevesi	-	2	5
Kültürel Tehdit Çerçevesi	-	-	1
Ekonomik Tehdit Çerçevesi	-	-	-
İllegallik Çerçevesi	-	-	-
Demografik Tehdit	1*	-	-
Politik Doğruculuk (İşbirlikçi Elitler/Medya) Çerçevesi	-	1	1
Tersine Irkçılık Çerçevesi	-	-	1
Açık Ayrımcılık Çerçevesi	1*	-	1
Irkçılığın İnkârı Çerçevesi	-	-	-
Toplam	2	3	9
Kodlanmış Çerçeve	1	3	8
Nötr Çerçeveler		1	-
Tanımlanamayan Çerçeveler	-	4	-
Konu Dışı Çerçeveler	14	9	-

* Müslümanlarla ilgili olan ancak Orlando saldırısı ile ilgili olmayan çerçeveler.

UKIP Facebook sayfası incelenen dönemler ve anahtar kelime aramalarında toplamda 43 içerik paylaşmıştır. Orlando gece kulübü saldırısının olduğu 12-19 Haziran 2016 haftasında bu saldırı ile ilgili hiçbir içeriğe rastlanmamıştır. Ancak 23 Haziran 2016'da yapılacak olan Brexit referandumundan ötürü Müslümanlar ve Türkler sayfanın 2 içeriğinde kendisine yer bulmuştur. İncelenen aktörler arasında sadece Britain First'te rastlanan açık ayrımcılık çerçevesine, UKIP'te toplamda 2 kez rastlanmıştır. Sayfa bunlar dışındaki diğer negatif çerçevelerini bir grubu bütün olarak hedef almayan ancak ima yoluyla örtük bir hedef haline getiren kodlanmış çerçeve ile oluşturmuştur. Manchester Arena saldırısının olduğu 22-29 Mayıs 2017 haftasında 4'ü kırık link olmaları nedeniyle tanımlanamayan 17 içerik vardır. Tanımlanabilen 13 içerik arasından sadece 4'ü saldırı ile ilintilidir.

Bunlardan 2'si güvenlik tehdidi 1'i de politik doğruculuk çerçevesi olmak üzere 3 tanesi negatiftir.

Muslim-Islam anahtar kelimeleri aramasında en çok etkileşim alan 10 içerik arasında 9 negatif 1 pozitif çerçeveye rastlanmıştır. UKIP'in Müslüman çerçeveleri açısından sayfalar arasında Theresa May ile beraber tek pozitif çerçeveye yer veren ve Britain First ile beraber tek açık ayrımcılık çerçevesine yer veren sayfa olmasındaki tezatlık değişen konjonktür ve partinin sürekli lider ve siyasi duruş değiştirmesi açısından ele alınabilir. Partinin lideri Nigel Farage kendi kitlesinin bazı kesimlerinin de çok eleştirdiği bir şekilde Müslüman mezarlarının tahrif edilmesini kınamış, bu durumu terörizm olarak adlandırmış ve camilere olan saldırılar konusunda toplumun sağduyulu davranmasını istemiştir. Farage bu mesajları ziyaret ettiği bir camide vermiştir. Öte yandan UKIP'in aşırı sağa kayışı nedeniyle eleştirilen Gerard Joseph Batten'ın bir hadis üzerinden İslam'ı eleştirmesi "Gerard Batten İslam'daki anti-semitist fikirleri yok ediyor" şeklinde bir açık ayrımcılıkla sunulmuştur.

Tablo 20 UKIP Facebook Sayfasının Paylaştığı Link ve Videoların Kaynağı

Siteler	Sayı	İdeolojik Pozisyon	Açık Ayrımcı Pratikler/ Manipülasyon/ Sahte Haber
https://www.ukip.org/	7	Sağ	Evet
https://www.breitbart.com	6	Sağ	Evet
https://www.express.co.uk/	2	Sağ	Kısmen
JihadWatchVideo (Youtube Kanalı)	1	Sağ	Evet
UKIP MEPs (Youtube Kanalı)	1	Sağ	Kısmen
Sargon of Akkad Live (Youtube Kanalı)	1	Sağ	Evet
https://brexitcentral.com	1	Sağ	Evet
https://www.westmonster.com	1	Sağ	Hayır
htps://www.lbc.co.uk/	1	Sağ	Kısmen
https://www.telegraph.co.uk/	1	Sağ	Hayır
https://www.mirror.co.uk/	1	Sol	Kısmen
https://www.economicvoice.com/	1	Merkez	Hayır
Toplam	24		

UKIP Facebook sayfası incelenen dönemler ve anahtar kelime aramasıyla elde edilen 43 içeriğinin 24'ünü link paylaşarak yapmıştır. Bunların 7'sinde kendi sitesi kullanılmıştır. 6 paylaşım araştırmada incelenen aktörlerden olan Amerika merkezli www.breitbart.com sitesinden yapılmıştır. Diğer siteler ve YouTube kanalları genellikle Birleşik Krallık merkezli olsa da İslam karşıtı önemli figürlerden Amerikalı Robert Spencer'ın sahip olduğu JihadWatchVideo adlı YouTube kanalından da bir link paylaşımı vardır.

Tablo 21 UKIP Facebook Sayfasının İncelenen Diğer Aktörlerle İlgili Çerçeveleri

Toplam Çerçeve	26				
Ele Alınan Aktörler	Theresa May	Britain First	Donald J. Trump	Breitbart	Tea Party
Toplam Tanımlanabilen Çerçeve Sayısı	10	-	10	6	-
Pozitif Çerçeveler					
Takip (Onay) Çerçevesi	-	-	4	6	-
Takdir (Başarı) Çerçevesi	-	-	1	-	-
Kurban (Destek) Çerçevesi	-	-	5	-	-
Toplam	-	-	10	6	-
Negatif Çerçeveler					
Politik Doğruculuk (İşbirlikçi Elitler) Çerçevesi	1	-	-	-	-
Pasiflik Çerçevesi	1	-	-	-	-
İhanet (Güvenilmezlik) Çerçevesi	5	-	-	-	-
Başarısızlık Çerçevesi	3	-	-	-	-
Toplam	10	-	-	-	-
Nötr Çerçeveler	-	-	-	-	-
Tanımlanamayan Çerçeveler	-	-	-	-	-

UKIP Facebook sayfasının diğer aktörlerle ilgili çerçevelerinde Britain First ve Tea Party hariç tüm aktörlerle ilgili çerçeveler bulunmaktadır. UKIP'in siyasi rakibi olan Muhafazakâr Parti lideri Theresa May'in tüm çerçevelerinin negatif olması siyasi rekabet açısından anlaşılabilir bir durumdur. Bununla beraber başka bir ülkenin lideri olan Donald Trump'ın tamamıyla pozitif çerçevelenmesi kayda değer bir durumdur. Aynı şekilde Amerika merkezli www.breitbart.com haber sitesinin tüm çerçeveleri olumludur.

- **Britain First Facebook Sayfası**

Britain First bir siyasi parti olarak görülse de seçimlerde etkili bir faaliyet gösterememekle beraber Facebook tarafından hesapları kapatılana kadar Facebook'ta Birleşik Krallık'ın siyasi parti olarak en çok takipçisi olan sayfası olmuş ve çok ciddi etkileşim sayıları yakalamıştır. Sadece partinin sayfası değil aynı zamanda liderleri olan Paul Golding ve Jayda Fransen İslam karşıtı içerikleri ile hem Facebook hem de Twitter'da filtre balonlarından da faydalanarak ciddi kitlelere ulaşmışlardır. Bu yapının kamuoyunda adının güçlü şekilde duyulmasını sağlayan bir anlamda zirvede oldukları nokta olan Donald Trump yeniden tweetleme olayını takiben önce Twitter sonra da Facebook nefret söylemi pratikleri nedeniyle hesaplarını kapatmıştır. Facebook açıklamasında "politik görüşlerin nefret olmadan da ifade edilmesi gerektiğini" vurgulamıştır. Sayfa kapatıldığından inceleme Netvizz (Rieder, 2013) programı ile çekilen içerikler sayesinde yapılabilmiştir.

Tablo 22 Britain First Facebook Sayfasının İslam Karşıtlığı Bağlamında Çerçeveleri

Toplam Çerçeve Sayısı	87		
Ele Alınan Dönemler ve Anahtar Kelimeler	Orlando Gece Kulübü Saldırısı 12-19 Haziran 2016	Manchester Arena Saldırısı 22-29 Mayıs 2017	Anahtar Kelime: Muslim-Islam
Toplam Tanımlanabilen Çerçeve Sayısı	12	28	10
Pozitif Çerçeveler			
Sorumluluk (Kurban) Çerçevesi	-	-	-
Eşitlik Çerçevesi	-	-	-
Fırsat Çerçevesi	-	-	-
Başarı Çerçevesi	-	-	-
Toplam	-	-	-
Negatif Çerçeveler			
Güvenlik Tehdidi Çerçevesi	4	11	3
Kültürel Tehdit Çerçevesi	3	8	1
Ekonomik Tehdit Çerçevesi	-	-	-
İllegallik Çerçevesi	-	-	-
Demografik Tehdit Çerçevesi	-	-	-
Politik Doğruculuk (İşbirlikçi Elitler/Medya) Çerçevesi	1	1	-
Tersine Irkçılık Çerçevesi	-	-	-
Açık Ayrımcılık Çerçevesi	-	5	6
Irkçılığın İnkârı Çerçevesi	-	1	-
Toplam	8	26	10
Kodlanmış Çerçeve	5	20	4
Nötr Çerçeveler	-	2	-
Tanımlanamayan Çerçeveler	25	12	-
Konu Dışı Çerçeveler	4	-	-

Britain First Facebook sayfası incelenen dönemler ve anahtar kelime aramalarında toplamda 87 içerik paylamıştır. Bunların 37'si sayfanın kapatılması neticesinde tanımlanamamıştır. Bu noktada Netvizz'in veri kazıma açısından görselleri ve gömülü linkleri kapsayamamasının bir sorun olduğu tespit edilmiştir. Sayfanın Orlando saldırısında tanımlanabilen 12 çerçevesi bulunmaktadır. Bunların 8'i Müslümanlar ve saldırı ile ilgilidir. 4'ü ise konu dışıdır. 8 negatif çerçevenin 3'ünde kodlanmadan açık bir şekilde Müslümanlara karşı ayrımcılık uygulanmıştır.

Manchester Arena saldırısının olduğu 22 Mayıs ve 29 Mayıs tarihlerinde sayfanın 28 çerçevesi vardır. Bunların hepsi Müslümanlar ve saldırı ile ilgilidir. 26'sı negatif olan çerçevelerin 2'si de nötrdür. Müslümanlar 11 kez güvenlik 8 kez de kültürel tehdit olarak gösterilmiştir. 26 negatif çerçeveden 6'sında kodlanmadan açık bir şekilde Müslümanlara karşı ayrımcılık uygulanmıştır.

Muslim-Islam anahtar kelime aramasından elde edilen sonuçlar arasında en çok etkileşim alan 10 içeriğin hepsi negatiftir. Müslümanlar 3 kez güvenlik 1 kez de kültürel tehdit olarak çerçevelenmiştir. Diğer incelenen dönemlerde olduğu gibi burada da açık ayrımcılık pratikleri vardır. 10 negatif çerçevenin 6'sı açık ayrımcı pratiklerle çerçevelenmiştir. Diğer tüm sayfalarda hemen hemen hiç açık ayrımcı pratiklere yer verilmemiş ve ima yoluyla ayrımcı pratiklerin konumlandırılabildiği kodlanmış çerçeveler uygulanmıştır. Ancak Britain First 15 kez açık ayrımcı pratiklere yer vermiştir. Bu durum diğer sayfalar hala açıkken bu sayfanın kapatılmasının nedeni olarak gösterilebilir.

Britain First Facebook sayfasında incelenen dönem ve anahtar kelime aramasından elde edilen içeriklerde hiçbir link paylaşımı olmadığından bu tablo oluşturulamamıştır. Facebook'ta diğer paylaşım formatları arasında en çok etkileşimi alan tür videodur(Nils, 2017). Çok ciddi etkileşim oranlarına ulaşan ve bu özelliği ile medyada konuşulan sayfa incelenen dönemler ve anahtar kelime aramasındaki tüm içeriklerini Facebook'a gömülü (Facebook native) videolar şeklinde yapmıştır.

Tablo 23 Britain First Facebook Sayfasının İncelenen Diğer Aktörlerle İlgili Çerçeveleri

Toplam Çerçeve	24				
Ele Alınan Aktörler	UKIP	Theresa May	Donald J. Trump	Tea Party	Breitbart
Toplam Tanımlanabilen Çerçeve Sayısı	10	4	10	-	-
Pozitif Çerçeveler					
Takip (Onay) Çerçevesi	1	-	4	-	-
Takdir (Başarı) Çerçevesi	-	-	-	-	-
Kurban (Destek) Çerçevesi	7	-	6	-	-
Toplam	8	-	10	-	-
Negatif Çerçeveler					
Politik Doğruculuk (İşbirlikçi Elitler) Çerçevesi	-	1	-	-	-
Pasiflik Çerçevesi	-	1	-	-	-
İhanet (Güvenilmezlik) Çerçevesi	1	1	-	-	-
Başarısızlık Çerçevesi	1	1	-	-	-
Toplam	2	4	-	-	-
Nötr Çerçeveler	-	-	-	-	-
Tanımlanamayan Çerçeveler	-	-	-	-	-

Britain First Facebook sayfasında ele alınan aktörler arasında Amerikalı aktörler olan Tea Party ve Breitbart hariç tüm aktörler hakkında çerçeveler bulunmaktadır. Amerikalı başka bir aktör olan Donald Trump hakkında hepsi pozitif 10 çerçeve vardır. Britain First'ün bir siyasi partiden ziyade medya şeklinde hareket ettiğinin en önemli göstergelerinden biri UKIP'e verdikleri İngilizcesiyle endorsement olarak bilinen destektir. Sayfada 6 kez UKIP için oy verilmesi çağrısında bulunulmuştur. Bu desteğe rağmen 1'i ihanet diğeri başarısızlık olmak üzere 2 negatif çerçevenin bulunması yukarıda UKIP ile ilgili kısımda anlatıldığı gibi değişen konjonktürle beraber UKIP'in sürekli lider ve siyasi duruş değiştirmesi açısından ele alınabilir. İngiliz başbakanı ve Muhafazakâr Parti lideri Theresa May'e yönelik 4 çerçeve de olumsuzdur. Sayfa May'i Müslümanlarla işbirliği içinde olan, pasif, güvenilmez ve başarısız olarak çerçevelemiştir.

TARTIŞMA

İster Doğu-Batı sorunu ister onun yansımalarından biri olan medeniyetler çatışması ya da daha özelinde Batı'nın içindeki medeniyetler çatışması olarak adlandırılsın, tarihsel süreçte emperyalizm, kültürel emperyalizm ve sömürgecilik gibi unsurlarla, günümüzde ise şiddet (politik ve yapısal), askeri müdahalecilik, ekonomi, göç, mülteci sorunu, aşırı sağın yükselişi, çok kültürlülük ve kültürel uyumsuzluk gibi unsurlarla ilişkili olan bir fenomenin internette yeni bir boyut elde ettiği ileri sürülebilir. Bu tip bir fenomenin internetteki şekillenişinin anlaşılabilmesi için öncelikle bir ortam olarak internetin anlaşılabilmesi gerekmektedir.

Literatürde internetin temel düzeyde hemen her fenomeni etkilediği ve değiştirdiği artık sadece tekno-determinist bir öngörü olarak düşünülmemekte, ciddi oranda kabul görmektedir. Ancak adı geçen değişimin ne yönde olduğu eş deyişle demokratikleştirici mi yoksa anti-demokratikleştirici mi olduğu ise üzerinde anlaşılamayan bir noktadır. Bununla beraber sadece internet ortamında değil klasik medya araçları açısından da medyanın demokratikleştirici mi yoksa anti-demokratikleştirici olup olmadığı sorgulanmıştır. Klasik medya açısından medya, siyaset ve kamuoyu ilişkisine dair, liberal bir aydın olan Lippmann'ın Rıza Üretimi kavramı, Eleştirel Teori ya da Frankfurt Okulu olarak bilinen Marksist aydınların medyaya eleştirel yaklaşımları, Althusser'in Devletin İdeolojik Aygıtları kavramı, Schiller'in Kültürel Emperyalizm yaklaşımı ve Herman ve Chomsky'nin Rıza Üretimi-Propaganda Modeli, medya ve hükümet ilişkisini hükümet hegemonyası üzerinden okumuştur ve medyanın hükümet adına kamuoyunda rıza ürettiği ileri sürülmüştür. Öte yandan medyayı yasama, yürütme ve yargıdan sonra 4. güç olarak tanımlayan liberal çoğulcu teori, yukarıda adı geçen yapıları kamu yararına denetlemek adına medyaya bir görev verildiğini ileri sürer. Bu teoriden kaynaklanan CNN etkisi gibi bir yaklaşım ise medyanın denetleme görevinden dolayı hükümetlerden üstün olduğunu ileri sürer. Tüm bu yaklaşımlara bakıldığında kamuoyuna ulaşmak ve kamuyu manipüle etmek ya da kamu adına denetlemek gibi tartışmalar üzerinden medya ve siyasetin hangisinin birbirine üstün olduğu ele alınmıştır. Bununla beraber, internet gibi klasik medyanın aracılık rolünün tartışılır hale gelmesini sağlayan bir fenomenin ortaya çıkması ve böylece hem ana akım partiler hem de irili ufaklı siyasi yapıların kamuya direkt olarak ulaşabilmesi yukarıdaki tartışmaların başka bir boyuta taşınmasına neden olmuştur. İster ana akım partiler ister marjinal olarak görüldüklerinden ana akım medyada sesini duyuramayan yabancı karşıtı, ırkçı ya da ana akım siyasete karşı olan ve insan hakları, basın ve ifade özgürlüğü konusunda ilerici fikirleri olan örgütlenmeler gibi siyasal yapılar olsun, siyasi oluşumlar yeni medyanın nispeten ucuz, sansür açısından çok daha elverişli ve etkileşime izin veren doğası ile kamuya direkt ulaşma imkanına kavuşmuştur.

Bu durumla paralel bir şekilde literatürde web 2.0 teknolojileri ile beraber siyasal iletişimin değiştiğine dair bir ön kabul vardır. Bu noktada siyasal iletişim sadece siyasi partilerin potansiyel oy verenlere ulaşmalarını sağlayacak iletişimsel pratikler olarak anlaşılmamalıdır. Özellikle yeni medyanın etkisiyle makro düzeyde örneğin bir iktidar partisinin bir Facebook içeriği kadar bir ideolojik medyanın o içeriği paylaşması ve herhangi bir kullanıcının ona yorum yapması da siyasal iletişim olarak algılanmalıdır. Siyasal iletişimin internetle beraber bu kadar karmaşık hale geldiği bir ortamda Entman ve Usher'ın (2018) Gözden Geçirilmiş Basamak Modeli'nin ortaya koyduğu hiyerarşik olmakla beraber elitler, ana akım medya, ideolojik medya ve kamunun karşılıklı olarak birbirini etkilediği tablo önem arz etmektedir. Benzer şekilde modeldeki vanalar açısından siyasal etki yaratmak adına algoritmaları manipüle etmek, haydut aktörlerden faydalanmak (trol ve botlar), dijital analitiğe göre davranmak, platformlarda (Facebook, Twitter, YouTube) var olmak ya da etkili olmak siyasal çerçevelerin dağıtımı adına yeni faktörler olarak önem arz eder. Çalışmada bu modelin internetle beraber değişen siyasal iletişim adına yeni olarak neler ortaya koyduğu, modelin iddialarının ne oranda hangi bağlamlarda geçerli olduğu, modele ne gibi öneriler sunulabileceği, sosyal medyanın kendi doğası gereği oluşan yeni durumla beraber siyasal söylemin nasıl şekillendiği ve sosyal medyanın denetim açısından teknik kısıtlılıklarının ayrımcı pratiklere yol açıp açmadığı gibi sorulara incelenen problemlerle beraber yanıt aranmıştır.

Çalışmanın birinci problemi İslam karşıtlığının politik fırsatçılık açısından kullanışlı bir araç olup olmadığı ile ilgilidir. Sayfalarda bu problemle ilgili aşağıdaki veriler elde edilmiştir.

Tablo 8'de görülebileceği gibi Orlando gece kulübü saldırısının olduğu hafta olan 12-19 Haziran 2016'da Donald J. Trump Facebook sayfası toplam 15 içeriğinden 14'ünü bu saldırıya ayırmış ve 1 içerik de konu dışı olarak paylaşılmıştır. 14 ilgili içerikten 8'i negatifken 6'sı nötrdür. 8 negatif çerçeveden 6'sında politik doğruculuk eleştirisi üzerinden siyasi rakipler işbirlikçilik ile suçlanmış, 2 içerikte ise Müslümanların güvenlik tehdidi olduğuna yönelik çerçeve uygulanmıştır. Trump'ın bu dönemdeki biri hariç tüm içeriklerini bir şekilde Orlando'ya referans yapacak şekilde paylaştığı tespit edilmiştir. Manchester Arena saldırısının olduğu 22-29 Mayıs 2017 haftasında Donald J. Trump Facebook sayfasından toplamda 9 içerik paylaşılmıştır. Bu içeriklerden 2'si saldırı ile ilgilidir. Bunların biri Müslümanları kültürel tehdit olarak çerçevelenmişken diğeri nötr çerçevedir. Bu saldırıya yönelik içeriklerin yoğunluğuna bakıldığında, politik fırsatçılık gözlemlenmemiştir. Bununla beraber bu saldırının Trump'ın başkan olduğu Amerika'da değil Birleşik Krallık'ta olduğu da göz önünde bulundurulmalıdır. Bu veriler ışığında sayfanın Orlando gece kulübü saldırısını medeniyetler çatışması açısından politik fırsatçılık üzerinden değerlendirip gündemde tuttuğu ve negatif çerçevelediği gözlemlenmiştir.

Tablo 17'de görülebileceği gibi Orlando gece kulübü saldırısının olduğu hafta olan 12-19 Haziran 2016'da Theresa May Facebook sayfasında 6 içerik paylaşılmıştır. Bu içeriklerden biri Orlando saldırısı ile ilgili olmakla beraber nötr şekilde ele alınmıştır. Manchester Arena saldırısının olduğu 22-29 Mayıs 2017 haftasında Theresa May Facebook sayfasından toplamda 10 içerik paylaşılmıştır. Bu içeriklerden 7'si konu dışıdır. May bu saldırıda Müslümanları 1 kez güvenlik tehlikesi olarak çerçevelemiştir. 2 de nötr çerçeve bulunmaktadır. Bu veriler ışığında sayfanın saldırılarını medeniyetler çatışması açısından Orlando gece kulübü ve Manchester Arena saldırılarını politik fırsatçılık üzerinden değerlendirmediği gözlemlenmiştir.

Tablo 11'de görülebileceği gibi Orlando gece kulübü saldırısının olduğu hafta olan 12-19 Haziran 2016'da Tea Party Facebook sayfasında 51 içerik paylaşılmıştır. Bunların 39'u saldırı ve Müslümanlarla alakalıdır. 29 negatif çerçevenin yanı sıra 10 nötr çerçeve bulunmaktadır. Sayfada, Manchester Arena saldırısının olduğu 22-29 Mayıs 2017 haftasında toplamda 14 içerik paylaşılmıştır. Bunların yarısı saldırı ve Müslümanlarla alakalı ve negatiftir. Bu veriler ışığında Tea Party Facebook sayfasının medeniyetler çatışması açısından Orlando gece kulübü ve Manchester Arena saldırılarını politik fırsatçılık üzerinden değerlendirdiği gözlemlenmiştir.

Tablo 14'te görülebileceği gibi Orlando gece kulübü saldırısının olduğu hafta olan 12-19 Haziran 2016'da Breitbart Facebook sayfasında 30 içerik paylaşılmıştır. Bunların 24'ü saldırı ve Müslümanlarla alakalıdır. Bu 24 ilgili içerikten 21'i negatifken 3 adet de nötr içerik bulunmaktadır. Sayfada, Manchester Arena saldırısının olduğu 22-29 Mayıs 2017 haftasında toplamda 21 içerik paylaşılmıştır. Bunların 15'i konu dışıyla 6'sı saldırı ve Müslümanlarla alakalıdır. Bu 6 ilgili içerikten 5'i negatif olarak çerçevelenmiştir. Bu veriler ışığında sayfanın Orlando gece kulübü saldırısını medeniyetler çatışması açısından politik fırsatçılık üzerinden değerlendirip gündemde tuttuğu ve negatif çerçevelediği doğrulanmıştır. Manchester Arena saldırısının sayfa için bir gündem maddesi ve Müslümanların negatif çerçevelenmesi için bir fırsat olduğu ileri sürülebilir. Ancak bu durum birincil önem arz etmemiştir.

Tablo 19'da görülebileceği gibi Orlando gece kulübü saldırısının olduğu hafta olan 12-19 Haziran 2016'da UKIP Facebook sayfasında 16 içerik paylaşılmıştır. Bunların sadece 2'si Müslümanlarla ilgilidir. Bununla beraber Orlando saldırısı ile ilgili değillerdir. Sayfada, Manchester Arena saldırısının olduğu 22-29 Mayıs 2017 haftasında toplamda 17 içerik paylaşılmıştır. Bu içeriklerin 4'ünün çerçevesi kırık link nedeniyle tespit edilememiştir. Tanımlanabilen 13 içerikten 9'u konu dışıdır. Saldırı ve Müslümanlarla ilgili olan 4 içeriğin 3'ü negatifken 1'i nötrdür. Bu veriler ışığında sayfanın Orlando gece kulübü ve Manchester Arena saldırılarını medeniyetler çatışması açısından politik fırsatçılık üzerinden değerlendirmediği gözlemlenmiştir. Bununla beraber partinin kendi ülkesinde olması nedeniyle Manchester Arena saldırısının sayfa için bir gündem maddesi ve Müslümanların negatif çerçevelenmesi için bir fırsat olduğu ileri sürülebilir. Ancak bu durum birincil önem arz etmemiştir. Trump'ın kendi ülkesinde olan Orlando saldırısının olduğu haftadaki biri hariç tüm içeriklerin, bir şekilde Orlando'ya referans yapacak şekilde paylaşıldığı tespit edilmiştir. Ancak UKIP bu yolu izlememiştir.

Tablo 22'de görülebileceği gibi Orlando gece kulübü saldırısının olduğu hafta olan 12-19 Haziran 2016'da Britain First Facebook sayfasında 12 tanımlanabilen çerçeve vardır. Bunların 8'i saldırı ve Müslümanlarla ilgilidir. Bu 8 çerçevenin hepsi negatiftir. Buna ek olarak Müslümanlar 3 içerikte açık ayrımcı şekilde çerçevelenmiştir. Sayfada Manchester Arena saldırısının olduğu 22-29 Mayıs 2017 haftasında 28 adet tanımlanabilen çerçeve vardır. Bunların hepsi saldırı ve Müslümanlarla ilgilidir. 26 çerçeve negatifken 2 çerçeve de nötrdür. Bu veriler ışığında sayfanın medeniyetler çatışması açısından Orlando gece kulübü ve Manchester Arena saldırılarını politik fırsatçılık üzerinden değerlendirdiği gözlemlenmiştir.

Çalışmanın birinci probleminde modelde yer alan kültürel uyumluluk kavramı üzerinden politik fırsatçılık kavramı ele alınmıştır. Kültürel uyum en temelinde bir metnin onu alımlayan kişinin hâlihazırdaki şemaları ile ne derecede benzerlik gösterdiğine gönderme yapar. Bu noktada çerçeve şema ilişkisine bir parantez açıp bu ilişkinin birbirini tetikleyen bir yapıda olduğu ortaya konmalıdır. Bir olay belirli şekilde çerçevelendikçe o konudaki dominant şema yıllar süren bu çerçevenin etkisinde kalır. Soğuk Savaş döneminde uzun yıllar boyunca üretilen çerçeveler sonucu oluşan Kızıl Korku hemen hemen tüm Amerikan toplumunu etkileyen dominant bir şema oluşturmuş ve bu şemada Beyaz Saray'ın medya aracılığıyla kamunun rızasını üretmesine yardımcı olmuştur. Kızıl Korku şemasının artık onu işleyen çerçeveler azaldıkça eski gücünü kaybettiği ileri sürülebilir. Ancak İslam ile ilgili negatif çerçeveler arttıkça bu sefer de Yeşil Korku şeması hakim bir şemaya dönüşmektedir. Kültürel uyum en temelinde çerçevelerin politik kültürü domine eden şemalarla daha uyumlu oldukça, daha başarılı olması ile ilgilidir. Kültürel uyum, basamak modelinin yeni medyayla ya da sosyal medyanın algoritma mantığıyla en çok örtüşen unsurlarındandır. Çünkü bir içeriğin kültürel uyumu arttıkça daha fazla etkileşime sahip olacak, böylece bir anlamda gündeme gelecektir. Kültürel uyumu yakalamak adına bir olayın belirli özelliklerini ön plana çıkartıp diğer yanlarını görmezden gelme yani çerçeveleme yapılması ön koşuldur. Örneğin kitlesi Müslümanların ülkelerindeki varlığından rahatsız olan bir sayfanın mülteci krizini sorumluluk ya da kurban çerçevesi üzerinden ele alması kendi kitlesinde kültürel uyumsuzluk yaratmaktadır. Entman'a (2004) göre bir metnin alışılagelmiş şemalarla iyi bir şekilde eşleşmesinin insanları motive edici bir yanı da vardır. İnsanlar böylece hemen hemen hiçbir bilişsel bedel olmaksızın eş deyişle hemen hemen hiç düşünmeden ya da konunun ne anlama geldiğini çözmek adına yorucu bir biçimde hafızayı yoklamadan bir çerçeveyi alımlayabilirler. Bilişsel cimrilik algoritmalar yardımıyla oluşan filtre balonları ve kişinin kendi seçiminden kaynaklı olan seçici maruz kalmanın arasında bir işlev görür ve kutuplaşmayı arttıran bir rol oynar.

Çalışmalarını çerçeveleme ve yukarıda adı geçen model üzerinden konumlandıran Aruguete ve Calvo (2018) sosyal medya ortamında kabul görmenin yayılma ile eş anlamlı olduğunu çünkü paylaşmanın daha fazla sayıdaki kullanıcının bu içerikleri görmesi anlamı taşıdığını söylerler. Aruguete ve Calvo aynı zamanda sosyal ağlarda (burada sosyal ağ ile kastedilen Facebook gibi bir sosyal medya ortamında gruplar tarafından oluşturulan ve filtre balonu gibi kavramlarla açıklanabilen münferit ağlardır) bir içeriğin paylaşılmasının adı geçen ağlarda onun görülme sıklığını etkilediğini ve bu yüzden paylaşmanın Entmancı anlamda çerçevelemek anlamına geldiğini söylerler. Bu mantıkla kullanıcılar diğer kullanıcıların paylaşımlarına tepki verdiğinde ya da görmezden geldiklerinde politik olayları çerçeveleyen belirli yorumları öne çıkarmak adına kolektif şekilde olay ya da durumların bazı yönlerini vurgularlar. Bu açıdan bakıldığında sayfaların kabul görmek ya da yayılmak olarak tabir edilen ve temelinde etkili olma durumunu bize aktaran bu durumu gerçekleştirebilmek adına yalan haber, şok edici aktarım ya da görüntü ve ötekileştirme gibi yöntemlere başvurmaları anlaşılabilir. Çünkü kitle bu tip paylaşımlara tepki vermektedir. Buna benzer şekilde bir terör saldırısında ortaya çıkan kamusal tepkiye yönelik paylaşımlar yaparak politik fırsatçılık gütmek de adı geçen yayılmayı sağlayan bir unsur olarak ortaya konabilir.

Entman Aktivasyonu Basamaklandırma Modeli terimini 11 Eylül sonrasında Beyaz Saray tarafından ortaya konan enformasyonu seçerek ya da görmezden gelerek yapılan toplumsal olayları çerçevelemek eylemini tanımlamak için ortaya atmıştır. Onun analizinde medya organizasyonları bilişsel olarak uyumsuz olan içerikleri görmezden gelirken uyumlu çerçeveleri aktif hale getirirler. Aruguete ve Calvo da benzer biçimde kullanıcıların başka kullanıcıların mesajlarını seçerek ya da görmezden gelerek toplumsal olayları çerçevelediklerini ileri sürerler. Onlara göre içerik, kullanıcıların duvarlarına geldiğinde kültürel olarak uyumlu mesajlar daha yoğun şekilde yayılırlar (2018). Aruguete ve Calvo'nun teorik bakış açısını anlamak için yeni medya ortamının klasik medyayı nasıl şekillendirdiğini de anlamak gerekir. Algoritmalar trendleri belirlediğinden ve gazeteciler bu trendlerden anında haberdar olup neye öncelik vermeleri gerektiğini bildiklerinden, konuların dikkat çekmesi ciddi oranda kullanıcıların yayınlamaya ya da paylaşmaya değer gördükleri içeriklere dayanmaktadır. Bu durum aslında klasik medyanın artık neden gündem belirleyemediğini de ortaya koyar. Google'dan ya da sosyal medyadan gelecek trafiğe muhtaç olan bu yapılar zaten konuşulan konular üzerinden haber yapmaya meyillidir. Eş deyişle bir konunun haber olmasını sağlayan şey onun kullanıcılar tarafından ne derecede talep edildiğidir, yani trend olup olmadığıdır. Bu mantıkla kamunun hassas olduğu terör gibi bir konuyu politik fırsatçılık adına gündemde tutan yapılar terörün nedenini illegal göçmenler olarak çerçevelediğinde ve bu tip içerikleri ön plana çıkarttıklarında klasik medyanın da bu çerçeveleri takip etme ihtimali artmaktadır. Aruguete ve Calvo da buna benzer biçimde toplumsal protestoların yaşandığı bir olay olan #Tarifazo ile ilgili iki alternatif çerçevenin ("yolsuzluk" ve "müsrif harcamalar") kullanıcıların paylaşım sayılarına göre olayın mahiyetini belirleyeceğini söyler. Bu açıdan bakıldığında ister ana akım ister aşırı sağ faktörler olsun bu sayfaların bir olayı aktarımının hem genel olarak hem de kendi ağları üzerinde olayların çerçevelemesini belirleyebileceği ileri sürülebilir.

Genelde sosyal medyanın özelde Facebook'un algoritmasının insanların kendilerine kültürel olarak uyumlu içerikleri görmelerine meyilli olan yapısını sayfalar açısından manipüle etmenin yolu, incelenen Orlando gece kulübü ve Manchester Arena saldırıları gibi kamunun dikkatini yoğunlaştırdığı olaylarla ilgili yoğun ve negatif paylaşım yapmaktan geçer. Elde edilen verilerde Donald J. Trump Facebook sayfasının Orlando saldırısında 15 paylaşımdan 14'ünü bu olayla ilgili yapması ve bunların 8'inin negatif olması sayfanın bu durumu politik bir fırsata çevirmek istediğinin göstergesidir. Oysaki Birleşik Krallık'ta Theresa May kendi ülkesinde olan terör saldırısını bile politik bir fırsat olarak görmemiştir. Benzer şekilde aşırı sağ parti olarak tanımlanan UKIP de kendi ülkesindeki Manchester Arena terör saldırısını tanımlanan kıstaslara göre bir politik fırsata dönüştürmemiştir. Sayfanın bu dönemde 13 tanımlanabilen çerçevesinin sadece 4'ü konu ile alakalı ve bunların 3'ü negatiftir. Trump'ın kendi ülkesinde gerçekleşen Orlando saldırısının olduğu haftadaki biri hariç tüm içeriklerini bir şekilde Orlando'ya referans yapacak şekilde paylaşmasına rağmen UKIP bu yolu izlememiştir. Bununla beraber Breitbart Facebook sayfası Donald J. Trump Facebook sayfası gibi Orlando saldırısında ciddi bir fırsatçılık yapmakla beraber Manchester Arena saldırısına birincil önem vermemiştir. Tea Party ve Britain First Facebook sayfaları ise iki terör olayında da politik fırsatçılık yapmıştır. Bu veriler eşliğinde politik fırsatçılık açısından Theresa May ve UKIP'in diğer tüm aktörlerden farklı bir çizgide olduğu görülmektedir.

Bu genel tablo Gözden Geçirilmiş Basamak Modeli (Tablo 6) adına şu şekilde yorumlanabilir; her ne kadar modelde ileri sürüldüğü şekliyle elitler, ideolojik muhafazakâr medya ve kamu arasındaki hiyerarşinin tam olarak nasıl işlediğinin tespiti hâlihazırdaki çalışmada yapılamasa da ve bu tespitin yapılması zor olsa da Amerika örneği üzerinden ortaya konan modelin bu ülkede belirli bir gerçekliği yansıttığı tespit edilmiştir. Bununla beraber Birleşik Krallık örneğinde ideolojik medya olarak konumlandırılabilecek Britain First, Amerika'daki muadillerine benzer söylemleri üretip benzer şekilde olayı gündemde tutsa da iktidar partisi lideri Theresa May ve aşırı sağ parti olarak tanımlanan UKIP Britain First ile aynı çizgide yer almamıştır. Bu noktada hiyerarşik bir enformasyon akışından bahsetmek mümkün değildir. Çünkü bu hiyerarşinin alt kısmında olması beklenen bir ideolojik medya farklı tipte söylemler üretmiştir. Bu durumun Birleşik Krallık'taki siyasi yapının nefret söylemlerini ve açık ayrımcılığı politik fırsatlara dönüştürmeye kapalı olmasından kaynaklı olduğu ileri sürülebilir. Dahası Britanya Ulusal Partisi gibi ırkçı ve yabancı karşıtı partiler geçmişte, çok az sayıda başarı kazanmıştır. Bu açıklamadan Birleşik Krallık'taki ana akım siyasetin en azından söylem düzeyinde aşırılaşmadan korunmasının yapısal şekilde sağlandığı anlaşılabilir. Öte yandan Amerika'daki siyasi sistem ise Birleşik Krallık'tan farklı olarak Barack Obama ve Donald J. Trump gibi birbirinden oldukça farklı iki siyasi aktörün de başkan olabilmesini sağlayan bir şekilde konumlanmıştır.

Mülteci krizi, kültürel uyumsuzluk iddiaları ve terör saldırıları gibi pek çok güncel fenomenin etkisi ile Batı'daki Müslümanların durumunun giderek politize olduğu pek çok araştırma ile ortaya konulmuş (Kumar, 2012) Müslümanlar ile aşırı sağın seçim başarısı arasında anlamlı bir ilişki olduğu (Coffe vd, 2007) ve ana akım partilerin aşırı sağın bu başarısından da etkilenerek onların politikalarını takip ettikleri ileri sürülmüştür. Bu durumu Ellinas (2010) "milliyetçi kartı oynamak" ve Wodak ile KhosraviNik (2013) "Avrupa'nın Haiderleşmesi" olarak adlandırmıştır. Bu literatüre dayanan ikinci problemde Batı'da iktidardaki siyasi parti ve elitlerin Müslümanlar hakkında söylemleri aşırı sağ parti ve elitlerin söylemleri ile benzerlik gösterdiğine ve bu aktörlerin aralarında olumlu olarak tanımlanabilecek bir ağ ilişkisi olduğuna dair iddialar üzerine yoğunlaşılmıştır.

Amerika örneği açısından Tablo 8, Tablo 11 ve Tablo 14'e bakıldığında Donald J. Trump, Tea Party ve Breitbart Facebook sayfalarında Muslim-Islam anahtar kelime aramasında en çok etkileşim alan 10 içeriğin hepsinde Müslümanların negatif şekilde çerçevelendiği görülebilir. Bu veriler Donald J. Trump Facebook sayfasının, Müslümanları Tea Party ve Breitbart Facebook sayfaları ile benzer şekilde çerçevelemiş ve gündemde tutmuş olduğunu doğrular.

Tablo 10'da görülebileceği gibi Donald J. Trump Facebook sayfası, Tea Party'yi 1 ve Breitbart'ı 4 kez pozitif şekilde çerçevelemiştir. Tablo 13'teki veriler doğrultusunda Tea Party Facebook sayfası Donald J. Trump'ı 9 kez pozitif 1 kez nötr Breitbart'ı 2 kez pozitif çerçevelemiştir. Tablo 16'dan anlaşılacağı üzere Breitbart Facebook sayfası Tea Party'i 10 kez pozitif ve Donald J. Trump'ı 8 kez pozitif 2 kez nötr çerçevelemiştir. Bu veriler eşliğinde Donald J. Trump Facebook sayfası ve Tea Party ve Breitbart Facebook sayfaları arasında olumlu olarak tanımlanabilecek bir ağ ilişkisi olduğu ileri sürülebilir.

Birleşik Krallık örneği açısından bakıldığında; Tablo 17'de Müslümanlar açısından Theresa May Facebook sayfasının 7'si pozitif 3'ü negatif çerçeve içeren paylaşım yaptığı görülebilir. Tablo 19'dan anlaşılacağı gibi UKIP 9 negatif 1 pozitif çerçeve içeren paylaşımda bulunurken Britain First 10 negatif çerçeve içeren paylaşımda bulunmuştur. Bu veriler ışığında Theresa May Facebook sayfası Müslümanları UKIP ve Britain First Facebook sayfaları ile benzer şekilde çerçevelemiş ve gündemde tutmuştur şeklinde bir çıkarımda bulunulamaz.

Tablo 18'den anlaşılabileceği gibi Theresa May Facebook sayfasının UKIP ve Britain First ile ilgili herhangi bir içeriği bulunamamıştır. Öte yandan UKIP Facebook sayfası Theresa May ile ilgili 10 negatif çerçeve içeren paylaşımda bulunurken Britain First ile ilgili herhangi bir paylaşımı yoktur. Tablo 23 incelendiğinde Britain First'ün UKIP ile ilgili 8 pozitif 2 negatif paylaşımı olduğu ve Theresa May ile ilgili 4 negatif paylaşımı olduğu gözlemlenebilir. Bu veriler ışığında Theresa May Facebook sayfası ve UKIP ve Britain First Facebook sayfaları arasında olumlu olarak tanımlanabilecek bir ağ ilişkisi olduğuna dair bir veriye rastlanmamıştır.

İkinci problem adına elde edilen sonuçlara göre Amerika'daki aktörler olan Donald J. Trump, Tea Party ve Breitbart'ın Müslümanlar hakkında söylemlerinin benzerlik gösterdiği ve bu aktörler arasında olumlu olarak tanımlanabilecek bir ağ ilişkisinin olduğu gözlemlenmiştir. Bu durum Amerika adına Gözden Geçirilmiş Basamak Modeli açısından uyumlu bir tablo çizer. Öte yandan Birleşik Krallık'taki durum Amerika'dakinden yine farklıdır. UKIP ve Britain First Facebook sayfalarının Müslümanlarla ilgili negatif tutumlarının aksine Theresa May Facebook sayfasında pozitif çerçeveler ağırlıktadır. Aynı zamanda bu 3 aktör arasında anlamlı bir ağ görüntüsü de bulunmamaktadır. Bu noktada, Birleşik Krallık bir kez daha Gözden Geçirilmiş Basamak Modeli açısından parçalı ve tanımlanması zor bir görüntü sergilemektedir.

Batı'da aşırı sağ söylemlerin evrenselleştiği ve ana akım ile aşırı sağ aktörler arasında olumlu olarak tanımlanabilecek bir ağ ilişkisi olduğuna dair iddialara yoğunlaşan üçüncü probleme dair aşağıdaki veriler elde edilmiştir.

Tablo 8'de, Tablo 19 ve Tablo 22'de görülebileceği gibi Donald J. Trump, UKIP ve Britain First Facebook sayfaları Muslim-Islam anahtar kelime aramasında en çok etkileşim alan 10 içeriğin hepsinde (UKIP'in 1 pozitif içeriği hariç) Müslümanlar negatif bir şekilde çerçevelenmiştir. Bu veriler göz önüne alındığında Donald J. Trump Facebook sayfası Müslümanları UKIP ve Britain First Facebook sayfaları ile benzer şekilde çerçevelemiştir sonucuna ulaşılabilir.

Tablo 10'dan anlaşılabileceği gibi Donald J. Trump Facebook sayfasından UKIP veya Britain First ile ilgili herhangi bir paylaşım yapılmamıştır. Bununla beraber Trump'ın UKIP lideri Farage'ı övdüğü açıklamaları ve sonradan "eğer onlar korkunç insanlarsa özür dileyebilirim" dediği Britain First'ün lideri Jayda Fransen'i retweetlemesi kamuoyuna yansımıştır. Tablo 21 ve Tablo 23'ten anlaşılabileceği gibi UKIP ve Britain First Facebook sayfalarında Trump 10 kez pozitif şekilde çerçevelenmiştir. Öte yandan UKIP Facebook sayfasında, Britain First ile ilgili bir içerik paylaşılmamışken Britain First Facebook sayfasının UKIP ile ilgili 8 pozitif 2 negatif çerçevesi bulunmaktadır. Bu veriler açısından sayfalar arasındaki ilişki karşılıklı bir destekten ziyade UKIP ve Britain First sayfalarının Donald Trump'a yönelik bir desteğini andırmaktadır.

Muslim-Islam anahtar kelime aramasında en çok etkileşim alan 10 içerik açısından Tablo 17 ele alındığında Müslümanlar açısından Theresa May Facebook sayfasının 7'si pozitif 3'ü negatif çerçeve içeren paylaşım yaptığı görülebilir. Tablo 11 ve Tablo 14'te görülebileceği gibi Tea Party ve Breitbart Facebook sayfalarında Muslim-Islam anahtar kelime aramasında en çok etkileşim alan 10 içeriğin hepsinde Müslümanlar negatif şekilde çerçevelenmiştir. Bu veriler ışığında Theresa May Facebook sayfası Müslümanları Tea Party ve Breitbart Facebook sayfaları ile benzer şekilde çerçevelemiştir sonucuna ulaşılamamıştır.

Tablo 18'den anlaşılabileceği gibi Theresa May Facebook sayfasının, Tea Party ve Breitbart Facebook sayfaları ile ilgili herhangi bir içeriği bulunamamıştır. Tea Party Facebook sayfasında Theresa May ile ilgili 2 nötr çerçeve vardır. Breitbart Facebook sayfasında ise Theresa May için 2 pozitif, 3 negatif ve 2 de nötr çerçeve bulunmaktadır. Bu veriler ışığında Theresa May Facebook sayfası ile Tea Party ve Breitbart Facebook sayfaları arasında olumlu olarak tanımlanabilecek bir ağ ilişkisi vardır sonucuna ulaşılamaz.

Tablo 11 ve Tablo 14'te görülebileceği gibi Tea Party ve Breitbart Facebook sayfalarında Muslim-Islam anahtar kelime aramasında en çok etkileşim alan 10 içeriğin hepsinde Müslümanlar negatif şekilde çerçevelenmiştir. Tablo 19 ve Tablo 22'de görülebileceği gibi Donald J. Trump UKIP ve Britain First Facebook sayfaları Muslim-Islam anahtar kelime aramasında en çok etkileşim alan 10 içeriğin hepsinde (UKIP'in 1 pozitif içeriği hariç) Müslümanlar negatif şekilde çerçevelenmiştir. Bu veriler göz önüne alındığında aşırı sağ yapılar olarak Tea Party ve Breitbart Facebook sayfaları Müslümanları UKIP ve Britain First Facebook sayfaları ile benzer şekilde çerçevelemiştir sonucuna ulaşılabilir.

Tablo 13'te görülebileceği gibi Tea Party Facebook sayfası Breitbart'ı 10, UKIP'i 6 ve Britain First'ü 2 kez pozitif çerçevelemiştir. Tablo 16'da gözlemlenebileceği gibi Breitbart Facebook sayfasından Tea Party 10 ve UKIP 8 kez pozitif şekilde çerçevelenmiş, ancak Britain First ile ilgili bir içerik bulunamamıştır. UKIP Facebook sayfasında Breitbart 6 kez pozitif şekilde çerçevelense de Britain First ve Tea Party ile ilgili bir içeriğe rastlanmamıştır. Britain First Facebook sayfasında UKIP ile ilgili 8 pozitif ve negatif çerçeve bulunmaktadır. Bununla beraber sayfada Tea Party ve Breitbart ile ilgili bir içeriğe rastlanmamıştır. Bu 4 sayfanın bazılarının arasında pozitif ilişkiler bulunsa da Tea Party ve Breitbart Facebook sayfaları ile UKIP ve Britain First Facebook sayfaları arasında olumlu olarak tanımlanabilecek bir ağ ilişkisi vardır şeklinde kesin bir sonuca ulaşılamaz.

Tablo 8'de görülebileceği gibi Donald J. Trump Facebook sayfasında Muslim-Islam anahtar kelime aramasında en çok etkileşim alan 10 içeriğin hepsinde Müslümanlar negatif şekilde çerçevelenmiştir. Muslim-Islam anahtar kelime aramasında en çok etkileşim alan 10 içerik açısından Tablo 17 ele alındığında Müslümanlar için Theresa May Facebook sayfasının 7'si pozitif 3'ü negatif çerçeve içeren paylaşım yaptığı görülebilir. Bu veriler doğrultusunda ana akım aktörler olarak Donald J. Trump

Facebook sayfası ve Theresa May Facebook sayfası Müslümanları benzer şekilde çerçevelemiştir sonucuna ulaşılamaz.

Tablo 10 incelendiğinde Donald J. Trump Facebook sayfasının Theresa May'i 2 kez nötr ve 5 kez pozitif biçimde çerçevelediği görülebilir. Theresa May Facebook sayfası da Donald J. Trump'ı 5 kez nötr 2 kez de pozitif biçimde çerçevelemiştir. Öte yandan iki liderin özellikle Donald Trump'ın Britain First liderlerinden Jayda Fransen'in İslam karşıtı tweetlerini yeniden tweetlemesi ile gerilen ilişkileri ve karşılıklı negatif açıklamaları Facebook sayfalarında yer bulmamıştır. Bu tabloya göre bu iki liderin arasında olumlu olarak tanımlanabilecek bir ağ ilişkisi olduğu ileri sürülebilir. Ancak bu çalışmanın medeniyetler çatışması nedeniyle aktörlerin birbirlerine yaptıkları referanslar pozitif bile olsa bir sayfa eğer Müslümanlar açısından negatif bir paylaşım pratiğine sahip değilse bu referansların pozitif olması anlam taşımamaktadır. Theresa May'in Müslümanlar açısından negatif bir paylaşım pratiği olmadığından bu iki aktör arasında ilişki bir ağ olarak ele alınmamalıdır. Bu ilişki daha ziyade yıllardan beri müttefik olan, ekonomik, siyasi ve toplumsal açıdan birbirlerine bağlı olan iki ülkenin liderinin zorunlu olarak sayılabilecek nezaket gösterileri olarak tanımlanabilir. Bu açıdan ele alındığında, Donald J. Trump Facebook sayfası ile Theresa May Facebook sayfasının, olumlu olarak tanımlanabilecek bir ağ ilişkileri vardır sonucuna ulaşılamamıştır.

Üçüncü problemde Amerika ve Birleşik Krallık'ta ele alınan aktörlerin söylemlerine ve birbirleriyle olan ilişkilerine bakılmıştır. Çalışmada aşırı sağ taban örgütlenmelerinden ziyade aşırı sağ adına elit aktörler olarak değerlendirilebilecek yapılarla iktidar parti liderlerinin söylemsel ilişkisi ele alınmıştır. Evrensel açıdan aşırı sağın kendi arasında belli sayıda pozitif ilişkiler bulunsa da hepsinin arasında anlamlı bir ilişki gözlemlenmemiştir. Donald J. Trump Facebook sayfasının Müslümanları Birleşik Krallık'taki UKIP ve Britain First Facebook sayfaları ile benzer şekilde çerçevelediği tespit edilmiştir. Bununla beraber sayfalar arasındaki ilişki karşılıklı bir destekten ziyade UKIP ve Britain First sayfalarının Donald Trump'a yönelik bir desteğini andırmaktadır. Her ne kadar Facebook sayfasında tespit edilemese de Donald J. Trump'ın eski UKIP lideri Nigel Farage ile olan yakın ilişkisi ve Britain First liderlerinden Jayda Fransen'i yeniden tweetlediği bilinmektedir. Bu noktada daha fazla ampirik veri ve ağlar arasında ilişkiyi tespit edecek daha fazla araştırmaya gereksinim olsa da Donald J. Trump'ın Fransa'daki Sarı Yelekliler protestocularına yönelik " 'Trump'ı istiyoruz' naraları atıyorlar. Fransa'yı seviyorum" ve "Avrupa Ordusu fikri Birinci ve İkinci Dünya Savaşı'nda işe yaramadı. Fakat ABD sizin için oradaydı ve her zaman yanınızda olacak" şeklindeki tweetleri, Manchester saldırısından sonra Batılı liderlere yaptığı konuşmasına saldırıyı "Medeniyetimize yönelik barbarca bir saldırı" olarak tanımlaması, Müslümanlar özelinde yaptığı yasak açıklamaları ve Huntingtonvari şekilde Batı medeniyetinin yaşam iradesinin olup olmadığını sorgulaması kendini Amerika'nın başkanı olma hasebiyle Batı medeniyetinin lideri olarak gördüğüne yönelik bir çıkarımın yapılmasına neden olabilir. Araştırmadaki veriler de ana akım bir partinin başında yer alan Trump'ın aşırı sağı ana hatlarıyla evrensel düzeyde konsolide eden bir lidere dönüştüğü iddiasını destekleyebilir.

Bu noktada bu problemin altında tartışılması gereken hususlardan biri de Müslümanların başka bir medeniyete ait olması nedeniyle kültürel olarak farklı olduğu ve bu yüzden Batı toplumlarına entegre olamadığı fikri ve inancı üzerinden Müslüman çoğunluklu toplumlardan gelen göçmen ve mültecilerin engellenmesi gerektiğine dair Batı açısından ulus ötesi bir söylemin olup olmadığı, bu söylemin belirli elit aktörlerce savunulup savunulmadığı ve tüm bu sürecin yeni normalin ne olduğuna dair bir zemin hazırlayıp hazırlamadığıdır. Merkez ve ana akım olarak tanımlanan kavramlara derinlemesine bakıldığında merkezi oluşturan değerler, liberal teori ve liberal siyaset kay-

İslamofobi ve Sosyal Medyada Nefret Söylemi

naklı tolerans, çok kültürlülük ve politik doğruculuk gibi farklı inanç, kültür ve yaşam pratiklerini barındıran toplulukların bir anlamda kendi kimliklerini koruyarak bir arada yaşamaya uygun bir toplum tasarrufundan ortaya çıkmıştır. Bu değerleri sorgulayanlar ve kabul etmeyenler merkez ya da ana akım siyasetin dışında konumlanır. Bunlar genellikle popülizm sayesinde varlıklarını siyasetin çeperlerinde sürdürebilen ve asimilasyon, milli kimlikleri koruma, milli ekonomi (dışa kapalı ya da gümrük vergileri ile korunan yapıda) ya da göçmenlere karşı kapalı sınırları savunan yapılardır ve liberal olarak tanımlanabilecek değerleri savunan yapıları işbirlikçi elitler ve onların politikaları olan çok kültürlülük ve politik doğruculuğu, toplumu ve milli kimliği yok eden bir sistem olarak nitelerler. Bu aşırıcı olarak addedilen ya da çeperde olarak görülen yapıların Brexit ve Trump'ın seçim zaferi gibi bazı temel başarılar kazanmaları merkez-çeper tartışmalarını başka bir boyuta taşımıştır.

Yukarıda adı geçen tartışmanın temeli liberal değerlerin kendini merkeze konumlandırmasıyla alakalıdır. Ancak bu değerleri sorgulayıp bazılarını reddettikleri için aşırı uçlarda eş deyişle politik yelpazenin (Şekil 1) en sağında olarak konumlandırılanların başarısı neyin ne kadar merkezde ya da uçlarda olduğunun yeniden tartışılmasına neden olmaktadır. Örneğin liberal bir isim olarak bilinen ve liberal değerlerin savunucusu olarak tanımlanan Hillary Clinton aşırı sağ ve Trump gibi isimlerin başarısının sorumlusu olarak göç sorununu göstermiştir. Başka bir deyişle aşırı sağ olarak tanımlanan yapıların başarısı genelde göçe, özelde ise Müslümanlara karşı tutumu ister istemez değiştirebilir. Obama'nın siyasi direktörü Simon Simas'ın ileri sürdüğü gibi Trump gibi isimlerin başarıları neyin normal neyin anormal olduğunu değiştirebilir. Bu durum kabul edilebilen söylemin sınırlarını genişletebildiği gibi dolaylı olarak uygulanan politikaların seyrini de etkileyebilir.

Sosyal medya ise bu noktada bir anlamda her gün kamunun nabzının tutulduğu bir araca dönüşmektedir. Eş deyişle eskiden anormal olan söylemlerin meşrulaştırılarak normalleştirildiği bir platform. Bu söylemlerin meşrulaşmasında izleyicilerin kendi inanç ve düşüncelerinden farklı olan medya araçlarından kaçınmaları ve kendilerine uyan medya yapılarına yönelmeleri yani seçici maruz kalma ve platformların kişilerin bıraktığı izler eş deyişle çıkartılan profilleri üzerinden, onların siyasal eğilimleri üzerinden kişiselleştirilmiş bir deneyimi onlara sunmaları ile kullanıcıların giderek kendilerine benzeyen kişilerden oluşan bir yankı odasında ya da filtre balonlarında kendilerini bulmaları da önemlidir. İster yeni medya ister bilgisayar aracılı iletişim ya da başka bir şekilde adlandırılsın bu fenomenin insanlığı sadece lokal ve ulusal düzeyde değil evrensel düzeyde de değiştirip dönüştürdüğü tartışılabilir. Bu çalışmanın sınırlılığı olan İslam karşıtlığı, Batı'nın kendi içindeki medeniyetler çatışması ya da onun Batı'daki siyasete yansımasından daha geniş ölçekli bir kavram olan "küresel kamusal alan"ı bu noktada ele almak faydalıdır. Bu tez çalışmasında bir küresel kamusal alanın varlığı tartışılmamakla beraber yeni medya ve aşırı sağın ve söylemlerinin evrenselleşmesi ile ilgili bazı veriler ortaya koyulmuştur. Bununla beraber bir küresel kamusal alanın var olup olmadığına ve İslam karşıtlığı gibi daha spesifik alanlarda farklı küresel kamusal alanların ortaya konulup konulmadığına dair daha fazla ampirik veriye ihtiyaç vardır. Adı geçen küresel kamusal alanın varlığı açısından yapılacak tartışmalarda Gözden Geçirilmiş Basamak Modeli gibi ulusal bazlı olan bir modelin de uluslararası bazlı bir enformasyon akışı modeline verilmesi gerekmektedir.

Çalışmanın dördüncü probleminde sosyal medya ortamında, platformların sansürü gibi nedenlerden ötürü siyasi partiler ve diğer aktörlerin kodlanmış pratiklerle herhangi bir sansür ya da yaptırıma maruz kalmayan kitlelerini açık ayrımcı pratiklere yönlendirdikleri ile ilgili iddialar ele alınmıştır. Yukarıda ele alınan sayfaların kodlanmış çerçevelerle kitlelerini açık ayrımcı pratiklere yönlendirip yönlendirmedikleri anlaşılmaya çalışılmıştır. Aşağıdaki veriler bu problemin anlaşılabilmesi adına incelenen sayfalardan elde edilmiştir.

Tablo 8'den anlaşılabileceği gibi Donald J. Trump sayfası 10 negatif içeriğinin tamamını kodlanmış şekilde çerçevelemiştir. Bu veriler ışığında Donald J. Trump sayfası kodlanmış çerçevelerle kitlesini açık ayrımcı pratiklere yönlendirmiştir sonucuna ulaşılabilir.

Tablo 17'den anlaşılabileceği gibi Theresa May Facebook sayfası 10 içeriğinin 3'ünü negatif ve kodlanmış olarak çerçevelemiştir. 7 içerik ise pozitiftir. Bu veriler ışığında Theresa May Facebook sayfası kodlanmış çerçevelerle kitlesini açık ayrımcı pratiklere yönlendirmiştir sonucuna ulaşılamaz.

Tablo 11'den anlaşılabileceği gibi Tea Party sayfası 10 negatif içeriğinin tamamını kodlanmış şekilde çerçevelemiştir. Bu veriler ışığında, Tea Party Facebook sayfası kodlanmış çerçevelerle kitlesini açık ayrımcı pratiklere yönlendirmiştir.

Tablo 14'ten anlaşılabileceği gibi Breitbart Facebook sayfası 10 negatif içeriğinin tamamını kodlanmış şekilde çerçevelemiştir. Bu veriler ışığında, Breitbart Facebook sayfası kodlanmış çerçevelerle kitlesini açık ayrımcı pratiklere yönlendirmiştir.

Tablo 19'dan anlaşılabileceği gibi UKIP Facebook sayfası 9 negatif içeriğinin biri hariç tamamını kodlanmış şekilde çerçevelemiştir. Bu veriler ışığında, UKIP Facebook sayfası kodlanmış çerçevelerle kitlesini açık ayrımcı pratiklere yönlendirmiştir.

Tablo 22'den anlaşılabileceği gibi Britain First Facebook sayfası 10 negatif içeriğinin 4'ünü kodlanmış şekilde çerçevelemiştir. Bununla beraber sayfa kalan 6 içerikte açık ayrımcı pratiklere başvurmuştur. Bu yüzden sayfanın Müslümanlarla ilgili incelenen tüm içerikleri göz önüne alınmıştır. Toplamdaki 44 negatif çerçeveden 29'u kodlanmışken 15'i açık ayrımcı pratik olarak tespit edilmiştir. Bu veriler ışığında, Britain First Facebook sayfası kodlanmış çerçevelerle kitlesini açık ayrımcı pratiklere yönlendirmiştir sonucuna ulaşılabilir. Bununla beraber 15 açık ayrımcı pratiğin bulunması önemli bir veridir. Bu verinin sayfanın Facebook tarafından kapatılmasında rol oynadığı ileri sürülebilir. Facebook Topluluk Standartları'nın Nefret Söylemi bölümünde sindirme ve dışlamayı sağlayan bir ortam yarattığından ve bazı durumlarda gerçekten şiddete yol açtığından nefret söylemine izin verilmeyeceği söylenir ve şu tanım yapılır: *"Nefret söylemi korunan karakteristiklere - ırk, etnisite, ulusal orijin, dini inanç, cinsel yönelim, sosyal sınıf, cinsiyet, cinsel kimlik ve ciddi hastalık ve engeller – yönelik doğrudan saldırılardır."* Facebook Britain First ve liderlerinin sayfalarının kapatılması ile ilgili açıklamasında, *"politik görüşlerin nefret olmadan da ifade edilmesi gerektiğini"* vurgulamıştır.

Kodlanmış çerçevelerin ortaya çıkmasının nedeni olarak ırkçılık deneyimi ile beraber Batılı demokrasilerde ortaya konabilecek söyleme yönelik bazı sınırların çizilmesi gösterilebilir. Ancak söylemlere belirli sınırlar konması onların yok olduğu anlamına gelmez. Bu noktada literatürde de yabancı düşmanlığı neticesinde gelişen ayrımcı pratiklerin aslında halka içkin bir değer olduğunu ileri süren düşünürler olmuştur. Bu yaklaşımlar üzerinden aşırı sağın aslında halkın merkez ya da liberal partiler tarafından baskılanan bir yönünü, yani yabancılara karşıt olunmasını politik arenaya taşıdığı ileri sürülebilir. Bu minvalde aslında yabancı düşmanlığının hep var olduğu ve sadece hedef değiştirdiği iddia edilebilir. Bu teze göre tarihte bu istenmeyen yabancı Yahudilerken şimdi Müslümanlar olmuştur. Halkın yabancıya yönelik bu tutumunu ortaya çıkartmanın yolu ise açık ayrımcı pratiklere göndermelerde bulunan kodlanmış bir dil kullanmaktan geçer.

Öncelikle bu aşırıcı yapıların ciddi bir demokrasi deneyimi yaşamış, Nazi deneyimi sayesinde ırkçılığın nerelere gidebileceğini görmüş ve başta hukuk olmak üzere devlet sistemi ciddi oranda oturmuş Batılı ülkelerde faaliyet gösterdiği unutulmamalıdır. Aslında bu durum aşırıcıların Müslümanları ötekileştirmek adına ifade özgürlüğü gibi liberal değerleri savunmaları ya da eskiden benzer ayrımcı pratiklere maruz kalmış Yahudileri toplumun bir parçası olarak görüp Müslümanları dışlamalarındaki tezatlıklarla açıklanabilir. Aşırıcı unsurların temelde liberal değerlere karşı olması beklenir. Örneğin onların ciddi biçimde eleştirdikleri çok kültürlülük, politik doğruculuk ve ötekine yönelik tolerans gibi değerler temelde liberal değerler olarak tanımlanabilirler. Ancak bu yapılar kendilerinin de bazılarına karşı geldiği bu değerlerle Müslümanların uyumlu olmadığına dair söylemlerde bulunmaktadırlar. Bu söylem pratiği en temelinde Müslümanların kültürel olarak farklı olduğunu, eski "Öteki" olsalar da Yahudiler de dâhil olmak üzere Batı kimliği altında toplanabilecek her grubun tek düşmana yani Müslümanlara karşı olması gerektiğini savunur. Çalışmada araştırılan sayfalardan biri olan Britain First açısından, bu kimlik Yahudileri, Protestanları ve Katolikleri (parti liderlerden Jayda fransen Katoliktir) hatta siyahileri kapsayabilir. Önemli olan şey iç düşman olan Müslümanlara karşı bir kamp kurabilmektir. Ancak Britain First bunu sadece kodlanmış bir dille değil açık ayrımcı pratiklerle de yapmaktadır. Bu yüzden bu sayfa incelenen diğer tüm sayfaların aksine Facebook tarafından kapatılmıştır.

Yeni ırkçılık olarak da adlandırılan kültürel ırkçılığın biyolojik ırkçılıktan temel farkı açık yerine gizli, örtük ya da kodlanmış olarak tanımlanan söylemleridir. Tüm sayfalar arasında bir tek Theresa May Facebook sayfasının kodlanmış çerçeveleri bir yöntem olarak pratik haline dönüştürmediği tespit edilmiştir. Britain First hariç tüm sayfalar açık ayrımcı pratiklerden ziyade kodlanmış çerçeveleri bir yöntem olarak benimsemiştir. Her ne kadar Britain First de kodlanmış pratikleri bir yöntem olarak benimsese de sayfanın toplamda 15 açık ayrımcı pratiği tespit edilmiştir. Sayfa tarafından ayrımcı pratiklerin bu kadar yoğun şekilde ortaya konmasının bu sayfanın kapatılması ile ilgili bir bağlantısının olduğu ve diğer sayfaların kodlanmış pratikleri uygulamalarının onları kapatılmaktan kurtardığı ileri sürülebilir. Birleşik Krallık Başbakanı Theresa May hariç diğer tüm sayfaların içeriklerinde kodlanmış ayrımcı bir dili baskın şekilde kullanması ciddi ve tartışılması gereken bir veri olarak görülmektedir.

Bu problemin önemi Facebook'un Topluluk Standartlarında nefret söylemi ve ayrımcı pratiklere karşı Facebook'ta sayfaların bir anlamda kendilerini koruma yöntemi olarak ön plana çıkan bir işleyişi ortaya koymasıdır. Facebook'un tanımında korunan karakteristik sınıflandırmasının içindeki kimlik ve yönelime gönderme yapan bu karakteristikler kişilerle olmaktan ziyade topluluklarla ilgili bir referans noktasına işaret ederler. Kodlanmış çerçevelerin önemi bu hususta ortaya çıkar. Çünkü onlar açık bir şekilde bir topluluğu suçlamak, ayrıştırmak, genellemek ya da onlara karşı nefret söylemi uygulamak yerine bunları ima edecek şekilde örtük bir söylem içerirler.

Çalışmanın beşinci probleminde açık ayrımcı pratikleri yaymak isteyen aktörlerin sosyal medya platformlarının bu tip söylemlerin yayılmasını kolaylaştıran yapısından faydalanıp faydalanmadığı anlaşılmaya çalışılmıştır. Facebook gibi sosyal medya platformları kendi içine gömülen videolar da dâhil olmak üzere bir veri olarak ele alabilecekleri yazı ve resimlerle ilgili denetim yapabilmekte ve yaptırım uygulayabilmektedir. Ancak platform aracılığıyla paylaşılan linklerle ilgili bir denetim ya da yaptırım yoktur. Bu husus açık ayrımcı pratikler yüzünden yaptırıma maruz kalmak istemeyen sayfalar için bir kaçış yoluna dönüşebilmektedir. Aşağıdaki veriler bu problemin anlaşılabilmesi adına incelenen sayfalardan elde edilmiştir.

Donald J. Trump Facebook sayfası incelenen dönemler ve anahtar kelime aramasında toplam 34 içerik paylaşmıştır. Bunların sadece 4'ü link şeklindedir. Bunların 2'si açık ayrımcı pratikler, manipülasyon ve sahte haber barındıran bir site olan www.bretibart.com'a dış bağlantı vermektedir. Bununla beraber sadece 4 link paylaşımı %25 kıstasını karşılamadığından Donald J. Trump Facebook sayfası linklerle kitlesini açık ayrımcı pratikler, manipülasyon ve sahte haber barındıran dış bağlantılara yönlendirmiştir sonucuna ulaşılamaz.

Theresa May Facebook sayfası incelenen dönemler ve anahtar kelime aramasında hiçbir link paylaşımı yapmamıştır.

Tea Party Facebook sayfasında incelenen dönemler ve anahtar kelime aramasında tanımlanabilen 75 içerik tespit edilmiştir (2 kırık link). Bunların 59'u link paylaşımı şeklinde yapılmıştır. Bu 59 linkten 54'ü açık ayrımcı pratikler, manipülasyon ve sahte haber barındıran sitelerden yapılmıştır.

Breitbart Facebook sayfası incelenen dönemler ve anahtar kelime aramasında 61 içerik paylaşmıştır. Bu 61 içeriğin 20'si link paylaşımı şeklindedir. 20 linkin 16'sı açık ayrımcı pratikler, manipülasyon ve sahte haber barındıran sitelerden yapılmıştır.

UKIP Facebook sayfası incelenen dönemler ve anahtar kelime aramasında tanımlanabilen (4 kırık link) 39 içerik paylaşmıştır. Bunların 24'ü link paylaşımı şeklindedir. Bu 24 link paylaşımından 16'sı açık ayrımcı pratikler, manipülasyon ve sahte haber barındıran sitelerden yapılmıştır.

Britain First Facebook sayfası incelenen dönemler ve anahtar kelime aramasında hiçbir link paylaşımı yapmadığından Britain First Facebook sayfası linklerle kitlesini açık ayrımcı pratikler, manipülasyon ve sahte haber barındıran dış bağlantılara yönlendirmiştir sonucuna ulaşılamaz. Britain First kendi sayfasına eş deyişle Facebook'a gömdüğü videolarda açık ayrımcı pratikler sergilemesi ve kitlenin buna olumlu tepki vermesi ile ciddi etkileşim oranları yakalamıştır. Ancak bu durum yani Facebook'un denetlediği ve yaptırım uyguladığı sınırlar içinde bu işlemlerin yapılması sayfanın kapatılmasına neden olmuştur.

Bu problem kodlanmış dili de aşan bir şekilde nötr bir şekilde bile sunulabilen içeriklerdeki linkler sayesinde kitlenin açık ayrımcı pratikler, manipülasyon ve sahte haber barındıran dış bağlantılara yönlendirilebilmesi ile alakalıdır. İktidar partilerinin liderleri Donald J. Trump ve Theresa May'in böyle bir pratik içinde olmadığı gözlemlenirken, aşırı parti ve aktörler olan UKIP, Tea Party ve Breitbart bu pratiği ciddi bir biçimde uygulamıştır. Bir başka aşırı sağ aktör olan Britain First incelenen dönemler ve anahtar kelime aramasında hiçbir link paylaşımı yapmamış, kendi sayfasına eş deyişle Facebook'a gömdüğü videoların açık ayrımcı pratikler sergilemesi ve kitlenin buna olumlu tepki vermesi ile ciddi etkileşim oranları yakalamıştır. Ancak bu durum yani Facebook'un denetlediği ve yaptırım uyguladığı sınırlar içinde bu işlemlerin yapılması sayfanın kapatılmasına neden olmuştur.

SONUÇ

Genel olarak literatürden ve araştırma problemlerinden ortaya çıkan sonuç internetin genel iletişim pratiklerini olduğu gibi siyasal iletişimi de ciddi bir biçimde dönüştürdüğüdür. Bu durum medya, siyaset ve kamu ilişkisini açıklayan teorilerin yeniden tartışılması gerekliliğini ortaya koyar. Hem geleneksel medyayı içeren klasik teoriler hem de internetin de etkisini ele alan Gözden Geçirilmiş Basamak Modeli gibi yaklaşımların odak noktası iletişimin demokratik koşullarda gerçekleşip gerçekleşmediği ve toplumları ya da dünyayı daha demokratik bir hale getirme noktasındaki etkileridir. Bu konuda temelde optimist ve pesimist olmak üzere iki farklı yaklaşım vardır. Volkmerci anlamda kişilerin kendi ağlarını ve kitlelerini oluşturabilmeleri, en otoriter ülkelerde bile internetin teknik imkânları sayesinde tam politik ve ticari kontrolden kaçınabilmeleri ve ana akım medyanın haber kapsamında yer bulmakta zorlanan insan, çevre ve hayvan hakları savunucuları gibi grupların kendilerine bağımsız platformlar yaratabilmeleri optimist açıdan bakıldığında oldukça önemli gelişmelerdir. Bu demokratikleştirici etkiler basamak modelinde izlek 6,5, 4 ve 2 olarak ortaya konulmuştur. Kamunun yönetici elitlere, ana akım ve muhafazakâr medyaya sesini duyurabildiği ve kendi arasında bir diyalog ortaya konabildiği gösterilmiştir. Modelin önemli katkılarından biri de hem demokratikleştirici hem de anti-demokratikleştirici etkileri anlatan vana metaforudur. Algoritmalar, ideolojik medya ve haydut aktörler gibi vanalar özgürlüğü hem açabilir hem de kısabilir. Bununla beraber bu çalışmada algoritmaların manipüle edilmesi ve ideolojik medyaların açık ve kodlanmış ayrımcı pratikleri gibi negatif etkiler gözlemlenmiştir. Bu negatif etkilere ek olarak seçici maruz kalma ve filtre balonları sayesinde ortaya çıkan kutuplaşma ortamının demokrasinin sağlıklı bir şekilde işletilebilmesi adına tehlikeler yarattığı ileri sürülebilir. Ayrıca klasik yöntemlere kıyasla ucuz olan hedefli reklamlarla yalan haber, nefret söylemi, aşağılama ya da hedef gösterme gibi yöntemleri kullanan negatif kampanya olarak adlandırılan fenomen yeni medyanın yarattığı en ciddi baskı alanlarından biri olarak görülebilir. Çalışmada ele alınan aktörlerin genellikle kendi kitleleri ile uyumlu olan (kültürel uyum) bir çerçeveleme stratejisi belirlediği ve terör olayları gibi politik fırsatçılığın yapılabileceği olaylardan faydalandıkları gözlemlenmiştir. Bu durum filtre balonlarının içinde yer alan ve internetin doğası gereği bilişsel cimriliğe alışan kitleleri daha da kutuplaştıran bir unsur olarak görülmektedir.

Sosyal medyanın doğasının sadece negatif şekilde anlaşılması yanlış bir tutum olacaktır. Örneğin bir mülteci akını ile ilgili pek çok sorumluluk çerçevesi üretilirse genel kamu bu yayılımdan ötürü akını insan hakları penceresinden alımlayabilir. Ancak internetin filtre balonlarına neden olan doğası gereği genel olarak bir kamuoyundan ne oranda bahsedilebileceği tartışılmalıdır. Örneğin kitlesi Müslümanların ülkelerindeki varlığından rahatsız olan bir sayfanın mülteci krizini sorumluluk ya da kurban çerçevesi üzerinden ele alması kendi kitlesinde kültürel uyumsuzluk yaratmaktadır. Bu noktada sosyal medyada dolaşan söylemlerin çeşitliliği vurgulanarak farklı kamuların oluşabileceği ileri sürülebilir. Bir kullanıcının bu farklı söylemleri ne derecede homojen ya da heterojen olarak haber akışında göreceği manipüle edilebilen ve yine kullanıcı temelli olan algoritmalara bağlıdır. Basamak modelinde platformlar olarak adlandırılan bir vana olan Facebook gibi şirketlerin ticari yapılar olması nedeniyle kişileri mutlu etmeye yönelik algoritmalarının bu yapısı, Britain First gibi normalde siyasi etkisi hemen

hemen hiç olmayan bir partinin açık ayrımcı pratikler, politik fırsatçılık ve algoritmayı manipüle eden taktiklerle ciddi bir sosyal medya fenomenine dönüşmesini sağlayan şeydir. Bu tip yapıların, ülkelerin siyasal yapısının kurgulanışı nedeniyle siyasal olarak başarılı olmaları zordur. Ancak temsil ettikleri yabancı karşıtlığı gibi değerlerin aslında halkta karşılığı olduğundan ayrımcı söylemlerin kamusallaşmasına ve meşrulaşmasına ve hatta söylemin sınırlarının belli oranda belirlenmesine katkıda bulunabilirler. Buna ek olarak Britain First gibi açık ayrımcı pratikleri rahatça kullanan bir yapının tüm söylemsel sınırı belirlediğini ileri sürmek aşırı olacaktır. Batılı demokrasiler ırkçılık deneyiminin de etkisi ve liberal değerlerin gelişimi ile beraber ortaya konabilecek söyleme yönelik bazı sınırlar çizmiştir. Ancak hem kimliğin temel olarak her zaman bir "Öteki"ye ihtiyaç duyması hem de ulus devletin milli olma ya da bir millete tabi olma zorunluluğu nedeniyle yabancı olana karşı tutumu örtük ya da alt söylem olarak adlandırılabilecek bir ayrımcı söylem düzenini zorunlu kılar. Bu açıdan hem farklı bir dinden hem de farklı bir medeniyetten olan ve zamanında Yahudilerin olduğu gibi Batı'dan farklı bir sosyal hayat kurgusuna sahip olan Müslümanların kültürel farklılıklarından dolayı kullanıcılara yönelik yaptırım uygulamayan sosyal medya platformlarında ötekileştirilmeleri olağanlaşmıştır. Bu noktada ayrımcı pratiklere maruz kalanların bir dine mensup olan ya da bir kültürel gruba ait olan bir zümre ile kısıtlanmasından ziyade hemen hem grubun bu pratiklere maruz kaldığı vurgulanmalıdır. Bu duruma Batı içindeki medeniyetler çatışması zaviyesinden bakacak olursak Batı'da azınlık olan Müslümanların herhangi bir ülkede azınlık olanlar gibi bu durumdan daha fazla etkileneceği ileri sürülebilir.

Entegrasyon kendi içinde problemleri barındırmakla beraber tarihsel süreçte Batılı toplumlara entegre olmakta zorlandıklarından Yahudi Sorunu şeklinde bir kavramsallaştırma ile anılan

Yahudiler bugün Batı'da entegrasyon problemini aşmış olarak görülüyor. Kültürel olarak entegre olan Yahudilerin sonrasında yine belli kesimler tarafından biyolojik ırkçılığın hedefine dönüşmeleri, farklı olanın bir şekilde hep farklı olarak görülmek istendiğinin kanıtı olabilir. Bununla beraber bugün kültürel farklılıkların aşılamaz olduğunu savunanlar genellikle Yahudiler de dâhil olmak üzere Batı kimliği altında toplanabilecek her grubun tek düşmana yani Müslümanlara karşı olması gerektiğini savunurlar. Biyolojik ırkçılığın argümanlarını kullanmanın zor olduğu bu dönemde halkın yabancıya yönelik bu tutumunu ortaya çıkartmanın yolu ise açık ayrımcı pratiklere göndermelerde bulunan kodlanmış bir dil kullanmaktan geçer. İnternet ve sosyal medya ise tüm belli açılardan belirleyici bir rol oynamakla beraber bazen de tüm bu tablonun yansıdığı ya da bu politik mücadele adına kullanılan bir araç konumundadır. Tüm bu arka plan açısından bakılırsa yukarıda adı geçen ticari mantıkla ilerleyen algoritmalar ayrımcı söylemlerin (açık ya da kodlanmış) hedef kitlesi ile rahat bir şekilde buluşmasını sağlayan bir rol oynar.

Yukarıda bahsedilen algoritmik yapının bir başka tehlikesi de artık gündem belirleme gücü oldukça azalan klasik medyanın trafik alabilmek adına internetteki trendleri takip etmesidir. Google'dan ya da sosyal medyadan gelecek trafiğe muhtaç olan bu yapılar zaten konuşulan konular üzerinden haber yapmaya meyillidir. Eş deyişle bir konunun haber olmasını sağlayan şey onun kullanıcılar tarafından ne derecede talep edildiğidir, yani trend olup olmadığıdır. Bu mantıkla kamunun hassas olduğu terör gibi bir konuyu politik fırsatçılık adına gündemde tutan yapılar terörün nedenini illegal göçmenler olarak çerçevelediğinde ve bu tip içerikleri ön plana çıkarttıklarında klasik medyanın da bu çerçeveleri takip etme ihtimali artmaktadır. Bu çalışmada örneklemde yer alan Donald J. Trump Facebook sayfası ve Amerika'daki diğer aktörler Orlando gece kulübü saldırısını politik fırsatçılık adına gündemde tutup Müslümanları güvenlik tehdidi olarak çerçevelediğinde bu durum sosyal medya kullanıcıları arasında yayılacak ve trend haline geldiğinden klasik medyanın da gündemi haline gelecek ya da çok daha fazla gündemde kalacaktır.

Bu noktada internetin başta bilgi, enformasyon ve haber fenomenleri açısından yeni bir kültür yarattığı ileri sürülebilir. İnternet bir anlamda zamanında Postman'ın televizyon için söylediği "meta-ortam" kavramlaştırmasının günümüzdeki karşılığıdır. Çünkü bir şeyin anlamını bilme yolumuz internettir. Sadece dünyaya yönelik bilgilerimizi değil aynı zamanda bilme yollarımızı da yönlendirir. Ancak bu noktada bir şeyi nasıl bildiğimiz ya da bileceğimiz niteliğinin tartışılması gerekir. İnternette bilgiler ne kadar otantiktir sorusu önem kazanır. İnternetteki aşırı enformasyon yoğunluğu, enformasyon bombardımanına dönüşerek hangi bilginin anlamlı, gerçek ya da topluma faydalı olduğunun anlaşılamayacak dereceye gelmesine, yalan haberlerin çok sayıda olmasından dolayı bir gerçek sonrası dönemin yaşanmasına, teknoloji şirketlerinin elinde kişilerin bir veri haline dönüşerek pazarlanması ve böylece Cambridge Analytica skandalındaki gibi manipülasyonların yapılmasına, troller ve algoritmaların manipüle edilmesi ile sahte bir kamuoyu yaratılmasına, kişilerin gözetimi içselleştirip apolitik olmaya itilmesine, seçici maruz kalma ve filtre balonlarının etkisiyle toplumun giderek kutuplaşmasına ve insanların interneti özgürleşmek yerine hedonist amaçlarla kullanmalarına neden olabilir. Tüm bu sürecin hangi ülkede olduğu fark etmeksizin aşırıcı görüşlerin ön plana çıkması ve eskiden normal olmayan söylemlerin artık normalmiş gibi algılanmasına neden olabileceği düşünülebilir. Bu sürecin en önemli tehlikesi farklı topluluklarla birlikte yaşama pratiğini demokrasi, basın ve ifade özgüllüğü ve pozitif hukuk gibi liberal değerlerle edinen Batılı ülkelerinde bu değerlerin güvencesi olan ana akım siyasetin yıpranması ve dolayısıyla bu değerlerin aşınmasıdır. Marks'ın bundan yaklaşık 150 yıl önce aydınlanmanın vadettiği özgür birey, özgür toplum, eşitlikçi sosyal yapı vaadinin testinin Yahudiler üzerinden olacağı iddiası günümüzde Batı'nın Müslüman sorunu olarak adlandırılan problemleri göz önüne alındığında Batı'nın Müslümanlar üzerinden ikinci bir teste maruz kalacağı ileri sürülebilir. Bu açıdan bakıldığında pek çok boyutu olan bir sorunun tek nedeni olarak sadece internet iletişimini göstermek hem bilimsel olarak hem de bu çalışmanın bütünsel perspektifi açısından yanlış bir ithamdır. Bununla beraber Doğu-Batı çatışması açısından, klasik medyadan pozitif anlamda pek çok açıdan ayrılan internet gibi bir aracın World Wide Web aracılığıyla yaygınlaşmasında ciddi bir etkisi olan Tim Berners Lee'in vizyonundan çok daha farklı bir noktada olduğu ileri sürülebilir.

Tim Berners Lee ve pek çok isim internetin özgürlüklerle beraber anılması gerektiğini savunmuşlardır. Bu noktada ifade özgürlüğünün insanların ve toplumların gelişimi açısından önemini vurgulamak ciddi bir önem taşır. İnternetin bu noktada farklı düşüncelerin bir arada tartışılabileceği bir kamusal alana dönüşmesi özellikle ilk dönem teorisyenleri tarafından hararetle savunulmuştur. Bu çalışma da benzer şekilde teori düzeyinde internetin bir özgürleşme aracı olarak kullanılmasının altını çizer. Ancak pratik düzeyde yaşananlar teoriden oldukça farklıdır. İnternette genellikle ifade özgürlüğünün sınırları aşılarak nefret söylemi ve ayrımcılık vuku bulmaktadır. İslamofobinin Müslümanofobiye ya da İslam karşıtlığının Müslüman karşıtlığına dönüşüp dönüşmediği sorusunu gündeme getirme çabasındaki bu çalışmada prensip olarak herhangi bir dinin öğretilerine karşı olmanın suç olarak konumlandırılmaması gerekliliği vurgulanmaktadır. Öte yandan bir dinin karşıtı olmak o dine inananlara karşı olmayı gerektirmez. Çünkü bu karşıtlık egemen kültürün, toplumda azınlık durumda olan kültürün üyelerine sistematik şekilde ayrımcılık uygulaması ile sonuçlanacaktır. Buradaki kırmızı çizgi ise bu karşıtlığın bireysel düzeyde kalması ve kurumsal düzeye (devlet, sivil toplum vb.) yansımaması ve bireysel düzeyde olsa bile nefret söylemi içermemesidir. Eğer bir devlet bir dini "Öteki" olarak konumlandırır ona karşı olduğu belli olan kanunlar ve uygulamalar (İngiltere'deki Teröre Karşı Mücadele ve Güvenlik Kanunu gibi) yapmaya başlarsa bir dine karşı olmanın yansıması olarak ona inananlara yapısal bir ayrımcılık uygulanması kaçınılmaz olur. Bu çalışmanın başka çalışmalar tarafından tartışılmasına salık verdiği nokta ise internetin güçlendirdiği aşırı unsurların da etkisiyle ana akım partilerin yaşadığı savrulmanın tüm politik arenayı etkilemesi ve Batı'da İslamofobiyi Müslümanofobiye dönüşmesidir.

Tüm bu arka plan göz önüne alındığında çalışma şu alanlarda literatüre katkıda bulunmuştur.

-Basamak Modeli Amerika örneğinde oldukça tutarlıyken İngiltere'de hiyerarşik bir enformasyon akışından bahsedilemez. Çünkü bu hiyerarşinin alt kısmında olması beklenen bir ideolojik medyanın farklı tipte söylemler ürettiği tespit edilmiştir.

-Evrensel açıdan aşırı sağın kendi arasında belli sayıda pozitif ilişkiler bulunsa da hepsinin arasında anlamlı bir ilişki gözlemlenmemiştir. Aşırı sağın yeknesak bir görüntüde olmadığı, UKIP gibi orta derecede olup Britain First gibi çok aşırı uçta yer alanların olduğu tespit edilmiştir.

- Donald J. Trump'ın incelenen tüm aşırı sağ yapılar açısından pozitif bir aktör olduğu ve bir anlamda lider olarak görüldüğü tespit edilmiştir. Bu durum ulusal bir model olan Gözden Geçirilmiş Basamak Modeli'nin evrensel söylemleri de göz önüne alacak şekilde güncellenmesi gerekliliğini ortay koyar.

- Theresa May ise aşırı sağ açısından işbirlikçi elit olarak görülmektedir.

- Kültürel ırkçılık adına önemli bir enstrüman olan kodlanmış çerçeveler Theresa May hariç tüm aktörlerde bulunmakta ve sosyal medyada güçlü bir şekilde kullanılmaktadır. Açık nefret söylemi pratikleri uygulayan Britain First gibi sayfalar kapatılırken kodlanmış çerçeveleri uygulayan sayfalara herhangi bir yaptırım uygulanmamaktadır.

- Özellikle aşırı sağ figürlerin Facebook'un açık ayrımcı pratiklerin yayılmasını kolaylaştıran yapısından faydalandıkları yöntemlerden (link paylaşımı) faydalandığı gözlemlenmiştir. Facebook bu yöntemlere karşı yetersiz kalmış ve sadece linklerin yer aldığı siteleri tanıtmakla yetinmiştir.

ÖNERİLER

- İnternet gibi klasik medyanın aracılık rolünün tartışılır hale gelmesini sağlayan bir fenomenin ortaya çıkması noktasında bu ortamdaki araçların gündem belirleme, çerçeveleme ve önceleme yaklaşımlarına etkileri açısından daha fazla ampirik veri ve bilimsel araştırmaya ihtiyaç duyulmaktadır.
- Cambridge Analytica skandalı ile ortaya çıkan Donald J Trump'ın rakibi Hillary Clinton'ı yıpratmak ve seçmenlerinin oy verme motivasyonunu kırmak amacını taşıyan negatif kampanya (reklamcılık) ve sosyal medya ilişkisi bilimsel olarak ele alınmalıdır. Kamusal söylemlerinde Müslümanlar gibi azınlık gruplarını topluma entegre etme mücadelesi içinde görünen liderlerin gizli olarak bu tip siyasal mücadele içinde olması demokrasi adına ciddi bir tehlike arz etmektedir.
- Sosyal medya devlerinin hem politikaları hem de tarafsız olduğunu iddia ettikleri algoritmalarının da destek olduğu gerçek sonrası dönemin demokrasiye zarar vermemesi adına, bu çalışmanın bulguları arasında yer alan ve sosyal medya şirketlerinin dış link denetimi yapmadığını gösteren husus ile ilgili çalışmalar yapılmadır.
- Facebook'un sadece sayfaları ve grupları denetlediği ancak nefret söylemini rahat bir şekilde yayan kullanıcılarla ilgili hiçbir yaptırımının bulunmadığı gözlemlenmiştir. Facebook gibi sosyal medya devleri kendi platformunun nefret söylemi için kullanılmasına izin vermemeli ve bu konudaki çabaların bir parçası olmalıdır.

- Doğu-Batı çatışması açısından ana akım siyasilerin çok kültürlülük ve politik doğruculuk gibi liberal değerleri savunduğunda (bknz. Theresa May) aşırı sağ yapıların güçlendiği göz önüne alındığında bu siyasilerin kamuyla görüşlerini paylaşma noktasında farklı bir iletişim stratejisine ihtiyaçları olduğu ortadadır.
- Her ne kadar bu çalışmada incelenen dönemde görülmese de Theresa May ve David Cameron gibi isimlerin de aşırı sağ ve parti içindeki şahinler nedeniyle bazen örtük bazen de daha açık biçimde Müslümanlara ayrımcı söylemlerde bulunduğu gözlemlenmiştir. Batı'daki kamuoyunun ana akım lider olarak tanımlanan parti başkanlarının ayrımcı söylemleri ile ilgili daha hassas olması ve ana akım rolünü onlara hatırlatması gerekir.
- Sosyal medya kullanan her bir bireyin bir anlamda bir yayıncı olduğu göz önüne alındığında siber etik ve yeni medya okuryazarlığı ile ilgili çalışmaların derinleştirilmesi gerekmektedir..

KAYNAKLAR

ABBAS, T., VE AWAN, I. 2015.	Limits of UK Counterterrorism Policy and its Implications for Islamophobia and Far Right Extremism. **International Journal for Crime, Justice and Social Democracy,** 4(3), 16-29
AJAMI, F. 1993.	The Summoning. **Foreign Affairs,** 72(4), 2-9.
AJAMI, F. 2008.	The clash. **The New York Times,** Erişim Tarihi: 02.05.2018 http://www.nytimes.com/2008/01/06/books/review/Ajami-t.html
AKBARZADEH, S., VE MANSOURİ, F. 2010.	Islam and political violence: Muslim diaspora and radicalism in the West Vol. 34. IB Tauris.
AKTAŞ, C. 2007.	İnternet'in Gazeteciliğe Getirdiği Yenilikler. **Selçuk Üniversitesi İletişim Fakültesi Akademik Dergisi,** 51, 30-41.
AKTAY, Y. 2006	Her Karşılaşmanın İki Yanı Vardır. **Marife Dini Araştırmalar Dergisi,** 3, 427-436.
AKTÜRK, Ş. 2013.	Anti-Social Networking: Findings From a Pilot Study on Opposing Dudley Mosque Using Facebook Groups as Both Site and Method for Research. **SAGE Open,** 41, 2158244014522074.
ALLEN, C. 2016.	Islamophobia. Routledge.
ALMOND, I. 2009.	**Two faiths, one banner: when Muslims marched with Christians across Europe's battlegrounds.** IB Tauris. and Culture, Vol. 1. Oxford: Blackwell.
ALTUN, F. 2017.	**Modernleşme kuramı: Eleştirel bir giriş.** İnsan Yayınları.
ANDERSON, B. 2006.	**Imagined communities: Reflections on the origin and spread of nationalism.** Verso Books.
APPIAH, K. A. 2016.	There is no such thing as western civilisation. **The Guardian,** 9.
ARUGUETE, N., VE CALVO, E. 2018.	Time to# Protest: Selective Exposure, Cascading Activation, and Framing in Social Media. **Journal of Communication,** 683, 480-502.
ASSANGE, J., APPELBAUM J., MÜLLER A., VE	**Şifrepunk Özgürlük ve İnternetin Geleceği Üzerine Bir Tartışma,** İstanbul: Metis.

Kaynaklar

ZİMMERMAN, J. 2012,	
AŞAR, S. 2009.	Irk ve Irkçılık Üzerine Tartışmalar ve Yeni Irkçılık. Ankara: Hacettepe Üniversitesi.
ATASOY, Y. 2005.	Turkey, Islamists and Democracy: Transition and Globalization in a Muslim State. IB Tauris.
ATİKKAN, Z., VE TUNÇ, A. 2011.	Blogdan al haberi: haber blogları, demokrasi ve gazeteciliğin geleceği üzerine. Yapı Kredi Yayınları.
AWAN, I. 2016.	Islamophobia on Social Media: A Qualitative Analysis of the Facebook's Walls of Hate. International Journal of Cyber Criminology, 101.
AZİZ, A. 2007.	Siyasal İletişim. Nobel Yayın Dağıtım, İstanbul.
BALIBAR, E. 1991.	Is there a "neo-racism"? pp. 17-28. Race, nation, class: Ambiguous identities. Verso.
BALIBAR, E. 2000A.	Bir "Yeni-Irkçılık" var mı? Irk, Ulus, Sınıf s. 25-38. İstanbul
BALIBAR, E. 2000B.	Irkçılık ve Milliyetçilik. Irk, Ulus, Sınıf s. 50-87. İstanbul
BALIBAR, E., VE WALLERSTEİN, I. M. 1991.	Race, nation, class: Ambiguous identities. Verso.
BALL, J. 2017	How 550 Facebook Users Spread Britain First Content To Hundreds of Thousand s of People. Erişim Tarihi: 06.07.2018 https://www.buzzfeed.com/jamesball/how-550-facebook-users-spread-britain-first-content-to-hundr
BARBERA, P., JOST, J. T., NAGLER, J., TUCKER, J. A., VE BONNEAU, R. 2015.	Tweeting from left to right: Is online political communication more than an echo chamber?. Psychological Science, 2610, 1531-1542.
BARESCH, B., KNİGHT, L., HARP, D., VE YASCHUR, C. 2011.	Friends who choose your news: An analysis of content links on Facebook. ISOJ: The Official Research Journal of International Symposium on Online Journalism, Austin, TXVol. 1, No. 2, pp. 1-24.
BEN-DAVID, A., VE MATAMOROS-FERNANDEZ, A. 2016.	Hate speech and covert discrimination on social media: Monitoring the Facebook pages of extreme-right political parties in Spain. International Journal of Communication, 10, 1167-1193.
BENFORD, R. D., VE SNOW,	Framing processes and social movements: An overview and assessment. Annual review of sociology, 261, 611-639.

Kaynaklar

D. A. 2000.	
BENHABİB, S. 1996.	**Democracy and difference: Contesting the boundaries of the political** Vol. 31. Princeton, NJ: Princeton University Press.
BERGER, S. 2001.	**Breaking Up News--an Investment in the Online Newspaper's Future?: Effects of Linear and Nonlinear Hypertext Formats on Users' Recall, Reading, Satisfaction, and Perceived Story Credibility** Doktora Tezi, State University System of Florida.
BERWICK, A. 2011.	Anders Behring Breivik's Complete Manifesto '2083–A European Declaration of Independence' | Public Intelligence.
BEST, S. J., CHMIELEWSKI, B., VE KRUEGER, B. S. 2005.	Selective Exposure to Online Foreign News During The Conflict With Iraq. **Harvard International Journal of Press/Politics,** 104, 52-70.
BILLIG, M. 1978.	**Fascists: A social psychological view of the National Front.** Academic Press.
BILLIG, M. 1998.	Rhetorical and discursive analysis: How families talk about the royal family. **Doing qualitative analysis in psychology,** 39-54.
BILLIG, M., 2003.	**Banal Milliyetçilik.** Çev. Cem Şişkolar, İstanbul, Gelenek Yayıncılık.
BİNARK, M. 2007.	Yeni Medya Çalışmalarında Yeni Sorular ve Yöntem Sorunu. **Yeni Medya Çalışmaları.** (Der) Mutlu Binark.
BİNARK, M. 2010.	Nefret Söyleminin Yeni Medya Ortamında Dolaşıma Girmesi ve Türetilmesi. (**Yeni Medyada Nefret Söylemi.** Ed) Mutlu Binark.. İstanbul: Kalkedon Yayınları.
BİNARK, M., VE BAYRAKTUTAN, G. 2013	**Ayın Karanlık Yüzü: Yeni Medya Ve Etik.** Kalkedon.
BİNARK, M., VE LÖKER, K. EDS.. 2011.	**Sivil Toplum Örgütleri İçin Bilişim Rehberi.** Sivil Toplum Geliştirme Merkezi.
BOLTER, J. D., VE GRUSİN, R. 1999.	Understand ing New Media. **Remediation: Understand ing New Media.** MIT Press.
BONILLA-SILVA, E. 2006.	**Racism without racists: Color-blind racism and the persistence of racial inequality in the United States.** Rowman & Littlefield Publishers.
BONILLA-SILVA, E., VE FORMAN, T. A. 2000.	I Am Not a Racist But...": Mapping White College Students' Racial Ideology in the USA. **Discourse & society,** 111, 50-85.

Kaynaklar

BORNSCHIER, S. 2010.	**Cleavage politics and the populist right.** Temple University Press.
BORRADORI, G. 2003.	Borradori, G. (2013). **Philosophy in a time of terror: Dialogues with Jurgen Habermas and Jacques Derrida.** University of Chicago Press.
BOTTICI, C., VE CHALLAND, B. 2006.	Rethinking political myth: The clash of civilizations as a self-fulfilling prophecy. **European Journal of Social Theory,** 93, 315-336.
BOYD, D. M., VE ELLİSON, N. B. 2007.	Social Network Sites: Definition, History, and Scholarship. **Journal of computer-mediated Communication,** 131, 210-230.
BUCHANAN, I. 2010.	**A Dictionary Of Critical Theory.** OUP Oxford.
BUEHLER, A. F. 2014.	İslamofobi: Batı'nın "Karanlık Tarafı" nın Bir Yansıması. **Ankara Üniversitesi İlahiyat Fakültesi Dergisi,** 551, 123-140.
BUMP, P. 2018.	How Donald Trump campaign used data scraped from Facebook to win presidency. Erişim Tarihi: 11.07.2018. Link: https://www.independent.co.uk/news/world/americas/facebook-scand al-latest-donald-trump-campaign-presidential-election-cambridge-analytica-steve-bannon-a8269706.html .
BUNNİN, N., YU, J. 2004.	**The Blackwell Dictionary of Western Philosophy,** Blackwell Publishing,
BURKE, S. 2017.	**Anti-Semitic and Islamophobic discourse of the British far-right on Facebook.** Doktora Tezi., Loughborough University.
BURKE, S., VE GOODMAN, S. 2012.	'Bring back Hitler's gas chambers': Asylum seeking, Nazis and Facebook–a discursive analysis. **Discourse & Society,** 231, 19-33.
BURUMA, I., VE MARGALİT, A. 2005.	**Occidentalism: The West in the eyes of its enemies.** Penguin.
CAİANİ, M., VE WAGEMANN, C. 2009.	Online networks of the Italian and German extreme right: An explorative study with social network analysis. **Information, Communication & Society,** 121, 66-109.
CASTELLS, M. 1996.	**End of Millennium: The Information Age: Economy, Society and Culture.** Blackwell Publishers, Inc..
CASTELTRİONE, I. 2014.	Facebook and political information in Italy and the UK: An antidote against political fragmentation and polarisation?. **Online Journal of Communication and Media Technologies,** 41.
CITRON, D. K., VE NORTON, H. 2011	Intermediaries and hate speech: Fostering digital citizenship for our information age. **Boston University Law Review,** Vol. 91, p. 1435.

Kaynaklar

CLASTRES, P. 2011.	**Devlete Karşı Toplum.** Çev. P., Sert, M., & Demirtaş, N. Ayrıntı Yayınları.
COFFE, H., HEYNDELS, B., VE VERMEİR, J. 2007.	Fertile Grounds For Extreme Right-Wing Parties: Explaining The Vlaams Blok's Electoral Success. **Electoral Studies,** 261, 142-155.
CONWAY, G. 1997.	**Islamophobia: A challenge for us all.** London: Runnymede Trust.
CORMODE, G., VE KRİSHNA-MURTHY, B. 2008.	Key differences between Web 1.0 and Web 2.0. **First Monday,** 136.
CURRAN, J. 2012.	Why Has the Internet Changed So Little. OpenDemocracy. Erişim Tarihi: 01.11.2018. https://www.opendemocracy.net/en/why-has-internet-changed-so-little/
ÇAVUŞ, R. 2017.	Edebiyat İncelemelerinde Tarihe Yeni Bir Dönüş. **Ankara Üniversitesi Dil ve Tarih-Coğrafya Fakültesi Dergisi,** 42(1-2).
ÇEÇEN, A. F. 2015.	Revisiting Entman's Cascading Activation Model, Proceedings of the 13th **International Symposium Communication in the Millennium,** pp.357-371.Pdf file, CD
DANIELS, J. 2009.	**Cyber racism: White supremacy online and the new attack on civil rights.** Rowman & Littlefield Publishers.
DATTA, A., TSCHANTZ, M. C., VE DATTA, A. 2015.	Automated experiments on ad privacy settings. **Proceedings on Privacy Enhancing Technologies,** 20151, 92-112.
DAVEY, J., VE EBNER, J. 2017.	The Fringe Insurgency. Connectivity, Convergence and Mainstreaming of the Extreme Right. **Institute for Strategic Dialogue. London.** Erişim Tarihi: 16.07. 18. http://www.isdglobal. org/wp-content/uploads/2017/10/The-Fringe-Insurgency-221017. pdf
DAVIES, P., VE LYNCH, D. 2002.	**The Routledge Companion To Fascism And The Far Right.** Psychology Press.
DEWDNEY, A. VE RİDE, P. 2006	**The New Media Hand book.** New York: Routledge.
DUFF, A. S. 2013.	**Information Society Studies.** Routledge.
ECO, U. 2012.	**Inventing The Enemy And Other Occasional Writings.** Houghton Mifflin Harcourt.ec
EID, M., VE KARİM, K. H. 2014.	Imagining the Other. (Ed) Eid, M., & Karim, K. H. 2014. **Reimagining the Other: Culture, media, and Western-Muslim intersections.** Palgrave Macmillan.

Kaynaklar

EKMAN, M. 2015.	Online Islamophobia and the politics of fear: manufacturing the green scare. **Ethnic and Racial Studies**, 3811, 1986-2002.
ELGOT, J. 2016.	How David Cameron's Language on Refugees Has Provoked Anger. Erişim Tarihi: 06.07.2018. https://www.bbc.com/news/av/uk-politics-33714282/david-cameron-swarm-of-migrants-crossing-mediterranean
ELAHI, F., VE KHAN, O. 2017.	**Introduction: What is Islamophobia?. Islamophobia: Still a Challenge for Us All.** London: Runnymede Trust.
ELLINAS, A. A. 2010.	**The Media and the Far Right in Western Europe: Playing the Nationalist Card.** Cambridge University Press.
ENTMAN, R. M. 1991.	Framing US coverage of international news: Contrasts in narratives of the KAL and Iran air incidents. **Journal of communication**, 414, 6-27.
ENTMAN, R. M. 1993.	Framing: Toward clarification of a fractured paradigm. **Journal of communication,** 434, 51-58.
ENTMAN, R. M. 2003.	Cascading activation: Contesting the White House's frame after 9/11. **Political Communication,,** 204, 415-432.
ENTMAN, R. M. 2004.	**Projections of power: Framing news, public opinion, and US foreign policy.** University of Chicago Press.
ENTMAN, R. M., VE USHER, N. 2018.	Framing in a Fractured Democracy: Impacts of Digital Technology on Ideology, Power and Cascading Network Activation. **Journal of Communication,** 682, 298-308.
ERDOĞAN, İ., VE ALEMDAR, K. 2002.	Öteki kuram. Ankara: Erk Yayınları.
ESCARCENA, I. J. A. L. 2014.	**From Liberal Conservative to Conservative Conservative: David Cameron's political brand ing.** Doktora Tezi. Department of Media and Communications, London School of Economics and Political Science.
FERREIRA, J. C. V. 2014.	Leonard Woolf on the Clash of Civilizations. **Reviewing Imperial Conflicts,** (Ed) Mendes. A, C and Baptista. C
FOUCAULT, M. 2011.	**Büyük Kapatılma,** Ayrıntı Yayınları
FOUCAULT, M. 2013.	**Hapishanenin Doğuşu: Gözetim Altında Tutmak ve Cezalandırmak.** Çev. Kılıçbay, M. A. İmge Yayınları.
FRANKLIN, B., HAMER, M., HANNA, M., KINSEY, M., VE RICHARDSON, J. E. 2016.	**Gazetecilik Çalışmalarında Anahtar Kavramlar.** Çev. A. F. Çeçen, R. Zamur, S. Serkan, G. Orçin, E. Öztokat. Altınbilek Yayınları
FREUD, S. 2011.	**Uygarlığın Huzursuzluğu,** Çev. H. Barışcan, Metis Yayınları, İstanbul

Kaynaklar

FUCHS, C. 2014.	**Digital Labour and Karl Marx.** Routledge.
GIBSON, R. K., VE WARD, S. 2017.	'Perfect Information, Perfect Democracy, Perfect Competition': Politics and the Impact of New ICTs. (Ed) Gibson, R. K., & Ward, S. **Reinvigorating Democracy?: British Politics and the Internet.** Routledge
GOFFMAN, E. (1974).	**Frame analysis: An essay on the organization of experience.** Harvard University Press.
GÖKALP, Z. 2015.	**Türkçülüğün Esasları.** Ötüken Neşriyat AŞ.
GÖKER, G., VE DOĞAN, A. 2011.	Ağ Toplumunda Örgütlenme: Facebook'ta Çevrimiçi Tekel Eylemi. **Balikesir University Journal of Social Sciences Institute,** 1425.
GRIFFIN, R. 1991.	**The Nature of Fascism.** Psychology Press.
HASSAN, R. 2008.	**The Information Society: Cyber Dreams and Digital Nightmares.** Polity.
HASSAN, R. 2018.	Sources of Resilience in Political Islam: Sacred time, earthly pragmatism, and digital media. **Arab Media & Society,** Sayı 25, Kış/Bahar 2018
HEPPELL, T., VE SEAWRIGHT, D. EDS.. 2012.	**Cameron and the Conservatives: The transition to coalition government.** Palgrave Macmillan.
HERMAN, E. S., VE CHOMSKY, N. 2010.	**Manufacturing consent: The political economy of the mass media.** Random House.
HEYWOOD, A. 2012.	**Political ideologies: An introduction.** Palgrave Macmillan.
HILLE, S., VE BAKKER, P. 2013.	I like news. Searching for the 'Holy Grail'of social media: The use of Facebook by Dutch news media and their audiences. **European Journal of Communication,** 286, 663-680.
HOGEBRINK, L. 2015.	Europe's Heart and Soul. **Jacques Delor's Appeal to the Churches.**
HOLMES, D. 2005.	**Communication Theory Media, Technology, Society,** SAGE Publications
HOWARD, T. A. 2015.	Moors, Saracens, and Turks: Islam and Europe's Deep History. Erişim Tarihi 01.06.2017
HUGHEY, M. W. 2012.	Show me your papers! Obama's birth and the whiteness of belonging. **Qualitative sociology,** 352, 163-181.
HUGHEY, M. W., VE DANİELS, J. 2013.	Racist comments at online news sites: a methodological dilemma for discourse analysis. **Media, Culture & Society,** 353, 332-347.
HUNTER, S. 1998.	**The future of Islam and the West: clash of civilizations or peaceful coexistence?.** Greenwood Publishing Group.

Kaynaklar

HUNTINGTON, S.P. 1997.	The clash of civilizations and the remaking of world order. Penguin Books India.
İNUĞUR, M,N. 2005.	Basın ve Yayın Tarihi. Der Yayınları
JAKUBOWICZ, A., DUNN, K., MASON, G., PARADİES, Y., BLIUC, A. M., BAHFEN, N., & CONNELLY, K. 2017	Cyber Racism and Community Resilience. Palgrave Macmillan, Cham, Switzerland.
JENKINS, H. 2006.	Convergence culture: Where old and new media collide. NYU press.
JIN, D. Y 2015.	Digital Platforms, Imperialism and Political Culture. Routledge
JOHNSON, G. 2006.	Internet use and cognitive development: A theoretical framework. **E-Learning and Digital Media, 34**, 565-573.
KARIM, K. H., VE EID, M. 2012.	Clash of ignorance. **Global Media Journal—Canadian Edition, 51,** 7-27.
KAYA, A. 2009.	Islam, migration and integration: The age of securitization. Springer.
KENTEL, F. 2012.	"İslamofobi" Vesilesiyle Türkiye'nin Fobilerine Bakmak. **İslamofobi: Kolektif Bir Korkunun Anatomisi Sempozyumu Tebliğleri,** Sivas Kemal İbn-i Hümam Vakfı Yayınları, 2012, s. 133-148.
KLEIN, A. 2012.	Slipping racism into the mainstream: A theory of information laundering. **Communication Theory, 224,** 427-448.
KLEIN, A. 2017.	Fanaticism, Racism, and Rage Online; Corrupting the Digital Sphere. Palgrave Macmillan
KLEIN, O. F. H. 2016.	Anti-immigrant and anti-Islam mobilization online: Comparing the networks of-and frames on British and German anti-immigrant and anti-Islam Facebook pages. Yüksek Lisans Tezi. Leiden University Faculty of Social & Behavioral Sciences
KLEIN, O. F. H., VE MUİS, J. 2018.	Online discontent: comparing Western European far-right groups on Facebook. **European societies,** 1-23.
KOBAYASHİ, A. 2012.	Sınıfta ırk ve ırkçılık-Öteden öfkeyle bakmak. **Fe Dergi,** 4(2), 1-10.
KOÇ, N. 2011.	"Kültür" ve" Medeniyet" Kavramları Etrafındaki Tartışmalar ve Atatürk'ün Düşünceleri. **Cumhuriyet Tarihi Araştırmaları Dergisi,** 713, 103.

Kaynaklar

KOÇAK, A. 2016.	Sezai Karakoç'un Fikrî Yazılarında Doğu ve Batı Medeniyeti Tasavvuru. **Rumelide Dil ve Edebiyat Araştırmaları Dergisi**, 5, 51-63. DOI: 10.29000/rumelide.336477
KOOPMANS, R. 2005.	**Contested citizenship: Immigration and cultural diversity in Europe**. Vol. 25. U of Minnesota Press.
KRZYZANOWSKI, M., VE WODAK, R. 2011.	**The politics of exclusion: Debating migration in Austria.** Transaction Publishers.
KUENSSBERG, L. 2011.	State multiculturalism has failed, says David Cameron. Erişim Tarihi: 06.02.2017. http://www.bbc.com/news/uk-politics- 12371994
KUMAR, K. 2002.	The nation-state, the European Union, and transnational identities. **Muslim Europe or Euro-Islam: politics, culture, and citizenship in the age of globalization,** 53-68.
KUNDNANI, A. 2007.	Integrationism: The politics of anti-Muslim racism. **Race & Class,** 484, 24-44.
LEAN, N. C 2012.	**The Islamophobia Industry: How the Right Manufactures Fear of Muslims**. London: Pluto Press.
LENTIN, A., VE TITLEY, G. 2011.	**The crises of multiculturalism: Racism in a neoliberal age.** Zed Books Ltd.
LERNER, D. 1958.	**The passing of traditional society: Modernizing the Middle East**. Free Press, New York
LEWIS, B. 1990.	The roots of Muslim rage. **The Atlantic,** 2663, 47-60.
LIPPMANN, W. 1922.	**Public Opinion.** New York. Hartcourt Brace.
LISTER, M., DOVEY, J., GİDDİNGS, S., GRANT, I., VE KELLY, K. 2008.	**New media: A critical introduction.** Routledge.
LUKASHINA, Y. 2017.	How German Right-wing Parties Make Use of Mainstream Press on Facebook: A Framing Analysis. Dokotora Tezi. Saechsische Landesbibliothek-Staats-und Universitaetsbibliothek Dresden).
LUTZ, C., HOFFMANN, C. P., VE MECKEL, M. 2014.	Beyond just politics: A systematic literature review of online participation. **First Monday,** 197, 1-36
MANOVICH, L. 2009.	The practice of everyday media life: from mass consumption to mass cultural production? **Critical Inquiry,** 352, 319-331.
MARDİN, Ş. 2016.	**İdeoloji.** İletişim Yayınları.

Kaynaklar

MARKHAM, A. N., VE BAYM, N. K. EDS.. 2008.	Internet inquiry: Conversations about method. Sage.
MARMURA, S. M. 2010.	Hegemony in the digital age: The Arab/Israeli conflict online. Lexington Books.
MASCARO, C. M., NOVAK, A. N., VE GOGGINS, S. P. 2012.	Emergent networks of topical discourse: A comparative framing and social network analysis of the Coffee Party and Tea Party Patriots groups on Facebook. **Web 2.0 Technologies and Democratic Governance.** 153-168. Springer, New York, NY.
MAYFIELD, A. 2008.	**What is Social Media**, iCrossing, ebook.
MCLUHAN, M., VE FIORE, Q. 1967.	**The medium is the message.** New York, 123, 126-128.
MERALİ, A. 2016.	Islamophobia in United Kingdom. European Islamophobia Report eds Bayraklı, E. & Hafez, F.. Seta 549-578.
MEYROWITZ, J. 1999.	Understandings of media. ETC: A Review of General Semantics, 561, 44-52.
MILES, R., VE BROWN, M. 2003.	**Racism. Key Ideas.** Routledge.
MILLER, J. 2009.	NGOs and modernization and democratization of media: Situating media assistance. **Global Media and Communication**, 51, 9-33.
MODOOD, T. 2006.	British Muslims and the politics of multiculturalism. **Multiculturalism, Muslims and citizenship: a European approach,** (Ed) Modood, T,. Triandafyllidou, A,.& Zapata-Barrero, R. 37-56.
MOROZOV, E. 2012.	**The net delusion: The dark side of Internet freedom.** PublicAffairs.
MUDDE, C. 2007.	"Three Decades of Populist Radical Right Parties in Western Europe: So What?", **European Journal of Political Research**, Vol.52, No.1, s. 1-19.
MUHLBERGER, P. 2004.	Access, skill, and motivation in online political discussion: Testing cyberrealism. **Democracy online: The prospects for political renewal through the Internet**, 225-237.
NIEDZVIECKI, H. 2010.	**Dikizleme Günlüğü.** Gökçe Gündüç Çev. İstanbul: Ayrıntı.
NILS, H 2017.	Study proves: 530% more comments on Facebook Native videos. Erişim Tarihi: 11.10.2018. https://www.quintly.com/blog/2017/03/facebook-video-study .
NEWSROOM 2018.	Our Mission. Erişim Tarihi: 09.09.2018. https://newsroom.fb.com/company-info/

NORRIS, P., VE INGLEHART, R. F. 2012.	Muslim integration into Western cultures: Between origins and destinations. **Political Studies,** 602, 228-251.
O'REILLY, T. 2007.	What is Web 2.0: Design patterns and business models for the next generation of software. **Communications & strategies,** (1), 17.
OBOLER, A. 2008.	The rise and fall of a Facebook hate group. **First Monday,** 13 11.
ORTAYLI, İ. 1985.	Batılılaşma Sorunu. Tanzimattan Cumhuriyete Türkiye Ansiklopedisl, 1, 134-138.
ORTAYLI, İ. 2011.	Türkoloji ve Var Olmayan Bir Dal: Oksidentalistik. Tarih Yazıcılık Üzerine, Cedit Neşriyat, Ankara, 159-165.
ÖZÇETİN, B., ARSLAN, U. T., VE BİNARK, M. 2012.	Türkiye'de İnternet, kamusallık ve demokratik kanaat oluşumu. **Folklor/Edebiyat,** 72, 51-76.
PELINKA, A. 2013.	Right-wing populism: Concept and typology. **Right-wing populism in Europe: politics and discourse,** 3-22.
PETTMAN, D. 2016.	**Infinite Distraction.** John Wiley & Sons.
PEW RESEARCH CENTER. 2015.	The Evolving Role of News on Twitter and Facebook.
PHILLIPS, A., COULDRY, N., VE FREEDMAN, D. 2010.	An ethical deficit? Accountability, norms and the material conditions of contemporary journalism. **New media, old news. Journalism & democracy in the digital age,** 51-67.
POELL, T., AB-DULLA, R., RİE-DER, B., WOL-TERING, R., & ZACK, L. 2016.	Protest leadership in the age of social media. **Communication & Society,** 197, 994-1014.
POSTMAN, N. 1985.	**Amusing ourselves to death: Public discourse in the age of television.** New York: Viking.
REMNICK, D. 2016.	Obama reckons with a Trump presidency. The New Yorker, 28. Erişim Tarihi: 22.12.2018. https://www.newyorker.com/magazine/2016/11/28/obama-reckons-with-a-trump-presidency
RICHARDSON, J. E. 2004.	**Misrepresenting Islam: The racism and rhetoric of British broadsheet newspapers.** Vol. 9. John Benjamins Publishing.
RIEDER, B. 2013.	Studying Facebook via data extraction: the Netvizz application. **Proceedings of the 5th annual ACM web science** conference. 346-355. ACM.

Kaynaklar

RUSSELL NEUMAN, W., GUGGENHEIM, L., MO JANG, S., & BAE, S. Y. 2014.	The dynamics of public attention: Agenda-setting theory meets big data. Journal of Communication, 642, 193-214.
RYDGREN, J. 2007.	The sociology of the radical right. **Annu. Rev. Sociol.**, 33, 241-262.
RYDGREN, J. ED.. 2013.	**Class politics and the radical right.** Routledge.
SAID, E. 1978.	**Orientalism.** 1978. New York: Vintage, 1994.
SAID, E. 2001.	The clash of ignorance. **The Nation.** 271 12: 11-13.
SAID, E. W. 2008.	**Covering Islam: How the media and the experts determine how we see the rest of the World.** Random House.
SALINAS, S. 2018	Trump Accuses Twitter of Silencing Republicans and Calls it Discriminatory And Illegal. Erişim Tarihi: 02.08.2018. https://www.cnbc.com/2018/07/26/trump-accuses-twitter-of-silencing-republicans-and-calls-it-discrimin.html
SCHIFFER, S., VE WAGNER, C. 2011.	Anti-Semitism and Islamophobia-new enemies, old patterns. **Race & Class,** 523, 77-84.
SCHLESINGER, ARTHUR D. 1998.	**The Disuniting of America: Reflections on a Multicultural Society.** New York: Norton.
SEIB, P. 2005.	The news media and "the clash of civilizations". **Media and conflict in the twenty-first century.** 217-234. Palgrave Macmillan, New York.
SHEARER, E., VE GOTTFRIED, J. 2017.	News use across social media platforms 2017. Pew Research Center,
SIAPERA, E. 2010.	**Cultural diversity and global media: The mediation of difference.** John Wiley & Sons.
SILVERMAN, C., LYTVYNENKO, J,.THUY VO, L., SINGER-VINE, J,. 2017.	Inside The Partisan Fight For Your News Feed. Erişim Tarihi: 10.11.2018. https://www.buzzfeednews.com/article/craigsilverman/inside-the-partisan-fight-for-your-news-feed
SILVERMAN,C., STRAPAGIEL, L., SHABAN, H., HALL, E., VE SINGER-VINE, J. 2016.	Hyperpartisan Facebook pages are publishing false and misleading information at an alarming rate. BuzzFeed News. Erişim Tarihi: 01.05.2017 https://www.buzzfeed.com/craigsilverman/partisanfb-pages-analysis.
SOYDAŞ, A. U. 2010.	**Kültürlerarası iletişim: farklı kültürel ortamlarda çalışma ve iletişim.** Parşömen yayıncılık.

Kaynaklar

STATISTA. 2019.	Most popular social networks worldwide as of January 2018, ranked by number of active users in millions. Erişim Tarihi: 09.09.2018. https://www.statista.com/statistics/272014/global-social-networks-ranked-by-number-of-users/
STATISTA. 2021.	Most popular social networks worldwide as of July 2021, ranked by number of active users(in millions). Erişim tarihi: 10.11.2021. https://www.statista.com/statistics/272014/global-social-networks-ranked-by-number-of-users/
STOREY, J. 1996.	**Cultural Theory and Popular Culture**, Pearson Publising, Harlow Sussex: Taylor and Francis Ltd.
TAGGART, P. 2004.	Populism and representative politics in contemporary Europe. **Journal of Political Ideologies**, 93, 269-288.
TAŞ, M. 1999.	**Avrupa'da ırkçılık: göçmenler ve aşırı sağ partiler.** İmge Kitabevi.
TAYLOR, M.2011.	Breivik sent 'manifesto' to 250 UK contacts hours before Norway killings. Erişim Tarihi: 08.05.2018. https://www.theguardian.com/world/2011/jul/26/breivik-manifesto-email-uk-contacts
TAZEGÜL, M. 2005.	**Modernleşme Sürecinde Türkiye**, Babil Yayınları. Birinci Basım, İstanbul.
TİMİSİ, N. 2003.	**Yeni iletişim teknolojileri ve demokrasi.** Dost Kitabevi.
TRAYNOR, I. 2009.	Swiss Vote To Ban Construction Of Minarets On Mosques. Erişim Tarihi: 06.04.2017. https://www.theguardian.com/world/2009/nov/29/switzerland-bans-mosque-minarets
VAN DER BOM, I., COFFEY-GLOVER, L., JONES, L., MILLS, S., & PATERSON, L. L. 2015.	Implicit homophobic argument structure: Equal-marriage discourse in The Moral Maze. **Journal of Language and Sexuality**, 41, 102-137.
VAN DIJCK, J. 2012.	Facebook as a tool for producing sociality and connectivity. **Television & New Media**, 132, 160-176.
VAN DIJK, J. 2012.	**The network society.** Sage Publications.
VOLKMER, I. 2014.	**The global public sphere: public communication in the age of reflective interdependence.** John Wiley & Sons.
VURAL, Z., VE BAT, M. 2010.	Yeni Bir İletişim Ortamı Olarak Sosyal Medya: Ege Üniversitesi İletişim Fakültesine Yönelik Bir Araştırma. **Journal of Yasar University,** 520.

Kaynaklar

WALLERSTEIN, I. 2004.	**Avrupa Evrenselciliği,** İktidarın Retoriği. Eronus Books.
WEBSTER, F. 2014.	**Theories of the information society.** Routledge.
WIEVIORKA, M. 1995.	**The arena of racism.** Vol. 37. Sage.
WILLIAMS, C. B., VE GULATİ, G. J. J. 2013.	Social networks in political campaigns: Facebook and the congressional elections of 2006 and 2008. **New Media & Society,** 151, 52-71.
WITSCHGE, T. A. C. 2007.	**In difference online: the openness of public discussion on immigration.** Yayımlanmamış Doktora Tezi. Amsterdam School of Communication Research
WODAK, R., VE KHOSRAVINIK, M. 2013.	Dynamics of Discourse and Politics in Right-wing Populism in Europe and Beyond. (Ed) Wodak, R. **An Introduction. in Right-Wing Populism in Europe: Politics and Discourse.** Bloomsbury
YAR, M. 2013.	**Cyber Crime and Society.** London: Sage.
YILMAZ, E. D., PALANCI, M., ÜNAL, Ö., GÖK, C., BALKİ, M., VE KURT, S. 2016.	Medeniyet ve Kültür Kavramlarına İnsan Doğasının Somato-Psiko-Spirütüelliği Üzerinden Yeni Bir Bakış. **Çocuk ve Medeniyet Dergisi,** 12.
YOUNG, I. M. 1989.	Polity and Group Difference: A Critique of the Ideal of Universal Citizenship. (Ed) Gershon Shafir. **The Citizenship Debates: A Reader,** 263—90. Minneapolis: University of Minnesota Press.
YÜKSEL, H. 2015.	'Enformasyon Toplumu've İnsan: Avrupa Birliği Politika Belgelerinin Eleştirel Bir Değerlendirmesi. **Amme İdaresi Dergisi,** 482.

EKLER

Ek Tablo 1 Facebook Sayfalarında İslam Karşıtlığı Bağlamında İncelenen Paylaşımların Pozitif ve Negatif Olanlarının Kodlanmasında Kullanılan Kodlama Cetveli (1)

Pozitif Çerçeveler	Açıklama	Kaynak
Sorumluluk (Kurban) Çerçevesi	Müslümanların haksızlığa uğradığını savunan ya da öyle bir durumda onların savunulmasını içeren çerçeveler. Özellikle zor durumda olan mülteci konumundaki Müslümanlara yönelik yardımın bir ahlaki sorumluluk insanlık görevi olduğuna dair çerçevelerdir.	-
Eşitlik Çerçevesi	Müslümanların eşit vatandaş olduğuna vurgu yapan çerçevelerdir. Bu çerçeveler onların bayramlarının ve diğer özel günlerinin kutlanmasını içerir ve toplumdaki diğer gruplarla eşit olduklarına gönderme yapar.	-
Fırsat Çerçevesi	Müslümanlar çok kültürlü bir toplum adına bir avantaj ya da ucuz işçi gücü gibi pozitif bir biçimde konumlandırıldığı çerçevelerdir	Klein (2016)
Başarı Çerçevesi	Müslümanların başarılarını ve topluma kattıklarını vurgulayan çerçeveler	-

Negatif Çerçeveler	Açıklama	Kaynak
Güvenlik Tehdidi Çerçevesi	Terör saldırıları, bireysel saldırılar ve diğer fiziki şiddet eylemlerinden ötürü Müslümanların güvenlik tehdidi oluşturduğunu ileri süren çerçeveler.	Ekman (2015)
Kültürel Tehdit Çerçevesi	Müslümanlar Batı medeniyeti ve laiklik, ifade özgürlüğü, cinsiyet eşitliği ve eşcinselliğe yönelik tolerans gibi Batılı değerlere bir tehdit olarak gösterildiği çerçevelerdir. Bu çerçeveyi içeren paylaşımlar Batılı değerleri vurgular ve Batılı değerlerin Müslümanların kültüründen üstün olduğunu ileri sürer. Bu kültürel farklılık Müslümanların adetlerinin ve kültürlerinin gerici olduğunun vurgulanmasıyla ön plana çıkartılır. Benzer şekilde bu çerçevede Müslümanların 'özel haklar'ının olmaması ileri sürülür.	Vliegenthart ve Roggeband ve Helbling'den alıntılayan Klein (2016) ve Huntington (1996 ve 1997)
Ekonomik Tehdit Çerçevesi	Müslümanların işsizliğin ve refah devletinin güç kaybetmesinin nedeni olarak gösterildiği çerçevelerdir.	Klein (2016)
İllegallik Çerçevesi	Müslüman mülteci ve göçmenlerin illegal şekilde ülkede bulunduklarına yönelik çerçevelerdir.	-

Ekler

Demografik Tehdit Çerçevesi	Müslümanların yüksek orandaki doğum oranlarının demografik bir tehlike yaratacağına dair çerçevelerdir.	-
Politik Doğruculuk (İşbirlikçi Elitler/Medya) Çerçevesi	Elitlerin farklı olanı (bu bağlamda Müslümanları) incitmemek adına kurguladıkları ve politik doğruculuk olarak adlandırılan bu tercihin siyasetin ve toplumun sorunlarıyla yüzleşmesine izin vermediğini ve elitler ve medyanın bu durumu Müslümanlarla işbirliği yapmaya kadar ilerlettiğini ileri süren çerçevelerdir.	-
Tersine Irkçılık Çerçevesi	Irkçılığın artık beyazlara ve Hristiyanlara, genel anlamda Batılı olanlara uygulandığını ileri süren çerçeveler.	-
Açık Ayrımcılık Çerçevesi	Müslümanlara yönelik açık ayrımcı itham ve söylemlerden oluşan çerçevelerdir.	-
Irkçılığın İnkârı Çerçevesi	Sayfaların ırkçı olmadıklarını ancak Müslümanlara karşı ayrımcı olsalar bile bu tutumlarının normal olduğunu başka gruplara yönelik ayrımcı olmayan tutumları ile gösterdikleri çerçeveler.	-
Kodlanmış Çerçeve	Açık bir şekilde bir topluluğu suçlamak, ayrıştırmak, genellemek ya da nefret söylemi uygulamak yerine bunları ima edecek şekilde örtük bir söylem içerir. Başka bir deyişle bunlar negatif çerçevelere gönderme yaparak takipçilerini bilerek ya da bilmeyerek olumsuz yorum yapmaya teşvik eden çerçevelerdir	Ben-david ve Matamoros-Fernandez (2016) ve Van der Bom vd, (2015)
Nötr Çerçeveler	Müslümanlarla ilgili olmakla beraber pozitif ya da negatif bir tutumu olmayan çerçeveler	-
Tanımlanmayan Çerçeveler	Anlaşılamayan kelime seçimleri, üslup ve kırık link gibi nedenlerden ötürü anlaşılamayan çerçevelerdir.	-
Konu Dışı Çerçeveler	Müslümanlarla ilgili olmayan çerçeveler.	-

Ek Tablo 2 Sayfalarda, İncelenen Diğer Aktörlerle İlgili Pozitif ve Negatif Kodlanmanın Yapılmasında Kullanılan Kodlama Cetveli (2)

Pozitif Çerçeveler	Açıklama	Kaynak
Takip (Onay) Çerçevesi	İlgili aktörün bir konu ile ilgili savunduğu pozisyonun sayfa tarafından da savunulması ya da aktörün politikasının onaylandığı durumlarda bu çerçeve uygulanır.	-
Takdir (Başarı) Çerçevesi	İlgili aktörün başarısının takdir edildiği durumlarda bu çerçeve uygulanır.	Morin ve Flynn ve Larsson'dan alıntılayan Lukashina (2017)
Kurban (Destek) Çerçevesi	İlgili aktörün haksızlığa uğradığını savunan ya da öyle bir durumda onlarım savunulmasını içeren çerçeveler.	-

Negatif Çerçeveler	Açıklama	Kaynak
Politik Doğruculuk (İşbirlikçi Elitler/Medya) Çerçevesi	İlgili aktörün farklı olanı incitmemek adına kurguladığı ve politik doğruculuk olarak adlandırılan bu tercihinden dolayı suçlandığı çerçevelerdir.	-
Pasiflik Çerçevesi	İlgili aktörün farklı pasifliğinden dolayı suçlandığı çerçevelerdir.	-
İhanet (Güvenilmezlik) Çerçevesi	İlgili aktörün ihaneti ve güvenilmez olmasından dolayı suçlandığı çerçevelerdir.	-
Başarısızlık Çerçevesi	İlgili aktörün başarısızlıkla itham edildiği çerçevelerdir.	-

www.ingramcontent.com/pod-product-compliance
Lightning Source LLC
LaVergne TN
LVHW040046080526
838202LV00045B/3511